Great Railway Journeys
of the
World

Julian Holland

Originally published in English by HarperCollins Publishers Ltd.
under the title:
GREAT RAILWAY JOURNEYS OF THE WORLD
©Julian Holland 2014
Translation©YuShokan　2016,
translated under licence from HarperCollins Publishers Ltd.
through Tuttle Mori Agency., Inc., Tokyo

Julian Holland asserts the moral right to be identified
as the author/illustrator of this work.

Printed in Hong Kong

謝辞

本書のテーマにふさわしく、じつに国際的なものとなった。まず、感謝申しあげたいのは、本書製作にあたり、惜しげもなくその創造力を発揮してくださった以下の方々である。スコットランド、グラスゴー在住のジェスロ・レノックス氏、キース・ムーア氏、ケヴィン・ロビンズ氏、オーストラリア、クイーンズランド在住のガヴィン・ジェイムズ氏、イングランド、ケント在住のジニー・ナイシュ氏である。本書は中国で印刷された。

つぎに感謝申しあげるのは、本書の国際的な香りにふさわしく、以下の方々と組織にたいしてである。本書製作の間、援助を提供してくださった——

- アリソン・ハース氏：ホワイト・パス＆ユーコン鉄道（アラスカ州スカグウェイ）
- ブルーノ・ヒロン氏：フランス国有鉄道(フランスのモンペリエ)
- カーグワナ・アンバンミー氏：デザート・エクスプレス（ナミビア）
- カイリー・クラーク氏：独立行政法人国際観光振興機構（ロンドン）
- メラニー・リード氏：グレート・サザン鉄道（オーストラリア）
- ピーター・ヒューズ氏：ポート・ムーディ（カナダ）
- サイモン・シミズ＝メトカーフ氏：九州旅客鉄道株式会社（日本）

最後になるが、同じくゴードン・エドガー氏に感謝申しあげる。ずば抜けたイングランドの鉄道写真家である氏は、本書で使用した写真の多くを提供してくださっただけでなく、東欧と中国にかんするわたしの知識不足を補ってくださり、校正チェックの労をおとりくださった。

写真説明

前見返し：ノルウェー西部を走る急峻な傾度のフロム鉄道。この国でもっとも人気のある観光地のひとつ。

目次（4〜5ページ）：トランスナミブ鉄道のディーゼル車に牽引された〈デザート・エクスプレス号〉。スワコプムント〜ウィントフック間354kmの旅の途上、不毛のナミビア砂漠を横断中。

ヨーロッパ（10〜11ページ）：スイスのユングフラウ鉄道の麓の終着駅にて、盛夏。この鉄道の目玉は、ヨーロッパ最高地点の駅である。ユングフラウヨッホ駅は海抜3,454mにあり、そこへはアイガーとメンヒの山の下深く、トンネルでいく。

アフリカ（110〜111ページ）：1938年にジェノヴァのアンサルド社で製造されたマレー 0-4-4-0 No.442-55。イタリアが建設したマッサワ〜アスマラ間の急峻な傾度のナロー・ゲージ路線上を、エリトリア山中のトンネル11番に接近中、2010年。

アジア（142〜143ページ）：NJ2型 5,100馬力のディーゼル機関車数両に牽引された、青海省〜ラサ間の路線の列車が、チベットにあるニェンチェンタンラ山脈の雪に覆われた山頂を通過中。

オーストラリア（220〜221ページ）：2両のディーゼル電気機関車に先導される〈ガン号〉。アデレード〜ダーウィン間2980kmのオーストラリア縦断の途中、ノーザンテリトリー（北部準州）にあるファーガソン川をわたっているところ。

北アメリカ（234〜235ページ）：極寒のなか、カナダ国有鉄道のディーゼル電気機関車 No.2587と No.5780 が、西行きの穀物列車を先導している。ムース湖の凍った岸に沿い、カナディアン・ロッキーのレッド・パスに接近中。

南アメリカ（272〜273ページ）：エクアドルで、2013年に営業再開したグアヤキル＆キト鉄道は、世界でもっとも風光明媚な鉄道旅行のひとつが満喫できる。ディーゼル車牽引の列車が、名だたるデヴィルズ・ノーズ（悪魔の鼻）のスイッチバックを通りぬけ、アンデス山脈で高度をあげているところ。

後見返し：二層になった一貫輸送貨物列車が、カナダ、アルバータ州のバンフ国立公園を流れるボウ川沿いを進んでいるところ。

世界鉄道大紀行

Great Railway Journeys of the World
Discover the history and routes of
50 of the world's most scenic railways

ジュリアン・ホランド [著] ＊ 荒木正純・田口孝夫 [訳]

本図中の○で囲んだ数字は、次ページ目次を参照

目　次

序　6

ヨーロッパ　10
①ハルツ山地狭軌鉄道、ドイツ　12
②チューリンゲンの森鉄道、ドイツ　18
③ボルシュティンからポズナニとレシュノへ、ポーランド　24
④コルシカ鉄道、コルシカ島、フランス　30
⑤トレニーノ・ヴェルデ（「緑の小さな列車」）、サルデーニャ島　36
⑥ソリェル鉄道、マヨルカ島、スペイン　42
⑦ドウロ渓谷、ポルトガル　46
⑧ユングフラウ鉄道、スイス　52
⑨アルブラ鉄道、スイス　58
⑩ル・プチ・トラン・ジョーヌ線、フランス　64
⑪オスロからベルゲンへ、ノルウェー　70
⑫フロム鉄道、ノルウェー　74
⑬ウェスト・ハイランド線、スコットランド　80
⑭ウェルシュ・ハイランド鉄道、ウェールズ　86
⑮セトル・カーライル線、イングランド　92
⑯ダグラスからポート・エリンへ、マン島、UK　98
⑰ダブリンからロスレア・ハーバーへ、アイルランド共和国　104

アフリカ　110
⑱マッサワからアスマラまで、エリトリア　112
⑲マダガスカルの鉄道、マダガスカル島　120
⑳スワコプムントからウィントフックまで、ナミビア　126
㉑ケープ・タウンからキンバリーへ、南アフリカ　130
㉒スーダンの鉄道、スーダン　136

アジア　142
㉓青蔵鉄道（チベット鉄道）、中国　144
㉔21世紀の蒸気機関車、中国北東部を走る　150
㉕集通鉄道、中国　156
㉖長白山地域、中国　164
㉗ヤンゴン（ラングーン）からマンダレイ、ミャンマー　170
㉘九州を走る〈ななつ星〉、日本　176
㉙ジャナクプル鉄道、インド／ネパール　180
㉚ダージリン・ヒマラヤ鉄道、インド　186
㉛カルカ＝シムラ鉄道、インド　192
㉜ニルギリ山岳鉄道、インド　198
㉝ジャワ島の21世紀の蒸気機関車、ジャワ島　204
㉞カイバル峠鉄道、パキスタン　208
㉟ヒジャーズ鉄道、シリア／ヨルダン　214

オーストラレイシア　220
㊱〈ガン号〉、オーストラリア　222
㊲オーストラリア横断鉄道、オーストラリア　228

北アメリカ　234
㊳クンブレス＆トルテック鉄道、USA　236
㊴デュランゴ＆シルヴァートン鉄道、USA　242
㊵〈エンパイア・ビルダー号〉、USA　248
㊶ホワイト・パス＆ユーコン鉄道、USA／カナダ　254
㊷カナディアン・ロッキー横断、カナダ　260
㊸キューバのサトウキビと蒸気機関車、キューバ　268

南アメリカ　272
㊹ラ・トロチータ、アルゼンチン　274
㊺グアヤキル＆キト鉄道、エクアドル　280
㊻アンデス中央鉄道、ペルー　288
㊼ペルー南部鉄道、ペルー　294

索引　300
訳者あとがき　304

序

さかのぼる1959年のこと。当時、イギリス国有鉄道の熱狂的なファンの若者であったわたしは、地元の図書館から1冊の本を借り出した。題名は『遠い車輪』、著者はC. S. スモールであった。アメリカ人の石油業者であった彼は、任務と仕事の都合で、世界中を旅して回った。旅は、日本からモザンビーク、スーダン港からペルーにまで及んだ。どこへ行っても、彼は地元の列車をさがして乗った。本のカバーに付された推薦文は、このすばらしい本を的確に要約していた。「くだけた書き方であっても、十分な情報をもって、著者はこうした路線の状況とそれらのときどきの笑える歴史を手短かに描きだしている。本書は、世界の鉄道文献に、恒久的な位置を占めることだろう。と同時に、きわめて稀な旅行書として、多くの人びとの好みにもあうだろう。」わたしはこの本に釘づけになり、今日でも、この稀な1冊が、誇り高くわたしの書架におさまっている。隣には、わたしの近著『世界鉄道大紀行』が並んでいる。

この新しい本で、わたしは生まれ故郷をはなれ、翼を羽ばたき世界のもっとも遠方に出かけ、そこにある起伏の多い鉄道のいくつかが見せるすばらしい光景を目の当たりにするが、それだけではない。それほど知られていない独特の路線のいくつかをも発見することになる。そうした路線は、愛好者、蒸気機関車マニア、旅行者、さらに自国の遺産保護に向けて鋭意努力している政府によって、今でも運行されている。

アフリカの角と呼ばれる半島にあって、巣立ちまもないエリトリア国政府は、1993年に、かつてイタリアが敷設したナロー・ゲージ鉄道を紅海の港マッサワと首都アスマラ間で優先事項として再開すると誓約した。この路線は、この国が独立戦争をしている間に破壊されてしまっていた。外国から援助の申し出もあったが、それに応じることなく、このプロジェクトは、発足時、国内の技術と退職していた鉄道作業員を使い、線路の復旧、修理作業場と駅の再建にあたり、イタリア製気動車、機関車、そして車両といったいろいろと収集したものを復活させようとした。山地を通りアスマラへいたる、とても景色のよい約117kmの路線が、2003年に再開した。

イタリアのサルデーニャ島を走る既存のナロー・ゲージ鉄道は、1995年に閉鎖されることになっていたが、欧州連合のプロジェクトに救われた。季節限定の観光客用の運行が、通常業務のほとんどを肩代わりすることになった。一括して「トレニーノ・ヴェルデ（緑の小さな列車）」として知られているこの人気の観光用路線は、復旧されたヴィンテージもののディーゼル気動車と蒸気機関車で運営されている。

南アメリカでは、ナロー・ゲージのグアヤキル＆キト鉄道が、20世紀末、たび重なる洪水と地滑りによって実質的に壊

4～5ページ：トランスナミブ鉄道のディーゼル機関車に引かれた〈デザート・エクスプレス号〉。スワコプムント～ウィントフック間の旅程を一路、乾燥したナミブの風景のなかを走る。

イタリア製の2両車マレー 0-4-4-0T が、2005年にマッサワ～アスマラ間で再開されたナロー・ゲージ路線にあるエリトリアの山中、シェゲリーニ近くの斜面をのそのそと登っている。

壮大なヒマラヤ山脈を背景として、クルセオンからバタシア・ループを経由してダージリンに向かう列車を先導する、ダージリン・ヒマラヤ鉄道会社の機関車No.788B。他のふたつのインドの高地鉄道とともに、ユネスコ世界遺産に登録されている。

滅状態におちいったが、エクアドル政府が2013年に再開した。おかげで、世界でもっとも景色のすばらしい鉄道の旅のひとつが復活することになった。

ユネスコも一口乗って、インドのナロー・ゲージ高原鉄道を世界遺産として保護した。

本書で取りあげた路線の多くは、信じられないほどの人的努力を費やして建設されたもので、場所は、地上でもっとも過酷で近づきがたい地域にある。20世紀初頭、鋼鉄の線路は、各大陸をほのかに光るリボンのように広がりつつあり、以前は手つかずであった山脈や熱帯雨林地域、さらには高原、砂漠、凍ったツンドラ地帯を横断した。また、その他の路線は、より地域的な業務にたずさわり、孤立した地方社会の手足となり、外部世界へのライフラインとなった。

遠隔地でくり広げられた鉄道の歴史は、19世紀末からはじまる。当時、イギリス、ヨーロッパ、そしてアメリカの企業家や夢想家たち、たとえばセシル・ローズやヘンリー・メグズは、遠隔の土地に権力と影響を及ぼすため、鉄道輸送の範囲を拡大した。20世紀初頭になると、巨大なアンデス山脈、ロッキー山脈、中東砂漠、アフリカの荒野から、オーストラリアの奥地、ミャンマーの密林、インドの避暑地、スコットランドのハイランドにいたるまで、地球の実質的にすべての地域に人の手が入った。こうした非常に重要な鉄道は、貴重な鉱物やその他の原材料に接近するための手だてとなり、奥地の後背地から港にいたる交易ルートとなり、従来、しかるべき輸送インフラストラクチャーを持たなかった国の人びとが、自由に動き回ることができるようになった。わたしの故国にもっと近いところでは、ヨーロッパの鉄道建設業者がアルプス山脈を征服し、驚きの展望をひらき、旅行と繁栄の新時代となった今日、しだいに多くの観光客を集めている。

今日、現代の工業技術の助けを借りた鉄道建設業者は、依然、新たな荒野開発に乗り出している。青海省からチベット高原を横断してラサにいたる1,956kmの鉄道が、2006年に完成した。これは、人類の画期的な偉業のひとつに数えられる。そこに示される統計的数字には唖然とする。675カ所の橋、永久凍土に敷設された約550kmの線路、海抜1,905mにある世界最高度のトンネル風火山トンネル、海抜5,072mの高地を走る世界最高度の鉄道「青蔵鉄道」、5,068mにある世界最高度のタングラ（唐古拉）駅。いうまでもないが、どの客車にも医者が乗務し、旅行者全員に酸素供給ができる。

本書『世界鉄道大紀行』が6大陸で取り上げるのは、こうした魅力的な鉄道のうちの50カ所である。ある鉄道は、世界を鉄道で旅行する者にはよく知られているが、他のものはそれほど知られているわけではないものの、大いに愛されている。たとえば、合衆国のデュランゴ＆シルヴァートン狭軌鉄道やクンブレス＆トルテック・シーニック鉄道は、過ぎ去り

し日の名残りであり、依然、ヴィンテージものの蒸気機関車を使い、客車を引っ張り、曲がりくねったナロー・ゲージ路線を走っていて、山脈への爽快な旅ができる。その一方で、たとえば、オーストラリア横断鉄道や青蔵鉄道のような路線は、近代的な空調設備のある長い列車を強力な電気式ディーゼル機関車が引っぱり、野性味あふれ荒涼とした風景の中を長距離走っている。電動の運搬も忘れられているわけではない。古風で趣のあるサードレール（第3軌条）の「プチ・トラン・ジョーヌ」が、曲がりくねりながらフランスのピレネー山脈に入って行くし、「ソリェル鉄道」のヴィンテージものの列車がマヨルカ島の山地を横断し、ノルウェーでは山岳鉄道フロム線が走っている。

本書で取りあげる鉄道の大多数の未来は明るくみえるが、同じことが鉄道全般にあてはまるわけではない。シリアでは、流血の内乱が起こり、ヒジャーズ鉄道の観光蒸気機関車に終止符がうたれた。他方、スーダンでは、数年におよぶ内乱、合衆国による経済制裁、労働争議、維持と投資の欠如などのため、この国の鉄道はお手上げ状態になった。パキスタンとアフガニスタンの国境を蒸気で走るカイバル峠鉄道は、2006年、ひどい洪水のあと休業した。この不安定な地域での再開は、まだ数年先のことになろう。とはいえ、こうした鉄道をめぐる話は、いつか蘇生するだろうという希望を抱きつつ、語る必要がある。

世界の鉄道旅行について完全な本を書こうとしたら、蒸気機関車の最後の幹線業務を、締めに一瞥せずにはいられない。これは最近、2005年末に中国で起こったことである。内モンゴルの荒野を横断する集通鉄道は、今日、ディーゼル車を使用してであるが、依然として営業している。これに対して、21世紀初頭に、気温零下で3,000トンの石炭列車を山中で苦闘して引っ張る双頭の'QJ' 2-10-2のイメージは、自然力と戦うこうした機械がみせる、荘厳ともいえる粗暴な力を記念するものとして残す価値がある。

本書『世界鉄道大紀行』は、こうした鉄道のうち50の詳細な歴史を扱い、さらに今日の最新旅行情報と詳細な地図を掲載している。読んだり見たりするだけで旅しようとする読者の便を考慮して、世界中の最良の鉄道写真家の数人が撮影した、驚くほどみごとなカラー写真を載せた。

本書は在宅で楽しんでいただきたいし、魅力的だが、それほど知られていない土地を訪れるきっかけにしていただければと願う。そうしたことをお考えの方に申し添えるが、専門の旅行会社が多数あり、本書でとりあげた鉄道の多くを訪ねる、きわめて魅力的な添乗員付きのツアーを組んでくれているのでお忘れなく。

8ページ：集通鉄道の蒸気機関車の壮麗な最後の業務。背景には可明義大橋があり、中国製2両の 'QJ' 2-10-2 が、重い石炭車をともない、重い足取りで熱水郷に向けて坂を登っている。2004年4月。

上：イングランド北部のセトル・カーライル線は、ヴィクトリア朝期の土木工事の勝利である。ここにみえているのは、日没の太陽がペナイン高原地帯に残照を投げかけ、南行きの蒸気機関車が引っぱるチャーター列車が、ガーズデールの北のマラーズタンを登っているところ。

ハルツ山地 狭軌鉄道

ドイツ

ゲージ：3フィート3 3/8インチ（1,000ミリ）
全　長：140キロ
ルート：　1.　トランス・ハルツ線：ヴェルニゲローデ〜ノルトハウゼン間
　　　　　　2.　ブロッケン鉄道：ドライ・アネン・ホーネ〜ブロッケン山間
　　　　　　3.　ゼルケ渓谷鉄道：クヴェトリンブルク〜アイスフェルダー・タールミューレ間

　ドイツ最高峰の山脈に敷設されているので、風光明媚なハルツ狭軌鉄道は、かつて東西冷戦の前線にあった。今日もなお、巨大な蒸気機関車が列車のいくつかを牽引している。場所は異なる3ルートで、そこにはブロッケン山頂にいたる急勾配の路線も含まれている。

ドイツ中央部で、かつては東ドイツと西ドイツの前線に位置していたハルツ山地は、ドイツ最高連山である。海抜1,141mのブロッケン山は最高峰で、かつて冷戦時代には、ロシアと東ドイツの秘密情報収集所があった。この地域には多くの川が流れ、そのうち12河川が、1920年代と30年代にダム建設がなされ、飲料水や水力発電力を供給している。

ハルツ山地に建設された最初のナロー・ゲージ鉄道は、メートル・ゲージのもので、ゲルンローデとメグデシュプルンクをつないでいて、ゼルケ渓谷沿いの鉱山と地域社会のために、1887年、ゲルンローデ・ハルツゲローデ鉄道会社によって開業された。スタンダード・ゲージの鉄道は、すでに1885年にはゲルンローデまで達していた。その後、数年間、この鉄道はこの渓谷沿いを西へシュティーゲまで延長され、そこから支線が北へのびハッセルフェルデまで行き、1905年には、アイスフェルダー・タールミューレに到達した。道路を走る車との攻防が激化したため、会社運行の支線バス路線が1925年に導入され、1930年代には、ディーゼル軌道バスが走るようになった。

1945年、ソ連が東ドイツに侵攻すると、この鉄道業務は停止し、線路の多くは剥がされ、戦争賠償金としてソ連邦に接収された。この路線の再建は1949年に完了し、その時この鉄道は国有化され、ドイツ国営鉄道会社の管理下におかれた。

ハルツ山地で建設された2番目の路線も、またメートル・ゲージ路線で、ヴェルニゲローデ～ドライ・アネン・ホーネ間で、1896年にノルトハウゼン・ヴェルニゲローデ鉄道会社によって運行が開始された。2年後、ドライ・アネン・ホーネからブロッケン山頂上までの約18kmの支線が開業し、その後、1899年、南へ向かう幹線が開業し、ドライ・アネン・ホーネからベンネッケンシュタイン、アイスフェルダー・タールミューレ、そしてノルトハウゼンにいたった。南北のターミナル駅では、プロイセン国営鉄道会社が運営するスタンダード・ゲージ路線と接続し、ゾルゲでは、南ハルツ・メートル・ゲージ線（以後閉鎖）と接続、アイスフェルダー・タールミューレでは、メートル・ゲージのゲルンローデ・ハルツゲローデ鉄道と合流していた。後者のように、ノルトハウゼン・ヴェルニゲローデ鉄道も、また1920年代中頃に、支線バス路線の運行をはじめ、1949年にドイツ国営鉄道の一部となった。

12ページ：ドライ・アネン・ホーネに向かって坂を登る、ハルツ狭軌鉄道 2-10-2 タンク機関車 No. 99 7236。トュムクーレンコプフ・トンネル付近。2008年10月28日。

ドイツ国営鉄道（DR）の管理下にあるこのふたつの鉄道会社は、巨大な、ナロー・ゲージ基準のDR型99.23 2-10-2T機関車17両に重量のある鉱物列車を、急勾配で景観のよいルートで動かすように命じた。1954年から1956年にかけてひき渡された車両は、バーベルスブルクのVEB機関車工場カール・マルクス社によって製造され、これらの路線に多い急カーブで運行できるように改造された。これらは、かつて製造されたもっとも強力なドイツ・ナロー・ゲージ機関車であり、現在もまだ走っている。

1990年の東西ドイツ統合後、ハルツ狭軌路線は、新たに設立された私鉄会社ハルツ狭軌鉄道（HSB）に引き継がれた。

1993年以来、ハルツ狭軌鉄道は、相互乗り入れのある3系統の路線を運営している。

1. **トランス・ハルツ鉄道**：ヴェルニゲローデ～ノルトハウゼン間。
2. **ブロッケン鉄道**：ドライ・アネン・ホーネ～ブロッケン山頂間。
3. **ゼルケ渓谷鉄道**：ゲルンローデ～アイスフェルダー・タールミューレ間と、支線でハッセルフェルデとハルツゲローデまで。

2006年、ゼルケ渓谷鉄道は8km北に拡張された。以前クヴェトリンブルクまであったスタンダード・ゲージ路線の道床に沿って作られた。クヴェトリンブルクで、列車はスタンダード・ゲージ軌道のハルツ・エルベ急行と接続があり、ハルバーシュタットに行ける。

いくつかの時刻表にあわせて走る列車は、依然、蒸気機関車に牽引されているが、およそ140kmのこの路線には、駅と停止箇所が44カ所ある。本社と主要作業所はヴェルニゲローデにある。乗客業務にくわえ貨車輸送にもたずさわるこの路線では、スタンダード・ゲージの貨車が、特別に改造したナロー・ゲージ運搬車用貨車に乗せられ、ノルトハウゼンから運ばれてくる。

トランス・ハルツ鉄道

ノルトハウゼンからヴェルニゲローデ行に乗車したい客は、通例、アイスフェルダー・タールミューレかドライ・アネン・ホーネで乗り換えなくてはならない。通常、夏季には、各方向に向かう1日4便がある。そのうち2便は、全部か一部が蒸気機関車によって運行されていて、他の便はディーゼ

ル気動車による。北に向かう59.5kmの旅程は、ノルトハウゼン駅からはじまり、列車は、ノルトハウゼン市街電鉄会社用の現代的な乗り換え駅バーンホーフプラッツに立ち寄る。つづけて北に進むこの鉄道は、坂を登り、イルフェルト村を越えてハルツ山地に入り、アイスフェルダー・タールミューレに到着する。ここは、ゼルケ渓谷鉄道の乗り換え駅である。

さらに登って、アイスフェルダー・タールミューレ北部の山岳地域に入るこの鉄道は、森林地帯を抜け、海抜530mでこの線の最初の頂上であるベンネッケンシュタイン駅に向かう。ヴァルム・ブローデ渓谷に下ってから、ふたたび登り、つぎの頂上（556m）をめざす。ここは、ゾルゲ村とエレンデ村の間にある。ブロッケン鉄道のドライ・アネン・ホーネ駅の乗り換えはつぎで、その後、この路線は下ってトゥムクーレンコプフ・トンネルにいたる。これは、ハルツ鉄道網全体で唯一のトンネルである。さらに北をめざすこの線は、シュタインエルネ・レンネ駅～ヴェルニゲローデ=ハッセローデ駅間で、急カーブが幾度もつづく。この旅程の終点は、ハルツ山地に埋もれるようにある町ヴェルニゲローデで、中世からそこなわれていない町の中心部、城、またHSBの拠点でも有名である。この駅は、ハレとハノーファーの都市を結ぶスタンダード・ゲージ鉄道路線の乗り換え駅でもある。

ブロッケン鉄道

ブロッケン鉄道は、ハルツ国立公園の中を、トランス・ハルツ鉄道のドライ・アネン・ホーネ駅からブロッケン山頂にいたる。18kmの走行距離で、ほぼ610m登る。30対1ほどの急勾配である。この路線は、1961年から1989年にかけて、公共用のものではなくなった。当時、ブロッケン山は西ドイツ国境近くにあり、ソ連の秘密情報収集の拠点であったからだ。ドライ・アネン・ホーネから、ドイツ国営鉄道のDR型99.23 2-10-2T機関車に引かれた列車は、路線唯一の中間駅シールケにまで登り、その後、うっそうと樹木の茂ったコルト・ボーデ渓谷のうえ高く登っていく。この鉄道は、山頂周囲の急峻な螺旋道を登り、ついに劇的に頂上の駅にいたる。

ゼルケ渓谷鉄道

クヴェトリンブルク～アイスフェルダー・タールミューレ間を走るこの路線は、HSBが運営する3つの路線でいちばん知られておらず、利用客も少ない。2本の支線があり、アレクシスバード～ハルツゲローデ間とシュティーゲ～ハッセルフェルデ間を走行する。夏季、この路線で蒸気機関車が牽引する列車は、週中1回、週末2回運行しているが、シュティーゲ～アイスフェルダー・タールミューレ間は走っていない。通常、1939年製造のクルップ0-6-0タンク機関車99 6001-4に引かれる列車は、クヴェトリンブルクの町から南に向けて出発する。古い街並みと中世の宮廷は、現在、ユネスコ世界遺産になっている。途中、ゼルケ渓谷に沿って、列車は中世の町ゲルンローデ、かつて鉄製品の拠点であったメクデスプルング村、温泉保養地アレクシスバートに立ち寄る。アレクシスバートは、古い町ハルツゲローデへの支線の乗り換え駅でもある。

アレクシスバートから、列車は南下をつづけハルツ山地に入り、ときどき25対1の傾度にあい、シュトラスベルク村に立ち寄る。ここは、かつて蛍石と銀採鉱の重要な中心であった。トランス・ハルツ鉄道に向かう接続線の乗り換え駅シュティーゲに立ち寄ったあと、列車は終点ハッセルフェルデの町に到着する。シュティーゲ駅の北には急角度にカーブしたループがあり、そこで一式の列車が向きを変えることができる。

アレクシスバードから出る有名な「2列車同時出発」は、2007年2月3日に再現された。0-6-0T No.99.6001-4（左）は、アイスフェルダー・タールミューレに向け業務列車1両とともに出発するところ。並行して、ハルツゲローデ行のチャーター列車をつけたNo.99.5906-5が出発する。

16～17ページ：2013年2月8日、ブロッケン山で雲が数分間切れ、ドライ・アネン・ホーネ駅13時39分発の列車No.8927が、2-10-2タンク機関車No.99 7241に牽かれて最後の区域を登り、海抜1,125mの山頂の駅に向かう。

チューリンゲンの森鉄道
ドイツ

ゲージ：4フィート8$\frac{1}{2}$インチ
全　長：185キロ
ルート：アイゼナハ〜マイニンゲン〜アルンシュタット〜カッツヒュッテ

ドイツ中央部のチューリンゲンの森と山地を縦横に走る、風光明媚なスタンダード・ゲージ鉄道ネットワークは、ヨーロッパで忘れられた鉄道がもたらしてくれる歓びのひとつである。その路線のいくつかでは、毎年、特別のイベントがおこなわれ、その際、通常の蒸気機関車に牽引された列車が運行する。

ドイツ中央部にあるチューリンゲン森林地帯は、「蒸気機関鉄道の国」と称されてきた。この呼称を、ドイツ国営地域鉄道DBレギオ社、チューリンゲン地域鉄道会社、そしてその地域に設立されたいろいろな鉄道組織がともに使用している。チューリンゲン州でとりわけ興味深い主要な町は、アイゼナハ、アルンシュタット、マイニンゲンである。実質的に、4系統のとくに注目される路線がある。選ばれた理由は、3路線は、しばしば売りに出される保存列車が走行しているからであり、残るひとつは、チューリンゲンの森の同じように風光明媚な景色を走る相互接続路線だからである。この地域には、国営の幹線と支線の豊かな路線網が形成されている。すべてが、同じようにすばらしい景観がみられる。この地域の呼び物は、デルムバッハ近くのアイベン森林地帯、ヴァルドルフのお伽噺の砂岩洞窟、ベルンスハウゼン近くの地盤沈下でできたドイツ最深の湖、さらに786年にさかのぼる城の廃墟クライエンブルクである。また、ヴェラ渓谷の対岸にあるティーフェンオルトの塔からは、絶景が望める。

鉄道でこの地域を訪れる際、出発地として最適なのはアイゼナハだ。ここは、全長209kmのスタンダード・ゲージ鉄道の幹線に位置している。この線は、ハレ（ザーレ）からエルフルトとゲルシュトゥンゲンを経由してベーブラにいたり、主としてチューリンゲンの森を通っている。もともと、1846年から1849年にかけて建設されたハレ〜ゲルシュトゥンゲン間

18ページ：ヴェラタールのシュヴァルンゲン近くを突進する元ドイツ国営鉄道の03.10型 Pacific No.03 1010-2。牽引するのはアイゼナハ〜マイニンゲン間の便である。2008年10月31日。

元プロイセン鉄道の'T16'型 0-10-0 タンク No.94 1538。ロッテンバッハから、シュヴァルツァタール鉄道のカッツヒュッテ駅に向けての特別便とともに登り出している。2007年11月14日。

の路線は、正式には、チューリンゲン鉄道会社の一部であったが、その一方で、ゲルシュトゥンゲン〜ベーブラ間は、プロイセン国王フリードリヒ・ヴィルヘルム4世にちなんで名づけられたフリードリヒ・ヴィルヘルム・ノルトバーン鉄道の一部であった。アイゼナハは、作曲家セバスチャン・バッハの生誕地としても知られ、かつて東ドイツ自動車産業の中心地であった。チューリンゲン森林地区の北西端に位置しているこの町は、チューリンゲン鉄道とヴェラ鉄道の交叉地点にあり、ヴァイマールから70km西に位置している。町の誇りは、この地域でもっとも美しい城のひとつヴァルトブルク城で、ユネスコ世界遺産に指定された。また、市場広場の周囲を輪をなして囲む、ハーフティンバー様式の家屋も見ものである。訪れるほとんどの者は、歴史的意義があるためにアイゼナハにやってくる。マルティン・ルターが、16世紀に住んでいたのだ。

ヴェラ鉄道は、アイゼナハで分岐する。以前、北ドイツと南ドイツの間を走っていた幹線鉄道であり、マイニンゲン経由でアイスフェルトに向かい、チューリンゲン州とバイエルンとを結んでいた。第2次大戦後ドイツが分断されたあと、単線の二次的幹線に格下げされた。1858年の開業というドイツでもっとも古い鉄道のひとつで、もっぱらヴェラ川沿いを走り、たくさんの支線がこの路線から出ている。この路線を建設した会社は劇場の町マイニンゲンに本社を置き、プロイセン国営鉄道の主要工場は、そのためそこに建設された。堂々としたこの町は、チューリンゲン州南部の文化的・司法的・財政的中心とみなされている。すばらしい名だたる建築物、幅広い街路、広大な公園があるので、このザクセン＝マイニンゲン公家の元領地は、特別な雰囲気をかもし出している。フランケン様式の木枠の家、ブライヒグラーベン（濠）、旧市街壁の残ったものは、この町が最高潮にあった中世後期を偲ばせる。マイニンゲンが豊かな文化の歴史のあることは、豊かな彫刻をそなえたイギリス風公園や、町の博物館やエリーザベト城からわかる。マイニンゲン蒸気機関車工場はこの町にあり、1990年以降、ヨーロッパ全土の遺産鉄道と博物館からもたらされた機関車の維持を専門としている。新たにつくられたイギリスのペッパーコーン 'A1' 型蒸気機関車 No. 60163 'Tornado' は、2008年に引き渡されたが、全面鋼鉄の高性能のボイラーはマイニンゲンで製造された。これは、イギリスで製造されなかった唯一の部分である。ガイド付きの工場見学が、毎月第1と第3土曜日の10時からおこなわれる。見学は約1時間半で、予約の必要はない。1995年以降、毎年、マイニンゲン蒸気機関車祭が9月最初の週末におこなわれている。たくさんの蒸気機関車に牽引された、訪問貸切特別列車がお目見えする。

リチェンハウゼン＝ノイディーテンドルフ鉄道に乗ってマイニンゲンに行くと、アルンシュタット行の便に乗り換えることができる。景観のよいこの路線は、1884年にプロイセン国営鉄道によって開設されたもので、急勾配のチューリンゲン森林山地を横断し、4年かからずに建設された全長1,610mのブランドライテ・トンネルを抜ける。アルンシュタットは、チューリンゲン州最古の町のひとつであり、1703年から1707年まで、ヨハン・セバスチャン・バッハがオルガン奏者として暮らしていた。この町はゲラ川沿いにあり、チューリンゲン森林山地北部の山麓丘陵地帯に位置している。鉄道博物館が、15年以上、アルンシュタットの機関車用の半円形の元車庫に開設されてきた。収蔵されているのは機関車のコレクションであり、過去50年にわたり、チューリンゲン州にとっては特別の意義をもつものである。しかし、それは単に博物館であるだけでなく、十分機能をはたしている車庫でもある。主要幹線の特別貸切列車にかかわる機関車を修理している。その中には、アイゼナハ発の「ローデルブリッツ」冬季蒸気機関車牽引列車便や、シュヴァルツァタール鉄道のロッテンバッハ経由カッツヒュッテ行きの蒸気機関車牽引の特別列車もある。

1895年、プロイセン鉄道当局に、シュヴァルツァタール鉄道の建設許可がおりた。全長29kmの路線が1900年に開通し、リンネタールから典型的なチューリンゲン森林地帯と山岳地帯を横断し、シュヴァルツァのロマンティックな渓谷を通過し、カッツヒュッテの終点に到着する。ロッテンバッハから半分の距離のところに、オーバーヴァイスバッハ・ケーブル鉄道の渓谷駅がある。この線に乗ると、オーバーヴァイスバッハ丘陵頂上から壮大な景観を見る機会がえられる。この山岳鉄道は1923年開通であるが、上場の地位を有し、全長1,400mのロープ運搬システムをもっている。それは、ドイツ唯一のブロード・ゲージのケーブル鉄道で、45度の傾度を登り、スイスのアプト式ラック＆ピニオンシステムを使用している。

アイゼナハ経由でエルフルトとベーブラをつなぐ幹線は電化され、ドイツ鉄道ネッツェ社が運営し、ほとんどの型の列車がこの路線を使用している。その中には、インターシティ・エクスプレスも含まれ、チューリンゲン州の6大都市4つに止まり、ベルリンとフランクフルト・アム・マインとの連絡がある。南チューリンゲン鉄道は、ヴェラ鉄道に沿って、アイゼナハからマイニンゲンまで、1時間ごとにディーゼルの複合ユニットを走らせている。特別のプランダンプフ（蒸気運転）のイベントが、ほぼ毎年おこなわれ、現在は4月に開催される。その際、以前のドイツ国営鉄道で使用された

蒸気機関車が、時刻表通りに、乗客と貨物輸送サービスを引き継ぎ全路線を走行する。その中には、重量のある木材と砂利を積載した列車も含まれ、ヴァルドルフとインメルボルンの搭載ポイントから出ている。このイベントは、年間を通して運行している他の蒸気機関車牽引の客車用貸切便とならび、IGE アイゼナハが統括している。この会は、機関車と車両施設の基地をアイゼナハにもつ保存鉄道協会である。人気のあるロデルブリッツ旅客サーヴィスは、過去 16 年間、アイゼナハ〜アルンシュタット間で 2 月の週末に運行し、ヴェルンスハウゼンとオーバーホーフ経由の急勾配で景観のよい路線を使用している。両地には、人気のある冬季スポーツの中心地がある。こうした列車は、通常、以前のドイツ鉄道 DR '41' 型 2-8-2 No. 41 1144-9 に牽引されている。この機関車は 1939 年の製造で、時速 90km の混合トラフィック機関車として設計されていた。マイニンゲンの作業所で、2001 年から 2003 年にかけて完全分解修理をほどこしたので、目下、主要な機関車として年間を通して、ドイツ鉄道レギオ社とチューリンゲン地域鉄道会社が企画する小旅行プログラムの目玉となっている。こうした業務に使用される客車は、上限 8 両からなり、もとは 1960 年代のドイツ国営鉄道時代に長距離便に使用され、その後、ドイツ連邦鉄道（DB）によって郊外客車として使用されていた。

マイニンゲン〜アルンシュタット間は、1 時間ごとの運行が、ドイツ鉄道地域急行と南チューリンゲン鉄道の業務の間に提供されている。アルンシュタットからカッツヒュッテへは、シュヴァルツァタール鉄道路線に沿って 641 型動車が使用され、1 時間ごとの運行がある。おまけに、ライプチヒからのシュヴァルツァタール急行は、5 月から 9 月まで、土曜、日曜、祭日に 1 日 1 便の運行がある。特別の小旅行も、また 1922 年製プロイセン国営鉄道 'T16' 型 0-10-0 タンク機関車 No.94 1538 を使っておこなわれている。この型は、1920 年代から 1960 年代にかけて、チューリンゲンの森の急勾配の箇所ではよくみられた。歴史的なディーゼルのレールバスは、愛称を〈仔豚タクシー〉No. 772 140-0 と No. 772 141-8 といい、オーバーヴァイスバッハ・ベルク・ウント・シュヴァルツァタール鉄道（OBS）のものであったが、1969 年の状態に共感を以て復元され、シュヴァルツァタール鉄道の特別小旅行用に使用されている。

元ドイツ国営鉄道 44 型 'Jumbo' 2-10-0 No.44 2546 が、材木運搬車を牽いているところ。ヴェラタールのブライトゥンゲン近く。2010 年 10 月 8 日。

ボルシュティンから、ポズナニとレシュノへ
ポーランド

ゲージ：4 フィート 8 $\frac{1}{2}$ インチ
全　長：122.3 キロ
ルート：1．ボルシュティン～ポズナニ間
　　　　　 2．ボルシュティン～レシュノ間

ポーランドのヴィエルコポルスカ国立公園に位置するこれらの路線は、ともに2013年末まで、蒸気機関車が牽引する定期的な客車業務をおこなっていた。とはいえ、ボルシュティン～レシュノ間の路線は、いまでも蒸気機関車が牽引する列車が走っている。世界で、この種の便で残った最後のものである。

プロイセン経済が好転し、1880年に議会でひとつの法案が可決した。ポズナニ州に二次的鉄道を建設するため、原則を具体的に規定するものであった。この鉄道は、既存の幹線路線の向上をめざしていた。ボルシュティンに便を提供するローカル線がこの法案に組み込まれ、路線建設の目的は、主として農産物を地域の多数の所有地から輸送することにあった。この二次的路線は国家によって建設され、ボルシュティン＝レシュノ線は1896年に、ボルシュティン＝グロジスク・ヴィエルコポルスキ線（オパレニツァ経由ポズナニ行き）は1898年に開通し、1886年に設置されたズボンシネクからボルシュティンへ向かう既存路線と接続することになった。第1次大戦と1918年から1919年にかけて起こったヴィエルコポルスカ反乱後、ヴェルサイユ条約によってポーランドとドイツ間の国境が決定された。ボルシュティンから10km越えたところであった。そのため、この町に便を提供していたこの鉄道交通に影響があり、その後、鉄道は衰退していった。この路線が、短い地元用になったからだ。

第2次大戦が1939年9月に勃発し、ポーランド陸軍最高司令部からの命令で、ボルシュティンの主要駅舎は燃やされ破壊された。鉄道の指令業務は、その後、駅プラットホームに作られた木造の建物でおこなわれた。この建物はいまでもその場にある。また、指令は機関庫でもなされた。この地域の鉄道インフラの多くも、同時に破壊された。ドイツ軍侵攻を妨害するためであった。ドイツに占領されるや、ボルシュティンの鉄道インフラは完全に再建され、新しい駅ができた。機関庫は拡大され、維持と修理施設と信号ができた。この町が、この地区のネットワークの戦略的合流点と考えられたからだ。この地域では30両の機関車がここを基地とし、300名の機関士および火夫と機関士助手が業務に従事し、地域的運行だけでなく、ソ連国境との往復業務もおこなわれた。

第2次世界大戦後、ボルシュティンは、大ポーランド地域の重要な鉄道の中心地として不動の地位を維持していた。ドイツが占領することでできた全インフラも、またそのままの状態で残り、それが今日までつづいている。まさに1990年代初期にいたるまで、ボルシュティンは、ソ連邦とドイツ民主共和国間で軍用機器、生活用品、そして軍隊を輸送するための戦略上の中心でありつづけた。主として任にあたったのは、'Kriègslok'（「クリークスロク（戦争機関車）」）'Ty2'型 2-10-0 と、ポーランドで改造された'Kriègslok' 'Ty43'型と'Ty45'型とである。物資輸送、とくにボルシュティンとグロジスク・ヴィエルコポルスキから放射状にのびる副次的な路線を使用していた輸送は、過去20年にわたり縮小されたが、歴史の町ボルシュティンは主要な鉄道の中心地でありつづけ、ポズナニ、レシュノ、ズボンシネクへの便がある。いくつかの列車は、蒸気機関車が牽引するが、機関車の維持管理は歴史的な「半円形の機関車庫」でなされている。

ボルシュティンの起源をたどると、1285年に設立されたシトー会修道会に行きつく。15世紀から、技術と商業の中心として拡大をはじめ、織物産業と羊毛の市で有名であった。1793年、ボルシュティンはプロイセンの支配下（オストブランデンブルク州のヴォルシュタインとなる）に入り、その後、1807年から1813年までワルシャワ公領の一部となった。ウィーン会議の決定によって、町はポズナニ大公領の領土内に組み込まれた。ヴィエルコポルスカ反乱に巻き込まれ、1919年1月に解放されたが、その後、第2次大戦がはじまるまで経済的好転を経験した。1989年、ボルシュティンは歴史的行政境界に戻され、大ポーランド州中で拡大する町になっている。

ボルシュティンは、ふたつの路線で旅をするための主要な中心地であるが、この地域へ行くための起点は、通例、ポズ

ボルシュティン＝ポズナニ線を牽引してステンシェフを出ていくPKP 'O149'型 2-6-2 No.111。2007年4月7日。

24ページ：ボルシュティンからレシュノ行06時07分発の列車車掌が、出発直前の'O149'型 2-6-2 No.59の機関士と話をしている。2014年1月18日の霧の濃い土曜日。

ナニ市（以前、ドイツ語で「ポーゼン」）である。ユーロ・シティの列車は都合がよく、たとえばベルリンからポズナニへは3時間ちょうどで行ける。

ヴァルタ川に面しているポズナニは、ポーランド最古の都市のひとつであり、注目すべき世界旅行の呼び物である。印象的な大聖堂はこの国最古の教会であり、最初のポーランド支配者たちの墓がある。今日、貿易、産業、教育の活気のある中心となっていて、ポーランド第5の都市である。

大ポーランド鉄道会社が走らせている現代のディーゼル複合ユニットは、今日では、ポズナニ〜ボルシュティン間（中間駅は16カ所）、さらにボルシュティン〜レシュノ間（中間駅は11カ所）で運行されている乗客輸送の中核をなしている。この会社は、また世界唯一の蒸気機関車牽引による幹線定期便を運行している。補修は、ボルシュティンの歴史的機関区兼博物館でなされている。今日、このふたつの路線でみられる唯一の貨物輸送は、ボルシュティンの真西に位置するポヴォドヴォのセメント工場用に週1回運行されるセメント貨車、そしてこの機関区用の石炭輸送用のものである。この業務は、通例、PKP貨車'SU46'型ディーゼル電気機関車によっておこなわれている。この機関車は、この地域にあるレシュノ主要機関区に割り当てられたもので、この機関区では、蒸気機関車の修理がいまでもおこなわれている。

2013年12月現在、ボルシュティン＝ポズナニ路線で、平日2便、時刻表通りに往復蒸気機関車の運行がなされている。もっとも、この蒸気機関車牽引の便は、今日、ボルシュティン＝レシュノ線に集中しており、1日2両の列車とともに、他のディーゼル複合ユニットを使用した便に加え、週7日運行業務がなされている。この蒸気機関車運行には3両の機関車が利用され、2両は'Ol49'型 2-6-2 No. Ol49-59と2-6-2 Ol49-60であり、1950年代中頃にフシャヌフ機関車工場で製造されたものである。他の1両は、かつての115-strong型複合輸送機関車に、1949年にフシャヌフで製造された'Pt47'型急行乗客車 2-8-2 No. Pt47-64を連結したものである。これに加え、いろいろな型の機関車が使われなくなって保管されたり展示されているのが、隣の貨物操車場と機関庫でみることができる。この機関庫は半円形機関庫と転車台からなっているが、もとは1907年に4筋の線路をもつ建物として建てられ、1909年に8筋の線路に拡大された。今日、ここは毎日運行している世界最後の蒸気機関車の車庫として他に類をみないものとなり、車庫長室で少額のお金を払えば一般客も見学できる。午前11時から12時までに行くと、通例、1日2便

のレシュノ行きのダイヤの間、蒸気機関車に伝統的な方式で保守点検がなされ、石炭と水が積まれ、さらに転車台で向きをかえるのをみることができる。2014年の初め頃、蒸気機関車運行の見通しがあやしくなったが、鉄道会社は継続運行を認めつつ、将来にわたり運行できるように設定された長期的運行計画を未決状態にしている。

年2回開催のポーランド幹線蒸気機関車祭りのひとつは、ボルシュティンが主催している。通例、4月最後の土曜日から5月最初の土曜に開催される。そのとき、約十数両の機関車が蒸気を出しているのがみられる。あるものは、遺産特別列車とともにポズナニ、ヴロツワフ、ベルリン、コトブスからやってくる。ポーランド全土からくる来訪機関車に加え、他の国からの機関車もパレードに参加している。伝統的には、チェコ共和国とドイツからだ。この祭りは地元の暦では主要なイベントであり、周辺地域やそれよりも遠くから数千人の来訪者がある。

ボルシュティン車庫の蒸気機関車を今後も運行させるための鍵は、「ボルシュティン体験」という扶助協会にある。この団体は、イギリスで蒸気機関車マニアが設立し運営しており、ポーランドで蒸気機関車を予定通り運行させるために財政的援助をおこなっている。この団体は過去16年間、機関士体験コースを実施し、世界中のファンに人気がある。

ポズナニとレシュノへ向かうふたつの路線には、プロイセン様式の典型である上品で小さな駅舎がある。数十年前に建設された橋、高架橋、腕木信号機、給水設備、信号所があるので、この2路線には、蒸気機関車による客車運行とならび、他にない特性がみられると同時に、他では味わえない旅行体験ができる。ボルシュティン駅の建物と信号ボックスは、1895年にさかのぼるものだが、いまだに当時の多くの機器が作動し日常的に使用されている。ボルシュティン＝ポズナニ線には、最近、新しいプラットホームや駅照明などが設置され、近代化の波が押しよせている。もとの駅舎建物と管制室はそのままだが、道路に面した建物のいくつかは、いまでは個人住宅になっている。両線は、大ポーランド国立公園、つまり湖水地域、森林平原、氷成堆積丘陵を通過している。この公園は、ポーランドで人気のある休暇地であり、ヴァルタ川流域に位置している。

28〜29ページ：グロチスク近くをボルシュティンに向けて進む、8時45分ポズナニ発ボルシュティン行き PKP 'Ol49' 型 2-6-2 No.111。この路線にしては通例ないほど長い積載荷物の列車は、二層式家畜運搬車とコトブスに向かう乗り換え用の元ドイツ国営鉄道の車両からなる。2000年1月2日。

コルシカ鉄道
コルシカ島（フランス）

ゲージ：3 フィート 3 3/8 インチ（1,000 ミリメートル）
全　長：232 キロ
ルート：アジャクシオ〜バスティア間 / ポンテ=レクシア〜カルヴィ間

幾度にもわたる閉鎖の危機を乗り越え、コルシカ島を走る急勾配できわめて風光明媚なメートル・ゲージの鉄道は、一路、島の山地を縫うように登る。連続するトンネルや蹄鉄形のカーブ、そして印象的な高架橋を経由する。

岩石からなる山がちのコルシカ島は、ナポレオン・ボナパルト生誕の地であり、数世紀にわたり戦闘的な盗賊集団が拠点にしていた。1769 年以来、フランスの「地域圏（レジオン）」になっている。もっと大きなイタリアのサルデーニャ島（36 ページ参照）の北部に近く、地中海でイタリアの西、そしてフランス本土の南東に位置している。首都アジャクシオは島の西海岸にあり、バスティアにある島の主要な飛行場は北東部海岸にある。

メートル・ゲージ鉄道路線のネットワークを、この島に敷設しようという案がはじめて提出されたのは、1877 年のことである。このナロー・ゲージが選択されたのは、山がちの地形にふさわしいと考えられたからである。それによって、スタンダード・ゲージの場合以上に、急カーブのある地形でも走ることができる。入念に計画された路線の建設は 1879 年にはじまり、1888 年にはこの鉄道の北東部の箇所が、アジャクシオからボコーニャーノへの南西部の箇所と一緒に、バスティアからコルテまで開通した。中間に山地の中心があったため、さらに完成まで 6 年の歳月がかかった。

ボコーニャーノ～コルテ間の急勾配の箇所は、1894 年、最終的に開通したが、ここには多数のトンネル、橋、そして高架橋の建設が必要であった。最長のトンネルはヴィッツァヴォナ付近にあり、全長ほぼ 4,000m、海抜 914m のところで

30 ページ：2 両のディーゼル車がゆっくりと、ギュスターヴ・エッフェルの設計になる高さ 90m の印象的な高架橋を進む。この橋は、コルシカ島の山がちな内陸部の自然公園内のヴェッキオにある。

リル＝ルース行きの 1 両の列車とともに、カルヴィの砂浜をゆく 1949 年製造のルノー製気動車とトレーラー。

ある。ヴェッキオにある最大でもっとも印象的な高架橋は、ギュスターヴ・エッフェルが設計したもので、全長140m、高さはまさに91mを越えている。技術者たちは、高くするために、ヴィヴァリオ駅まで連続して劇的なS字カーヴをつくった。ここから、この鉄道が、はるか下で行きつ戻りつループを描いているのがみえる。そのようにして、頂上まで登る。北の海岸を走るポンテ＝レクシアからカルヴィへ行く支線がその後に完成したが、東海岸を南下しカザモッツァからポルト＝ヴェッキオに向かう130kmの線は、1935年まで完成しなかった。そして、後者の線は短命に終わった。第2次大戦中、爆撃により深刻な損傷を被ったからだ。この線は、当時、フォレッリの南部で閉鎖され、残ったカザモッツァからポルト＝ヴェッキオに向かう残った部分も、1953年に閉鎖された。

ポルト＝ヴェッキオ線を別にすると、コルシカ島鉄道網の残りの路線は、1950年代と1970年代に完全閉鎖される怖れがあったが、21世紀までなんとかもちこたえた。フランス製の0-6-2Tと強力な0-4-4-0T接合マレー型での蒸気機関車による牽引は、1930年代と1940年代に衰退期を迎えた。そのとき、ビヤール社とルノー社が製造した気動車とトレーラーが導入された。今度は、これらが、1970年代から1990年代にかけて製造された、より現代的なディーゼル複合ユニットと、最近導入されたAMG800パノラマ式のツイン気動車に取って代わられた。

今日、コルシカ島のきわめて風光明媚な鉄道路線は、国営のコルシカ島鉄道会社（CFC）によって運行されている。この路線の中心は、島の北にある町ポンテ＝レクシアで、そこから各線が、アジャクシオ、バスティア、カルヴィへと向かう。目下、毎日4本の戻りの列車が、アジャクシオ〜バスティア間の本線で走行している。所要時間は3時間25分。その一方で、とりわけ夏季には、バスティア〜カザモッツァ間の北東海岸沿いで、またカルヴィ〜リル＝ルース間の北東海岸路線では、もっと頻繁に便がある。後者の路線は海岸近くを走り、休暇中の人やクルーズ船の来航客にとても人気がある。郊外便は、アジャクシオの港駅からメッツァーナへの便がある。主要な軌道改良に助けられ、最近導入されたＡＭＧ800パノラマ・ツイン気動車は、アジャクシオからバスティアへの所要時間を1時間切りつめた。

アジャクシオからバスティアへ

アジャクシオは、ナポレオン・ボナパルト生誕（1769年）の地であるが、コルシカ島最大の港町であり、アジャクシオ湾岸の風雨にさらされない場所にある。古代ギリシャ時代から重要な交易港であったので、豊かな文化遺産と建築的遺産があり、そのため今日では、クルーズ船の人気のある寄港地となっている。この港に近い位置にあるアジャクシオ駅は、バスティアに向かう列車の出発点である。ここから東に向かう列車は、まず海岸線をたどり、それから内陸に向かいグラヴォナ渓谷にいたる。連続的に登りを繰り返し、鉄道はボコニャーノ（海抜640m）に到達する。そのあと、この路線最長のトンネルを通過し、ヴィッツァヴォナ（海抜898m）に着く。ここから、路線はさらに登り、自然公園内の風光明媚な山の景色の中を進む。その際、路線は、連続して劇的なS字カーヴを描きながらヴィヴァリオにいたり、そのあとヴェッキオのエッフェル高架橋を渡る。リヴェントーサ到着後、路線は急勾配を下り、いく度もトンネルとS字カーヴを通過して、山腹の町コルテ（海抜400m）に行き、それからカルヴィ支線の乗り換え駅ポンテ＝レクシアに着く。

ポンテ＝レクシアから列車は東に向かい、ゴロ渓谷を下り、カザモッツァ駅のある海岸平野に行く。かつてこの駅は、ポルト＝ヴェッキオへ南下する海岸線の乗り換え駅であった。ここから北上して、平地の農業地帯を通り、バスティアの海岸にいたる。海と山に挟まれた歴史的な港バスティアは、1791年までコルシカ島の首都であった。今日、ここにある近代的なフェリーのターミナルは、車両フェリーによるフランス本土との往来があり、四六時中忙しい。

ポンテ＝レクシアからカルヴィへ

ポンテ＝レクシア村から列車は北に向かい、岩のゴツゴツした山がちな風景の中を進み、その後、北西海岸に向けてナヴァッキア渓谷を下り、連続してトンネルとS字カーヴを通過する。リル＝ルッスで、列車は海岸線と出会い、それに沿って西に向かい、夏季の日光浴客に人気のある砂浜と入り江を通過する。その後、湾に沿って曲がりカルヴィに着く。カルヴィはフランス外人部隊の拠点であるが、栄誉あることに、クリストファー・コロンブス生誕の地とされている。今日、カルヴィ湾の浜辺は、休暇客に人気のある場所になっていて、そうした人びとは、夏季、ヨーロッパから飛行機で空港にやってくる。

34〜35ページ：アジャクシオ〜バスティア間のメートル・ゲージ鉄道は、コルシカ島の山がちな内陸部をうねりながら通過し、多くの村にやってくる。

トレニーノ・ヴェルデ
(「緑の小さな列車」)
サルデーニャ狭軌鉄道
サルデーニャ州(イタリア)

ゲージ：3フィート1½インチ
全　長：417キロ
ルート：
1. マコメール～ボーザ間 (45キロ)
2. ヌルヴィ～パラウ間 (114キロ)
3. マンダス～アルバタクス間 (160キロ)
4. マンダス～ソルゴノ間 (97キロ)

「見慣れない鉄道。誰が敷設したのか知りたいものだ。丘陵地帯をとても早く登り、渓谷を下り、急な曲がり角をひどく無頓着に回り、……深い溝を進み、トンネルで空気を汚している時にブーブーと音をたて、丘を登るときは、仔犬のように喘ぐ……」

D. H. ロレンス「海とサルデーニャ島」(1921年)

シチリア島についで、地中海で2番目に大きいサルデーニャ島は、南北に約258km、東西に120kmあり、面積としてイスラエルよりかなり大きい。内部には山があり、最高峰はマルモラ山で海抜1,834mあり、川は少ない。1万年以上も前から人が住みつづけたこの島は、1,000年間、イスラム教徒の攻撃の矢面に立ち、最近の数百年間は、ヨーロッパの大国がおこなったチェスゲームのポーン（歩）になってきた。スペインが400年間、そして短期間オーストリアが領有していたが、結局、1861年、新たに形成されたイタリア王国の一部になった。今日、サルデーニャ島は5つのイタリア自治区のひとつになり、広範囲に及ぶ法的・行政的権力をもっている。この島のふたつの大都市は、南部海岸にある首都カリアリ（人口15万人）と北西部にあるサッサリ（人口12万5000人）で、この島の起伏の多い東海岸は人口がまばらである。

山がちなこの島の信頼にたる交通はつねに貧弱で、1860年代になっても、ほとんど道路はなく、旅行者は拠点を移動する山賊にしばしば襲撃されていた。島の多くの地域は、首都カリアリから孤立しており、そこに行くには、海岸をめぐる長い、しばしば荒い海の旅によるしかなかった。山がちな内陸部を回避して、最初の鉄道がサルデーニャ島に敷設されたのは1872年で、カリアリから西海岸の町オリスターノ間の路線であった。同年、カリアリ～オリスターノ間の路線にあるデシモマンヌから南西部の工業の町イグレシアスへの鉄道が開通した。オリスターノで1878年、北西海岸のポルト・トッレスと都市サッサリからの路線がつながった。1883年に全線開通したもうひとつの路線は、サッサリ～オリスターノ間にあるオツィエーリの乗り換え駅から、北東の町オルビアと港ゴルフォ・アランチに向かって進むものであった。この路線すべては、スタンダード・ゲージの4フィート $8\frac{1}{2}$ インチに合わせて建設された。

このスタンダード・ゲージ鉄道のおかげで、北、西、南にある海岸間に需要の多い交通路ができたが、山がちな内陸部と東海岸はあいかわらず孤立していた。しかし、19世紀後半になって、ヨーロッパの山岳地域でナロー・ゲージ鉄道が建設され、それが経済的でもあり成功していた。

サルデーニャ島で建設された最初の鉄道は、1889年に開通した5フィート $5\,^{21}/_{32}$ インチのゲージで、全長40kmのもの

であった。オルビアに向かうスタンダード・ゲージ路線にあるモンティ駅から北西に進み、ガッルーラ山地を横断してテンピオ・パウザーニア駅にいたる鉄道であった。つぎの40年間で、そのあとにつづいた路線は、過酷な地域を走る全長570kmに及ぶ似たゲージの路線であった。1889年にカリアリ～マンダス～ソルゴノを結ぶ路線が開通し、1889年、西海岸のボーザ～マコメール～ヌーオロ間、1889年にサッサリ～アルゲーロ間、1893年にキリヴァーニ～ティルソ間、1894年、ガーイロ～イェルツ間の支線をもつ、マンダスから東海岸のアルバタクス間の路線が開通した。

さらに、90kmのナロー・ゲージ路線が、1913年から1915年にかけて開通した。その中に、マンダスの北にあるサルチダーノ～ヴィラチードロ間の路線が含まれ、さらにアーレスに向かう支線もある。これで、サルデーニャ島のナロー・ゲージ鉄道建設が完了したわけではなかった。南西部では、112.5kmの路線が開通した。炭坑用の線として、1926年、シリークア～カラゼッタ～カルボーニア間のものであった。最後の路線は150kmの路線で、ガッルーラ山地を横断し、サッサリから北東部の小さな港パラーウに向かうもので、1932年に開通した。

1930年代は、小規模ではあったものの、しだいに道路輸送との競争が起り、耐乏の時期にあたる。サルデーニャ島のナロー・ゲージ路線の多くで、ディーゼル気動車が導入された。事実上、第2次大戦はこの島を避けて通ってくれたが、ナロー・ゲージ鉄道は維持と予備の部品が不足し、1945年頃になるとひどい状態になった。スタンダード・ゲージ路線は1920年に国営化されていた一方で、私企業所有のナロー・ゲージ・システムは、収支をあわせるのに苦労したが、ついに国家から救命索が投げられた。近代化を実施するための補助金が提供されたのだ。近代化策として、線路の質を向上させること、最も急なカーブのうちの数カ所を解消すること、そして機器を新しくすることが含まれていた。こうした努力にもかかわらず、最も経済性の低い路線は、結局、廃止された。1956年、サルチダーノ～ヴィラチードロ間、そしてアーレス支線が閉鎖、1958年、モンティ～テンピオ・パウザーニア間、1969年、キリヴァーニ～ティルソ間、1969年から1975年にかけて、シリークア～カラゼッタ間とカルボーニア間が段階的に閉鎖された。残った路線を運営していた私企業は、1971年、管財人の管理下に入ったが、イタリア政府が介入してそれらを指揮し、ついには国家統制下に入り、1989年、サルデーニャ鉄道（FdS）となった。

36ページ：ガーイロ近くのサン・セバスティアン高架橋を通過するレジアーネ 2-6-2T No.402。ここは、マンダス～アルバタクス間の、きわめて風光明媚なトレニーノ・ヴェルデ路線にある。列車は混成。2003年4月8日。

1990年代には、残ったナロー・ゲージ鉄道システムでは、依然、運輸が下り坂にあった。サルデーニャ島の道路網に主要な改善がなされたのは、ヨーロッパ連合の施しによってであったが、これが事態をいっそう悪化させた。貨物輸送は廃止され、多くの路線は削減され、5月から10月までの観光シーズンだけの運行となった。積極的側面をあげれば、より経済性の高い存続可能な路線がEUの資金供与を受け、駅、無蓋貨車、そして信号の現代化を実施した。1995年、路線の4本は閉鎖を免れた。再度、EUプロジェクトのおかげであった。定期便の大多数は、季節の観光用にとって代わられた。「トレニーノ・ヴェルデ」（「緑の小さな列車」）として一括して知られているこれらの人気観光路線は、復帰したヴィンテージのディーゼル気動車と蒸気機関車によって運行されている。

2010年、サルデーニャ鉄道（FdS）のナロー・ゲージ鉄道システムは、島の地域運輸会社「公共交通事業体」（ARST）に全面的に統合された。4本の「トレニーノ・ヴェルデ」路線とは別に、この会社は定期便を運行し、203kmのナロー・ゲージ路線で、現代的なディーゼル機関車と複合ユニットが使用されている。国有鉄道は、スタンダード・ゲージ路線を運行している。

マコメールからボーザへ

この45kmの路線は、歴史的な町マコメールから出発する。この町には、さらに南北スタンダード・ゲージの本線が通り、カリアリ〜サッサリ間の運行をしている。また、ヌーオロに向けて東に走るナロー・ゲージ路線もある。ボーザ行きの列車は、マコメール駅から出発し西方向に向かう。まず、スタンダード・ゲージ路線を登り、ついでまもなく、海抜537mの路線の頂点に達する。ここから鉄道は西に向かい、海岸へと下って行く。途中、石の壁で仕切られた、ヌラーゲとして知られる青銅器時代の塔が多数ある、牧草地の風景の中を通過する。12世紀設立のシトー会大修道院サンタ・マリア・コートを通過し、シンディア駅に立ち寄ったあと、列車は一路、平坦で耕作地の田舎地域に入り、ティンヌーラ駅に到着する。近くの村は壁画で有名で、家、店、壁、さらにその他の実質的にすべてに壁画が描かれている。

下りつづけたこの路線は、丘陵傾斜地をぐるりと回ったあと、トレスヌラーゲス村に到着する。この村は、文字通りには「青銅器時代の3つの塔」を意味し、毎年、4月25日に執りおこなわれる「聖マルコ祭」で有名である。それから列車は、回り道をして下り、マゴマーダスにいたる。ここから海がはじめて一瞥できるが、列車はモードロ渓谷に突入する。この渓谷は、地元産のマルヴァジア・ワインで有名である。ボーザへの最後の行程に入り、小石で一杯の海岸に聳える断崖に沿って列車は北進し、それから内陸に入り、テモ渓谷に沿って進み、古代の町ボーザの終着駅にいたる。

ヌルヴィからパラウへ

ヌルヴィはこの114kmの旅の出発点であるが、いまでもサッサリからナロー・ゲージ列車の定期便がある。列車はヌルヴィから出発し、北東の方向へ進行して、途中、島に多数ある青銅器時代の聖なる井戸と水の神殿の多くを通過し、北アメリカ西部にみられるメサ（卓上台地）に典型的な風景の中を下っていく。最初の停車駅はマルティスにあり、そのあとラエッル村にある。この村は、宗教的祭り、洞穴、化石森で有名である。この豊かで肥沃な地域をつづけて下っていくと、鉄道はペルフガスに着く。ここのサンタ・マリア・デッリ・アンジェリ教会は、木のパネルに描かれた宗教画をサルデーニア島で一番多く収蔵している。北東方向へ進行をつづけると、列車はすぐに耕作された緑なす谷から登りはじめ、ガッルーラ山地へ入り、途中、高架橋でコギーナス川を渡る。

この山地横断は、鉄道建設業者にとって主要な土木工事の大事業であり、多数の高架橋とトンネルを建設する必要があった。そして、トンネルのひとつにループ状のボルティジャーダス・トンネルがある。この鉄道は、テンピオ・パウザーニアで頂点に達する。ここは、かつてモンティからの路線の終点であったが、1958年に廃線になった。高度566mのこの地域最大のこの町は、多数の18世紀に建てられた花崗岩の建物で有名である。

この線は、テンピオから風光明媚な山地を下り、海岸とパラーウにいたる。カランジャーヌスとサン・レオナルドの駅に停車したあと、ピアット川に架かる近代的なコンクリート製の高架橋を渡る。アルツァケルナに立ち寄ったあと、乗客はガッルーラの海岸線とマッダレーナ諸島のみごとな眺めでもてなされる。それから列車は、パラウの埠頭駅に終着する。

マンダスからアルバタクスへ

この骨の折れる160kmの鉄道は、ヨーロッパでとはいかないが、イタリア最長の観光用路線であり、もっとも景観にとんだ路線のひとつである。急勾配があり、高度な技術が駆使され、曲がったり逆向きになったりして東海岸にいたるこの

路線は、森林におおわれたジェンナルジェントゥ山地を横断する。カリアリからのナロー・ゲージ鉄道列車も発着するマンダス駅を出発した列車は、一路、北進して、ソルゴノ行きの路線の乗り換え駅で分岐し、東に進む。丘陵をうねりながら旋回し、オッローリ村の最初の停車駅につく。「オッローリ」という名は、この地域に生育している産毛でおおわれたカシの木にちなむものだ。この村は、プラネムル台地の盆地にあり、5つの青銅器時代の塔（ヌラーゲ）などの考古学的遺跡にとんでいる。オッローリから鉄道は北に向かい、ヌッリに行き、それから再び東に進んでヴィラノーヴァトゥーロ駅につく。それから、人造のフルメンドーサ湖にかかる長い高架橋を渡る。フルメンドーサ渓谷から30対1の傾斜を登ったあと、列車はうねりながら丘陵地帯を回り北に進むと、ベティッリ、エステルツィーリ、サーダリ・セウーロにいたる。最後の村は、みごとな滝で有名な中世からの村である。

ジェンナルジェントゥ山地の骨の折れる路線を走りつづけるこの鉄道は、つぎに東に向きをかえ、いくつものトンネルをくぐり、高架橋を渡りセウーイにいたる。ここは、アールヌーヴォー美術館で有名であり、観光列車はここで昼食をとる。そのあとアヌル、ウッサッシ、ガーイロに立ち寄る。かつて、ジェルズー行きの短い支線（1956年廃線）の乗り換え駅であったが、この歴史的中心地ガーイロの多くは、1951年に起こった悲惨な洪水のあと、依然として廃墟のままである。ここから列車は北に進み、月に似た風景の中をヴィラグランデに着く。そのあと、南東方向へ向きを変え、シッカデルバ渓谷の斜面を下りアルツァナにいたる。ここから乗客は、はじめて東に海を垣間見ることができる。サルデーニャ島最高峰の下にある古代のアルツァナ村は、多数の考古学的遺跡群の中心に位置し、「クルルジョネス」、つまり土地のチーズで作ったおいしいラヴィオリで名高い。

アルツァナから、この路線は山地を下りつづけ、360度の螺旋と蹄鉄形カーヴを経由して、魅力的な丘の町ラヌゼーイにつく。カーヴしている高架橋を渡ったあと、列車は海岸に降りて行く。はじめは北に向かいエーリニ＝イルボーソとセッラ＝エレッチに行き、その後、東に進んでトルトリの町で海岸平野に出る。ここから少し進むと、アルバタクスにある港脇の終点につく。ここは小さな海岸の町で、特徴的な赤い岩と斑岩の花崗岩で有名である。

マンダスからソルゴノへ

バルバジアとマンドロリサイの森と山の中を通る、この97kmの鉄道旅行の最初の部分は、ナロー・ゲージの通常便を使い、マンダスからイジーリへと北へ向かう。イジーリの小さな町は、新石器時代の考古学的遺跡に囲まれていて、サルチダーノ渓谷を一望する台地のはじにあり、6月におこなわれるサン・ジョヴァンニ・バッティスタ祭で名高い。「トレニーノ・ヴェルデ」の列車は、ここから北に進み、マンヌ渓谷に沿ってサルチダーノにいたる。ここは、1956年まであったヴィッラチードロ行きの乗り換え駅であった。この廃線になって久しい路線の多くは、今日、小道や自転車道路になっている。

北に向かって登りをつづけ山の中に入るこの鉄道は、ニュラッロの孤立した村落にとまる。ここは、数千年前には青銅器鋳造の中心であった。そのあと、チニョーニとスラーウにとまり、ラーコニ村に着く。ここは、サルデーニャ住民の守護聖人・聖イグナティウス誕生の地である。セイヨウヒイラギカシとカシの森に囲まれているアイメリク公園には、古代の廃墟の城跡がある。ラコーニを出ると、この鉄道は、うねったり旋回して丘陵傾斜地を進み、オルトゥアビスで、最初の頂上フンタナメイアへ向かって登る。ついで、下って古代の丘の町メアナ・サルドに着く。ブドウ園でいっぱいの丘に位置するこの町は、青銅器時代のヌラーゲとローマ期の考古学的遺跡で有名である。

メアーナ・サルドを出ると、この鉄道は、路線最長の996mのサルクー・トンネルを水平に抜け、かわいいベルヴィ・アリッツォ駅に着く。ここは、ジェンナルジェントゥ山地の麓である。近隣のアリッツォ村は人気のある観光の中心で、純粋な山の泉とミネラルウオーターで有名であり、他方、ベルヴィ村は、ヘーゼルナッツ、クルミ、クリなどの木が鬱蒼と茂った尾根に位置しているので、自然史博物館の故郷である。デズロ・トナーラでこの路線の頂上にいたり、その後、曲がったり旋回したりしていくつものトンネルを抜け、高架橋を渡り、ついには終点ソルゴノに着く。ジェンナルジェントゥ国立公園の西端の鬱蒼とした森の中にあるこの古代の村は、その数々の考古学的遺跡と有名なマンドロリサイを含む地元産のワインで名高い。

右：セリとガーイロ間のサン・クリストフォーロにある高架橋を渡るレジアーネ 2-6-2T No.402。マンダス～アルバタクス間の山岳ルートで、混合列車を牽引している。2003年4月8日。

ソリェル鉄道
マヨルカ島（スペイン）

ゲージ：3フィート
全　長：27.4キロ
ルート：パルマ〜ソリェル間

もともとは蒸気機関車で運転され、開業は〈タイタニック号〉が沈んだ年であったが、このひどく技術の必要とされた絵のような鉄道は、マヨルカ島の首都パルマと北海岸の港ソリェルを結ぶもので、1929年に電化された。アルファビア山地の下深くトンネルが通っているこの鉄道は、この島を訪れる者に、85歳になる車両で記憶に残る旅を提供している。

地中海に浮かぶスペインのマヨルカ島で最初に建設されたこの鉄道は、1875年、首都パルマ〜インカ間を結ぶ29kmの走行距離で開業した。1921年頃、3フィートのナロー・ゲージ路線のネットワークができた。パルマからアルタ、ラ・プエブラ、フェラニチ、そしてサンタナイへと放射状にのびている。一方、この島の北部には、拡大している港町ソリェルがある。ここは、にわか景気のオレンジとレモン取引の中心地であったが、アルファビア山地のため首都から引き離されていた。そこへ出かけるには、馬車に乗り、急峻な曲がりくねった狭い泥の小道を通り、ソリェル峠を経由して山地を横断しなくてはならなかった。宿屋がこのルート沿いにあり、旅人と馬は休憩して飲食物をとった。

　パルマ〜ソリェル間の鉄道を求める声がしだいに大きくなり、19世紀末と20世紀初頭に、土地の指導的地位にある実業家たちがいくつかの提案を出した。結局、直接路線が選択され、パルマから北に向かい、平野を横断し、ソリェル峠の真下、アルファビア山脈の下をトンネルで通過するものであった。建設作業は1907年、路線の両端から開始され、翌年にはパルマから出発した作業チームが山脈にたどり着いた。ここに、2,856mのトンネル（総計13のトンネルが、この路線の全ルートに掘られた）がソリェル峠の下に掘られ、1911年8月に、土建業者の蒸気機関車〈マリア・ルイサ号〉（イングランドのラフバラーにあるファルコンワークス社製）が、ミラドール・デス・プジョル・デン・ヴァニャ見晴らし台に到達した。ここから鉄道は、ソリェルへと下るのだが、途中、いくつもの急なカーヴがあり、シンク・ポンツ高架橋とシンク・センツのトンネルを通過する。

　完成したこの鉄道が開業したのは1912年4月16日で、〈タイタニック号〉が大西洋で氷山に衝突して沈んだ日であった。この鉄道の動力は、3両の強力な2-6-0タンク機関車によるもので、製造はバルセロナのマキニスタ・テレストゥレ・イ・マリシマ社により、〈ソリェル〉〈パルマ〉〈ブノーラ〉と名づけられた。4両目の機関車〈ソン・サルディーナ〉は、1913年、同じ会社から引き渡された。この頃、車両は10両編成になっていた。スペイン北東部にあるサラゴサのカルデ・イ・エスコリアーサ社製であった。走行距離4.8kmで3フィート・ゲージの路面電車がソリェル駅〜ソリェル港間で開業したのは、1913年11月4日のことである（45ページ参照）。ソリェル鉄道は1929年に電化され、1,200ボルト直流システムを使い、電流は頭上設置電線から集められる。この鉄道用の電流は、パルマからブノーラまで架かる高圧線で運ばれている。路線の中間地ブノーラで、電気は15,000ボルトから1,200ボルトに変電される。4両の電気駆動車と10両の牽引車は、この新設の路線のためにカルデ・イ・エスカリアーサ社によって製造され、今日でも使用されている。ソリェルにあるもうひとつ別の変電設備では、ソリェル市街電車用に500ボルトに変圧されている。

　過去に廃線経験はあるが、マヨルカ島の他の鉄道のひとつは、依然として営業している。今日、マヨルカ鉄道が営業している、パルマ〜マナコル間の最近電化されたメートル・ゲージ路線は、目下、アルタまで延長されている。他方、サ・ポブラ支線をアルクディアまで延長する案が、目下、検討中。路線全長85kmをもつこの会社は、同時に2007年に開通したパルマ地下鉄を運営している。

　ソリェル鉄道は、依然、1929年に使用されはじめたもとの電気駆動車と客車を運行させている。列車は一年中走っているが、3月から10月にかけては便が集中的にある。パルマ駅は多くの人から、マヨルカ島で一番美しい建物のひとつとみられているが、エスパーニャ広場に近い公園に沿って建っている。ここから、列車は北に進み、ブノーラに向けて平野を横断する。途中、一時停止するのは、ソン・サルディーナ、アペアデロ・デ・ソン・レウス、アペアデロ・デ・サンタ・マリア、アペアデロ・デ・カウベートである。アルファビア山脈の麓にあって、パルマから14.5kmのところにあるので、この小さな町ブノーラは、絵のような広場が呼び物である。

　ブノーラの北で、鉄道は登りをはじめ、アルファビア山脈に入っていく。ソリェル峠の下の、この路線13のトンネルで最長のマヨル・トンネルを通過する。ここから下りがはじまり、ソリェルにいたる。途中、最初に立ち寄るのは、有名な景観ポイントのミラドール・デ・プジョル・デン・バニアで、ここからはソリェル渓谷と山地をパノラマ式にみることができる。このあと西に向かい、モンレアル急流にかかるシンク・ポンツ高架橋を渡る。その後、路線は曲がりくねって進み、530mのソン・アンジュラ・トンネルを通過。この路線第2の長いトンネルであり、つぎに列車は折り返し運転をして下り、小さなカンタンボール駅、ついでソリェル駅に着く。ここに、この鉄道会社は、その事務所と作業場を設置している。その一方で、ピカソとミロに捧げられた美術館が、魅力的な駅舎内に設置されている。ソリェル市街電車は、この駅とソリェル港をむすんでいる。

42ページ：1929年製造の電車が、パルマ〜ソルェル港間の景色のよいソリェル鉄道のシンク・ポンツ高架橋をゆっくりと渡っている。マヨルカ島北部の山地。

ソリェル市街電車
マヨルカ島（スペイン）

ゲージ：3フィート
全　長：4.8キロ
ルート：ソリェル駅〜ソリェル港間

　単線のソリェル市街電車の建設は、パルマからの鉄道が開業したあとにはじまった。1913年10月4日に開業したこの鉄道の4.8kmの路線で、唯一の土木工事の特徴は、マヨール激流に架かった鉄橋である。3両のモーター市街電車と2両のトレーラーは、もとはサラゴサにあるカルデ・イ・エスコリアーサ社製のものであったが、1954年にパルマ市街鉄道会社から購入した無蓋のトレーラーが補充された。この市街電車はまた、ポルトガルのリスボア市街電車から購入したゲージ補修のなされたモーター車を所有している。

　この鉄道の目的は乗客輸送であったが、同時に、魚をソリェル港駅から、石炭を反対方向に運ぶのにも使用された。この鉄道はソリェル駅〜終点ラ・パヤサ間の14カ所で道路脇に停車する。最初はメルカートで、市場の反対側にあり、ここから電車は果樹園や庭園を通過してカン・グイダに行く。ここは待避駅だ。隣接したバーの名をつけたカン・レウスがつぎで、そのあとロルタ〜モニュメント〜カン・リモ〜カ・ナイ〜ロコ・ラハ〜エス・コントロルとなる。このエス・コントロルは、スペイン内乱以前、密輸阻止のチェックポイントであったが、その後、この港が軍港になると、警備制御ポイントになった。今日、ムレータ、灯台、そしてデイアに歩いて行くための起点である。

　サ・トルレでこの鉄道は海岸に到達、さらに進んで港を回り、海岸の見渡せる大通り沿いに進む。停車は、セエスプレンディド〜ラス・パルメラス〜セデン〜カン・ヘネロスとづづき、電車は最後から2番目の停車場マリソルに着く。もとの終点駅であったが、内乱の際、近くのドックを基地としていたイタリア人潜水艦士官用宿舎として接収された。いまでは、レストランが入っている。

　軍事基地の入り口近くに位置しているので、ラ・パヤサはこの電車の目下の終点となっている。1975年までこの路線は基地に入り、もっぱら海兵隊に使われていたが、内乱以前、さらに奥にまで入り波止場まで行き、オレンジ、レモン、地元製の織物や乗客を運んでいた。物や人が、ソリェル港からマルセイユや他の地中海の港に運ばれていた。

古風で趣のあるソリェル市街電車は、駅と港の間、4.8kmの路線のほとんどを、防波堤に添うように走る。

ドウロ渓谷
ポルトガル

ゲージ：5フィート5$^{21}/_{32}$インチ
全　長：162.5キロ
ルート：エルメジンデ～ポシーニョ間

とても風光明媚なドウロ渓谷は、世界的に知られているポートワイン産業の本拠地であるが、ポルトからブロード・ゲージ鉄道が通っている。乗客にとって、息をのむような渓谷や急峻な山肌のブドウ畑が眺められるこの鉄道は、1984年まで、スペイン間の国際列車が走っていた。その年、スペインとの鉄道リンクは閉鎖された。

全長約900kmのドウロ川は、イベリア半島第3位の長さの川である。スペイン北部のソリア県を源とし、西に流れポルトガルに入り、そこのポルト市で大西洋に注ぐ。113kmの間、スペインとポルトガルの国境をなし、いくつもの狭い渓谷に沿って流れる。ポルトガルでは、ドウロ渓谷はアーモンドとオリーヴ栽培が盛んであるが、ブドウ栽培の方がもっと知られている。ブドウは、この渓谷の急峻な斜面で生育し、ポートワインの原料となる。ピニャンとサン・ジョアン・ダ・ペスケイラ周辺地域は、ポートワイン産業の中心で、渓谷の一部はユネスコ世界遺産に登録された。

何世紀にもわたり、この川はブドウ栽培者の主要な輸送手段となっていた。しかし、第2次大戦後、川に沿って5つのダム建設がなされ、水力発電がおこなわれてきた。依然として船が使用され、5つの水門を経由してこの川の渡航がなされている。

ポルトガル最初の鉄道は、リスボア（リスボン）〜カレガド間で1856年に開業した。ポルトは、結局、1877年にリスボアから接続し、この年、ギュスターヴ・エッフェルの劇的な錬鉄橋がドウロ川に架かった。このポルトガルで最初期の鉄道は、4フィート8½インチのスタンダード・ゲージで建造された。しかし、これらは1860年代末に5フィート5²¹⁄₃₂インチにゲージ修正され、スペインのゲージに合うようにされた。ポルトガルはまた、かつて田舎のメートルゲージ路線の広範なネットワークを有していたが、その大多数はいまでは廃止されている。

一方、ポルトガル北部のヴィアナ・ド・カステロからの鉄道は、1868年にポルトに達していた。ペナフィエルに向かう最初の30kmは1875年7月29日に開通、1879年7月には、タメガ渓谷（ドウロ川支流）を渡り、1878年9月、ドウロ川北岸に達していた。この鉄道路線は、ここから川沿いに東に向かい、連続して景色のよい岩棚といくつかのトンネルを通り、1879年7月にペーゾ・ダ・レーグアに達した。かつてローマ人植民者が住んでいたこの町は、1836年以降、その重要性を増した。ドウロ渓谷のブドウ園のブドウ生産が、輸出向きの品質のいいブランドに認定されたのである。

ペーゾ・ダ・レーグアから鉄道建設業者は、狭まっているドウロ渓谷の北岸に沿って建設をつづけ、1880年6月ピニャンに達した。1883年9月にトゥア、さらに1887年1月にポシーニョに着いた。トゥア〜ポシーニョ間で、眺めのよい高架橋を通過しこの川の南岸に渡る。バルカ・ダルヴァ近くのスペイン国境にいたる最後の27.4kmの行程は、1887年12月に開通し、ラ・フエンテ・デ・サン・エステバンを経由して、スペインの町サラマンカを往来することが許可された。

ドウロ渓谷鉄道は、国際輸送をポルトガル〜スペイン間で1984年までおこなってきたが、このときスペイン国有鉄道会社RENFEは、ラ・フエンテ・デ・サン・エステバンからポルトガル国境までの接続路線を閉鎖した。この路線は、1988年までバルカ・ダルヴァで終点であった。この年、現在の終点駅ポシーニョまでに短縮された。

ドウロ渓谷線は1960年代末まで、蒸気で運行していたが、その時、新たにディーゼル電気機関車の車両が導入された。今日もなお使用されているが、最初の10両の1400型Bo-Bo機関車は、イギリスのランカシア州のバルカン・ファウンドリー社でイングリッシュ・エレクトロニック社が製造した。さらに、57両はポルトガルで組み立てられた。

ドウロ路線で旅をすると、乗客は渓谷とそこに広がるブドウ園の光景に息をのむことだろう。この渓谷は、ユネスコ世界遺産に認定され、列車の旅はポルトガルでもっとも風光明媚なものとされている。

今日のドウロ渓谷行きのディーゼル牽引列車は、ポルトにある印象的な終着駅サンベント駅から出発する。1916年開業のこの駅は、風景と歴史的出来事を描いた大きなタイルのパネルで美しく飾られている。ポシーニョへの戻りは5便あるが、所要時間は3時間45分から3時間53分である。

1925年ヘンシェル社が製造した2-8-4 T蒸気機関車を修復したものが、5両のヴィンテージものの木製客車を、ペーゾ・ダ・レーグア〜トゥア間で6月末から10月中旬まで観光用に牽引している。この列車はポピニャンにも停車し、乗客は賞に輝いたワイン・ハウスに行き、駅の本館をおおっている25枚の瑠璃色のタイルのパネルを鑑賞する余裕がある。

46ページ：蒸気機関車が牽引する遺産列車のヴィンテージものの客車が、ポルトガルのドウロ渓谷鉄道路線の多くの素敵な高架橋のひとつを通過している。

次ページ：1両だけのディーゼル気動車が、急峻な斜面のドウロ渓谷上流を寄り添って進む。

50〜51ページ：フェラドザでドウロ川に架かる印象的な高架橋を通過している4-6-0 No.284。蒸気の時代へフラッシュバック。長い貨物輸送列車とともに、バルカ・ダルヴァとポシーニョからポルトに向かう。1970年6月10日撮影。

ユングフラウ鉄道
スイス

ゲージ：3フィート 3³⁄₈インチ（1,000ミリメートル）
全　長：9.3キロ
ルート：クライネ・シャイデッグ～ユングフラウヨッホ間

ユングフラウ鉄道は、スイスの実業家アドルフ・グイヤー=ツェラーによる新構想のものであった。1912年の完成以来、ヨーロッパ最高地の鉄道であった。このアプト式電気鉄道のほとんどの行程はトンネルの中であるが、乗客は頂上の駅につくと、ベルンアルプスとアレッチ氷河の素晴らしい眺望を楽しむことができる。

ベルンアルプスに位置するアイガー山（3,970m）、メンヒ山（4,107m）、ユングフラウ山（4,158m）は、アルプスの嶺の畏怖の念をおこさせる尾根であり、最初の登頂は19世紀であった。メンヒとユングフラウの間にあるユングフラウヨッホは、この尾根の最低地点にある峠（鞍部）で、今日、経験を積んだ登山家でもなければ、たどりつくにはこのユングフラウ鉄道に乗るしかない。

ユングフラウ山に山岳鉄道を建設しようという案が、この鉄道以前にも幾度か提案されていたが、やっと1894年になって、金持ちのスイスの実業家で技術者アドルフ・グイヤー＝ツェラーが、実行可能な提案をしめした。彼の野心的な計画は、電動のアプト式鉄道を建設し、路線の80パーセントがメンヒとアイガーのトンネルを走行し、ユングフラウ山頂の駅につくというものであった。資金調達のため、グイヤー＝ツェラーは、グイヤー＝ツェラー銀行を設立した。

その一方で、800ミリメートル・ゲージのラック式ヴェンゲルンアルプ鉄道が、ラウターブルンネン〜グリンデルヴァルト間、クライネ・シャイデック経由で開通していた。1893年のことである。もともとは、蒸気で運転していたが、1,930mのこの鉄道は、アプト式の世界最長の鉄道であり、1909年に電化された。2,067mにあるクライネ・シャイデックは、アイガー山の下に位置する高い山道である。ここにある駅から、ユングフラウ鉄道の建設工事が1896年に開始された。メートル・ゲージに合わせて建設されたこの路線は、電化するように設計されていた。3相交流電気を別個の2機の架線と1本のレールから集めるものであった。傾度が4対1あるので、シュトループ式のラック・ピニオン式システムが適していた。機関車の下にある歯のついた動輪が、線路の中央に設置されたラック歯を備えた線路に噛みあうようになっている。この安全装置に加え、3相交流電気方式も、またこの方式に戻された電気を回生ブレーキに供給している。この鉄道を動かす電気は、クライネ・シャイデック近くにあるグイヤー＝ツェラーが建設した水力発電所から供給されている。

1898年頃になると、この鉄道は、アイガー山麓にあるアイガーグレッチャー駅までのびていた。ここから、トンネル建設がダイナマイトを使ってはじめられたが、この計画は、事故、爆発、作業員の死、労働不安、悪天候にたえず見舞われ

52ページ：クライネ・シャイデックにあるユングフラウ鉄道の低い方の終着駅。メンヒとアイガーのふたつの嶺のために小さくみえる。

2両の電車が、急峻な旅程の出発点であるクライネ・シャイデック駅を出て、ユングフラウヨッホ駅をめざす。

アイガー山の下に立つクライン・シャイデック駅は、ユングフラウ鉄道の低い方の終着駅で、同時に、ヴェンゲルンアルプ鉄道のグリンデルヴァルトとラウターブルンネンからの列車の便がある。

た。アドルフ・グイヤー=ツェラーは、1899年に死去した。遅々としたものであったが、工事は継続された。この鉄道がロートシュトックの仮設駅まで開業したのは、1899年8月のことである。このあと、1903年にアイガーヴァント駅の、そして1905年にアイスメーア駅の展望台ができた。1908年、アイスメーア駅でダイナマイト爆発の大事故が起こり、多数の作業員が死亡した。

建設作業をはじめてから16年たち、ユングフラウヨッホ駅へのトンネルが、ついに1912年に開通した。海抜3,454mのこの駅は、現在でもヨーロッパ最高地の鉄道駅である。グイヤー=ツェラーの死後、ユングフラウ山頂に到達するという目的は、内密に中断されていた。

ひとたび鉄道が開通すると、ユングフラウヨッホではさらなる展開があった。1924年には観光客用山小屋が開業し、1931年には研究基地が、そして1937年にはスフィンクス天文台ができた。さらに近年では、大気調査所、電波中継局、展示センターのあるレストランも、また駅近くにつくられた。

ヨーロッパで最も高いところを走る鉄道に乗ってユングフラウヨッホに向かう人は、ベルンアルプスの東側とアレッチ氷河の感動的な光景が迎えてくれる。後者は、ユングフラウ=アレッチ保護地域の一部として、2001年、ユネスコ世界遺産に登録された。

ユングフラウヨッホ行きの電車は、クライネ・シャイデック駅から出発する。この駅には、ヴェンゲルンアルプ鉄道のグリンデルヴァルトとラウターブルンネンから行ける。ユングフラウ鉄道でこの山頂まで行く全行程の所要時間はおおよそ50分で、除雪機を使い、路線の低地域のトンネルのない箇所が冬季でも機能するようにされている。この鉄道の修理工場のあるアイガーグレッチャー駅に立ち寄ったあと、列車は急峻な坂を登りトンネルに入り、アイガーヴァント駅に寄る。ここで乗客は降りて、前面ガラス張りの展望台から眺望を楽しむことができる。この場所は、1975年製作のアクション映画「アイガー・サンクション」の一場面に使用された。ここから列車は、トンネルの中、急峻の登りをつづけ、もう一カ所の前面ガラス張りのアイスメーア駅展望台に着く。ユングフラウヨッホへの最後の区間は、それほど急ではなく、このラック式がここに拡張された1951年までは、単に粘着式で運行されていた。

この駅から、いくつかトンネルを通り、一度エレベーターに乗ると、ユングフラウヨッホの観光の目玉に行ける。たとえば、スフィンクス展望台、トップ・オヴ・ユーロップの建物、アイス・パレス（氷の宮殿）、アトラクション施設のアルパイン・センセーションなどである。

56～57ページ：1912年8月1日（スイス国家デー）に開業したヨーロッパ最高度にある鉄道駅。海抜3,454mで、風光明媚なユングフラウ鉄道は、乗客を天候のいかんにかかわらず、ユングフラウヨッホ駅まで連れて行ってくれる。

アルブラ鉄道
スイス

ゲージ：3フィート3 3/8インチ（1,000ミリメートル）
全　長：88.5キロ
ルート：クール～サンモリッツまで

　クールと、スキーのリゾート地サンモリッツを結ぶ1メートル・ゲージの電化された路線は、鉄道土木工事のめざましい偉業である。この路線は、世界でもっとも風光明媚な鉄道旅行のひとつに数えなくてはならない。多数の旋回するトンネルと天かける高架橋を呼び物とするこの鉄道は、アルブラ峠の下を通る全長5,866mのトンネルを潜って山地を通過する。

スイス南東部のグラウビュンデン州の首都クールには、連合スイス鉄道（USR）が最初に到達した。この鉄道会社は、1858年、スタンダード・ゲージ路線を開通させた。コンスタンス湖南岸のロールシャハを出発し、ライン渓谷上流部に沿って進み、ラントクワルトを経由するものであった。それからほぼ40年たち、ひとつの鉄道がこの州の山間地域を貫通した。この地域は、その頃になると、金持ちのヨーロッパ人が出かける人気の場所になりつつあった。この自然界の難関を克服することになる最初の鉄道は、1メートル・ゲージのラントクワルト＝ダボス鉄道であった。この鉄道は、1890年、ラントクワルト渓谷をクロスタースとダボスにつないだ。もともと蒸気機関車が牽引していたこの鉄道は、たちまち成功し、便のあったそのふたつの町は、年間を通して人気のある観光目的地になった。USRは、1895年に「レーティッシュ鉄道」と社名変更し、1902年には国営化された。

ダボス行の新しい鉄道の成功によって、いくつもの提案がすぐに出された。クールと、州南部にある成長つづける冬のリゾート地サンモリッツを結ぶ路線をめぐるものである。ここに行くには、19世紀末になっても、長時間、馬車に乗って疲れる旅をしなくてはならなかった。クール〜サンモリッツ間には深い渓谷がいくつもあり、アルブラ・アルプスがあった。この山脈は、高さ3,000mを越える16の頂上をもち、最高峰はピッツ・ケッシュ（3,441m）である。

ナロー・ゲージ路線やスタンダード・ゲージ路線の色々な提案を検討して、最終的にスイス政府は、1メートル・ゲージの鉄道をトゥージスからアルブラ渓谷を登り、アルブラ・アルプスの中をサンモリッツに行く案に決めた。この路線の最初の区間は、レーティッシュ鉄道本社のあるラントクワルトからすでに開通しており、クールまで行けた。それから、1896年、ヒンターライン渓谷に沿って南に進み、トゥージスにいたった。新線の建設作業は1898年にはじまった。蒸気機関が使用されることになっていたので、許される最高傾度は35対1であった。この限界内に収まるようにするため、野心的な鉄道技術者たちは、曲がった螺旋状のトンネルと多数の高架橋を建設する計画を立てた。

鉄道土木工事の注目すべき偉業であるこの単線路線が、1903年、トゥージス〜ツェレリーナ間に開通した。ツェレリーナはサンモリッツ郊外にある。そして、このリゾート地に入る最終区間は1年後に開通。61kmを1,067m登るこの鉄道には、全長5,866mのアルブラ・トンネルと660mのルグヌス・スパイラル・トンネルを含む総計39個のトンネルがあり、さらに55の橋と高架橋がある。高架橋では、高さ65mの湾曲したラントヴァッサー高架橋が最も有名である。

アルブラ鉄道は大成功であった。だが、第1次大戦中は石炭が不足したことにくわえ、安い水力電気が利用可能であったので、1919年、高架電線を用いて路線の電化がなされた。1930年、「氷河急行」がツェルマット〜サンモリッツ間に導入された。これは夏季限定であり、路線はアルブラ鉄道を経由していた。第2次大戦後、「ベルニナ急行」が、クール〜サンモリッツ間に導入され、そこから、ベルニナ鉄道経由で北イタリアのティラーノまでのびた。

1921年から1980年代初期にかけて、有名な〈クロコダイル〉型電気機関車がアルブラ線の大黒柱であった。公式的には引退しているが、2両の見本が保存され、路線に沿って、時々、特別列車を牽引している。

レーティッシュ鉄道が所有し運営しているアルブラ鉄道とベルニナ鉄道は、一括してユネスコ世界遺産に登録された。2008年のことである。

「ベルニナ急行」と「氷河急行」、さらにクール〜サンモリッツ間で一年中運転している定期的な間隔客車便に加え、アルブラ線は、重要な貨物輸送もおこなっている。他の客車便には、トゥージスとサンモリッツ近くのサメーダン間を運行している自動車輸送貨車も含まれている。他方、ガラスばりの屋根をもつパノラマ車が、1986年に、人気のある「氷河急行」に導入された。

電車は、トゥージス駅を出発し、ヒンターライン川を横断し、東に向かいアルブラ渓谷を登り、初めにジルス・イム・ドムレッシュ駅を通過する。そして、6,500mほど9つのトンネルを連続して通過すると、ソリス駅に着く。ここから列車は、狭まる急な斜面の谷を登りつづけ、ソリス高架橋を通り、さらに4つのトンネルを抜け、ティーフェンカステル駅に着く。そのあと、スラヴァとアルヴァノイ村の駅に停車する。東に進行をつづけるこの路線は、劇的なルートをとる。高さ35mのシュミッテントーバル高架橋、湾曲した65mのラントヴァッサー高架橋を通過し、さらにふたつのトンネルを抜けて、ダボス行の電化されたメートル・ゲージ路線へのフィリスール・ジャンクションに着く。

フィリスール駅で停車したあと、鉄道は登りで南東に向かい、山地を通過する。その際、1ヵ所の螺旋トンネルを含む13ものトンネルを通過し、海抜1,372mのベルギューン駅に

58ページ：クール〜サンモリッツ間の急行を牽引してソリス高架橋を渡る、宣伝用に「Swisscom」のロゴをつけたGe 4/4111 No.646。2001年12月5日。

アルプスの秋。海抜1,372mのベルギューン村を通過するメートル・ゲージのアルブラ鉄道の客車。クール〜サンモリッツ間の路線。

着く。このあと、プレダに向かう次の6,437mの旅程は、もっと劇的になる。鉄道は登りながら、3つの螺旋トンネルを含む10ものトンネルを通過し、7つの高架橋を渡る。プレダを過ぎると、列車は、5,866mのアルブラ・トンネルに入り、アルブラ峠の下を通過して、海抜1,812mの路線の頂点に到着する。その後、スピナスでトンネルを出る。ここを越すと、鉄道はベファーへと下って行く。ここで、スクオールから来るエンガディン線が東からの線と接続する。つぎにポントレジーナ行とティラーノ行のベルニナ鉄道との乗り換え駅サミーダンへと下る。

サミーダンから列車は南西に進み、最後の1区間に向かう。ツェレリーナ駅からふたつのトンネルを抜け、サンモリッツで風光明媚な旅程を終える。このリゾートの町は、1860年代にこの列車が作られたときから成長をつづけ、20世紀初頭には、この鉄道の最盛期のおかげで世界でもっとも人気のある（金のかかる）冬のスキー・リゾートのひとつになった。

62〜63ページ：ユネスコ世界遺産地域にあり、氷河急行の路線上に架設された伝統的な形式のラントヴァッサー高架橋（シュミッテンとフィリスールの間にあるラントヴァッサー川の上65m）を通過するアルブラ鉄道。

ル・プチ・トラン・ジョーヌ線／セルダーニュ線
フランス

ゲージ：3フィート3³⁄₈インチ（1,000ミリメートル）
全　長：63キロ
ルート：ヴィルフランシュ＝ド＝コンフラン～ラトゥール＝ドゥ＝カロル間

黄色く塗られた電車が、このナロー・ゲージ路線に沿って、きわめて風光明媚な旅に乗客をつれて行ってくれる。この路線は、急峻な山肌と樹木の茂ったテト渓谷を登り、フランス側のピレネー山脈に入る。スペイン国境から離れることのない箇所を走るこの鉄道は、1927年に全面開通したが、フランス最高地の鉄道駅が目玉である。

フランスとスペインの国境にまたがるカタロニア地方にあって、壁に囲まれた歴史的な町ヴィルフランシュ＝ド＝コンフランは、フランス南西部のピレネー山脈東部の麓（海抜440m）にある。ピレネー山脈に源を発するテ川は、この町を北西に流れ、116kmの旅をしてペルピニャンの町の西で地中海に注ぐ。ヴィルフランシュ＝ド＝コンフランは、またSNCF（フランス国営鉄道会社）が運営するスタンダード・ゲージ鉄道によってペルピニャンと結ばれている。

19世紀末頃、ヨーロッパ中で旅行ブームが起こった。それでスイスや北ウェールズといった遠く離れた国で、多数の風光明媚な山岳鉄道が建設された。ヴィルフランシュ＝ド＝コンフランからセルダーニュ線によって、ピレネー山脈に入っていく鉄道建設案が最初に出されたのはこの時期で、建設作業は1903年にはじまった。他に類のないことだが、メートル・ゲージ路線が電化され、テ川の小さな水力発電所で作られる電力が使用された。850ボルトの直流電流は、別の導体レールを走る列車の集電靴によって集められている。

急峻な斜面のテ渓谷を急角度で登る路線建設は、遅々としていた。19のトンネルやソト～プレネ間のポン・ジスラールに架かる珍しい吊り橋、石造の湾曲したセジュルネ高架橋の建設が含まれていたからだ。1910年頃、この鉄道は海抜1,156mの小さな村モン＝ルイに達していた。さらに、路線建設は遅れた。第1次大戦がはじまったからだ。大戦が終結すると建設は再開された。山地を登り、路線の頂点であるボルケール＝エーヌにいたった。ここはフランスでもっとも高地の駅で、海抜1,593mである。ここから鉄道は下り、ピレネー台地にいたり、ラトゥール＝ドゥ＝カロルの村落で終着となる。ここには1927年に到達した。フランスとスペインの国境に位置しているここでは、バルセロナからくるスペインのブロード・ゲージ路線が、いまは廃線になったトゥールーズからくるフランスのスタンダード・ゲージ路線に出会っていた。このフランスの路線が閉鎖される以前、この駅は異なる3つのゲージ路線の便のある世界唯一の駅であった。

この電車は大成功を収めた。夏季と冬季の観光客に人気があり、同時にセルダーニュの孤立した村のいくつかにとって、ライフラインとなった。列車は、電動客車列車として運転し、その中には最初の形態のものもいくつか含まれている。それは、カナリア色に塗られ、赤い帯状の線が水平に描かれている。これは、カタロニアの旗の色で、そこからニックネームの「ル・プチ・トラン・ジョーヌ」（小さな黄色い列車）がついた。夏季月間、電動客車列車の間に無蓋客車が接続される。

64ページ：フランスのピレネー山中、樹木の生い茂ったテト渓谷にある珍しい吊り橋のジスクラール橋を渡るセルダーニュ線の1両の電車。

フォンペドルーズにある吊り橋を渡る4両の列車。フランス側のピレネー山脈を走るメートル・ゲージのセルダーニュ線の駅トゥエス＝カランサ～ソト間。

夏季月間、セルダーニュ線の第3軌条方式電車（ここでは、歴史的な村落のモン＝ルイ近くで見られるもの）には、無蓋客車が1両加わる。

　夏季は徒歩旅行者とマウンテンバイク乗りに、冬季はスキーヤーに人気のある、このきわめて景色のよい全長63キロの鉄道は、今日、SNCFによって運営されている。出発点は、ヴィルフランシュ＝ド＝コンフランの町で、いま、ユネスコ世界遺産に登録されている。18世紀初期に軍人の技師セバスティアン・ル・プレストル・ド・ヴォーバンが建設した、町の防御壁が認定理由である。この鉄道でもっとも眺めのよい区間は、ヴィルフランシュから登り、スキー・リゾート地フォン＝ロムー＝オディヨ＝ヴィアにいたるまでの区間である。それは、列車がテ渓谷の急峻な山肌に寄り添って進み、森林地帯、山峡、渓流の間をうねって登るからである。ヴィルフランシュから列車は南西に向かい、渓谷を登り、小さな村セルディニャ、ジョンセ、ニエ、トゥエス＝アントル＝ヴァル、トゥエス＝カランサ（山峡沿いの危険な小道や徒歩道に行ける）、フォンペドルーズ、そしてソトに立ち寄る。それから、途中、珍しいジスクラールの吊り橋を渡り、プラネとモン＝ルイにいたる。ここには城と防御壁（フランスでもっとも高い）があり、ヴォーバンによって18世紀初期に建築された。現在、ユネスコ世界遺産に登録されている。近くにある1949年建造のモン＝ルイ太陽炉は、世界で最初に建造された。

　モン＝ルイから、鉄道は登りつづけ、ボルケール＝エーヌ駅で頂点に達する。そのあと、フォン＝ロムー＝オディヨ＝ヴィアに立ち寄る。ここは、ピレネー山脈で最古のスキー・リゾート地であり、世界最大の太陽炉の本拠地でもある。それから列車はスペイン国境に並行して進み、つぎの村落に下り、エル、サント＝レオカディー、オセジャ、ブール＝マダム（12世紀のスペインの町プッチサルダーから800mほどのところにある）、ウル＝ル＝エスカラード、ベナ・ファネスにいたる。このあと、ラトゥール＝ドゥ＝カロルで終点となる。全路線の所要旅程時間は、約3時間。

68～69ページ：スジュネのみごとに装飾された城郭風の高架橋によって、ル・プティ・トラン・ジョーヌの鉄道は、フランス側のピレネー山脈にある急峻なテ渓谷を渡る。

オスロからベルゲンへ
ノルウェー

ゲージ：4 フィート 8 1/2 インチ
全　長：496 キロ
ルート：オスロ〜ベルゲン間

ノルウェーのふたつの大都市と北ヨーロッパでもっとも高いところを走る幹線鉄道を結んでいる、ベルゲン〜オスロ間の鉄道は、1909年の開通以来、幾度にもわたり路線を変更してきた。1964年以来、電化されたこの鉄道は、つねに吹きさらしの高地のハルダンゲルヴィッダ台地では、冬の大雪崩のなすがままであった。解決できたのは、やっと1993年に9,656mのトンネルが開通してからのことである。

ベルゲンはノルウェー第2の都市で、何世紀にもわたりこの国の主要な港であった。その退避港は、ヨーロッパでもっとも忙しい港のひとつで、北海対岸のイギリスとの重要な結びつきがある。196kmの本線はノルウェー西海岸のこの都市と首都オスロ間をつなぐが、誕生したての頃は106kmのナロー・ゲージ鉄道で、スウェーデン人工夫の一団によって建設された。3フィート6インチ・ゲージのヴォス線として知られている路線の工事は1876年にはじまり、ベルゲンから東に向かい、ヴォスまで完成したのが1883年であった。同年、この鉄道は、新規に結成されたノルウェー国営鉄道の一部となった。

この間、いくつかの提案がなされ、ノルウェーのふたつの都市を結ぶ鉄道を建設しようとしたが、1880年代と1890年代の国の経済禍のため進展はなかった。1894年、ようやくノルウェー議会がスタンダード・ゲージ路線に賛成した。選択された西から東へと走る路線はベルゲンからヴォス間であり、既存のヴォス線がスタンダード・ゲージに手直しされた。ヘーネフォス経由のヴォスからロアまでは新線が作られ、ロアからオスロは既存のイェービク線が使用された。

調査と資金が適切だったので、建設は1902年に両端から開始された。困難な地形のため進捗は遅々としていた。道路はなく、冬は大雪のため数カ月仕事は遅れた。過度な土木技術が求められるこの単線には、100を超すトンネルが必要であった。そのひとつは5,311mのグラーヴェンハルセン・トンネルで、極端に硬い岩を掘らなくてはならなかった。結局、この鉄道は1909年、国王ホーコン7世が全面開通させた。

第2次大戦中、急勾配の19kmの支線がベルゲン線で、ミュルダールからソグネ・フィヨルドの先端にあるフロム港まで開通した。1990年代には閉鎖の危機があったが、それを乗り越えたこの非常に景色のよい路線は、いまではノルウェーでもっとも人気のある観光客のお目当てのひとつになっている（74～79ページ参照）。

蒸気機関は、1958年にディーゼル機関にとってかわられた。一方で、この鉄道が水力発電という豊富な天然資源を使用して電化されたのは、1964年のことである。この時、全路線で、機関車の屋根に設置されたパンタグラフが集電する電流が使用された。

建設当初、ベルゲンから内陸に向かう路線の西側区間は、とても迂回したルートをとった。当時、障害となっていた通行不可能の山を回避するためであった。しかし、現代のトンネル掘削技術によって、この路線はかなり短縮された。7,644mのウルリケン・トンネルとこれより短いふたつのトンネルが、1964年に開通したからである。もとからある17.7kmの路線区間は、いまでは遺産鉄道として運営されている（73ページのコラム参照）。

ベルゲン線東端でオスロ・トンネルが1980年に開通したが、比較的人口のある地域を通っているオスロ～ベルゲン間の列車は、旅程を22.5km延長し、もっと直接的なロサ経由のルートがあったのだが、このトンネルによってドランメンを通った。

ベルゲン線の標高1,300mの頂点は、フィンセ～ハッリングシェイ間にあり、このひどく露出した区域は、いつも冬の間、運行の問題を引き起こしていた。降雪のために、路線がしばしば通行できなかったからだ。これは1993年に克服できた。その時、22.5kmの区間が9,656mのトンネルに置き換わり、路線はどちらの側でもグレードアップされ、運転スピードが実質的に増した。ハルダンゲルヴィッダ台地を通過する元の路線は、1902年に作られたラルラルヴェーガンという旧鉄道工夫道路からみることができる。ここは、1974年以来、7月から8月の雪のない月には、マウンテンバイク乗りに人気のあるルートだ。

ベルゲン線は、単にヨーロッパでもっとも風光明媚なスタンダード・ゲージの鉄道というだけではない。ヨーロッパ大陸北部で、もっとも高いところを走る幹線でもある。電化されたこの路線は、主として機関車牽引のノルウェー国営鉄道の急行列車（夜通し便を含め）が、ドランメン経由でベルゲン～オスロ間を走り、ベルゲン～ヴォス間の通勤用にも使用されている。後者の便のいくつかはミュルダールまで延長され、フロム線で旅行したい乗客にとって都合がよい。ベルゲン～オスロ間の貨物輸送便は「カーゴウネット」によって運営されているが、これらの列車は、ロア経由のもとの路線で運行されている。

この線の両端の乗客終着駅は壮大なものである。以前の駅にかわり、1913年に開業したベルゲン駅は、大きな全面ガラスの湾曲した屋根と4つのプラットホームをもつ。これよりもっと大きく近代的なオスロ中央駅は1980年開業であるが、そこには1882年建設の旧オスロ東駅が含まれている。この路線でもっとも高いところにあり、もっとも遠方の駅は、フィンセ駅（海抜1,222m）で、ここには鉄道建設に従事した工夫に捧げられた博物館がある。道路でのアクセスがないので、この駅は、ユネスコ世界遺産ネーロイ・フィヨルドに行き着くアウルランのハイキング道を徒歩旅行する者に人気がある。

70ページ：ラルラルヴーガン（旧鉄道工夫道路）からの眺望。高いハルダンゲルヴィッダ台地を横断するベルゲン鉄道の路線は、1993年、9,656mのトンネルの開通により迂回された。

旧ヴォス線

ベルゲン近くのウルリケン・トンネルが、1964年に開通すると、ベルゲン〜オスロ間の旅程が22.5km短縮された。もとの迂回路線は、その時に閉鎖されたが、以後、ガーメス〜ミドトゥン間の17.7kmの路線が、蒸気機関車運行の遺産鉄道として再開した。「旧ヴォス線」として知られるこの路線は、6月から9月まで、ヴィンテージものの観光列車を運行していて、修復されたノルウェー国営鉄道18型 4-6-0 No.255によって牽引されている。これは、1913年にベルゲン線で使用するために製造されたものであった。

フロイエン線

1918年開通のフロイエン線は全長805m、メートル・ゲージ、ケーブル鉄道で、ベルゲンからフロイエンまで走っている。ここは海抜125mのところで、都市と港のパノラマの眺望がえられる。

はるか眼下にベルゲン港の灯りがみられる夜景写真。フロイエン線はケーブル鉄道で、土地のビューポイントのフロイエン山に運んでくれる。

フロム鉄道
アウルラン（ノルウェー）

ゲージ：4フィート8½インチ
全　長：19.3キロ
ルート：ミュルダール～フロム間

ヨーロッパで最も急勾配のスタンダード・ゲージ粘着式鉄道であるフロム鉄道は、18年かけて、アウルランフィヨルドまで行く電化された路線に20カ所のトンネルを建設した。今日、この鉄道は、ノルウェーでもっとも人気のある観光の目玉のひとつであり、クルーズ船乗客にとっておきまりの陸の行先でもある。

フロム村はノルウェー西部に位置し、アウルランフィヨルドの内側の端にある。このフィヨルド自体、ソグネフィヨルドの入江である。19世紀以来、人気のある観光客のお目当ての地であるフロムは、過酷な土木工事による鉄道がミュルダールから開通した第2次大戦まで、実質的に陸路からは接近できなかった。全長19.3kmの山越で南部にいたる路線であった。ミュルダールは、全長372kmのベルゲン線（70〜73ページ参照）の駅で、この線は、1909年、ノルウェーの2大都市オスロ〜ベルゲン間に開通した。土木工事の偉業であるベルゲン線は、ハルダンゲルヴィッダ台地の海抜1,220mのところを横断し、北ヨーロッパでもっとも高いところを走る幹線鉄道であった。この単線路線は、1964年に電化された。

　ベルゲン線が完成する以前にも、土木工事の調査が、1893年にフロムまでのナロー・ゲージ鉄道に対して実施されていた。この急勾配の路線には、傾度10対1のラック区域が必要だろうと予測された。この提案は立ち消えとなり、それにかわるふたつの案が20世紀初頭に提出された。今日のフロム線の路線は、1916年、最終的にノルウェー議会が承認したが、工事の開始は1923年まで待たなければならなかった。その時になると、見積もられた経費が、第1次大戦中の激しいインフレのために高騰した。急勾配があったにもかかわらず、電気牽引方式を使用した、純粋に粘着式鉄道のスタンダード・ゲージ路線を建設するという決定がくだされた。

　ミュルダールからフロムまで、この鉄道は最大傾度18対1で、20のトンネルが連続する困難な山間台地を864m下らなくてはならなかった。この工事はなかなかの快挙で、とりわけ大多数のトンネルはダイナマイト爆破の助けをかり、硬い岩を手で掘らなくてはならなかった。土砂崩れや雪崩は当たり前のことで、しばしば、新しいコースに沿って鉄道を迂回させる必要があった。そのため進展は、信じられないほど遅かった。とくに、労働力が平均してわずか200人であったからだ。最初のトンネルは1926年に完成し、最後のものは1935年であった。全体で10の駅が最終的に建設され、この単線路線唯一の退避駅は、ブレークヴァムに設置された。

　ひとたびトンネルが完成すると、1936年、軌道敷設工事が開始された。だが、1940年4月、ドイツによるノルウェー侵略が起こり、作業は一時停止に追い込まれた。ところが、ドイツ人はこの路線の完成に熱心で、線路敷設はスピードアップし、貨物輸送が1940年2月に開始され、その後、1941年2月に乗客輸送が開始された。はじめ列車は蒸気機関車が牽引していて、そのうち電気牽引方式が1944年に導入され、この時、新しい水力発電システムが稼働しはじめた。第2次大戦終結後、フロム線（当時の公式的名称）は、急速に交通輸送を増やした。戦後の観光はいまだ揺籃期にあったが、1950年代中頃になると、フロム線はベルゲンとオスロから鉄道接続のある人気の目的地になっていた。フロムに立ち寄ったクルーズ船の乗客も、またこの路線に乗った。他方、寝台列車が、1958年、オスロ〜フロム間に導入された。乗客輸送は、1960年代と1970年代に増加の一途をたどり、ついに1980年代になると横ばいになったが、その頃には、貨物輸送は道路輸送に負けてしまっていた。

　1990年代はじめになると、ノルウェー国営鉄道は、フロム線で損失を出していたので、乗車券代金を2倍にし、閉鎖の危機をかろうじて回避した。毎日の運行は1997年に民営化され、新しいクルーズ船用ターミナルが、フロム駅に隣接して建てられた。

　今日、とても風光明媚なフロム線は、主として観光客用に運行され、この国で3番目に人気のある観光の目玉となっている。運行業務は年間を通してなされ、5月から9月まではより便が多い。全列車は、1987年にティッセン＝ヘンシェル社が製造した機関車El型17が牽引している。こうしたBo-Bo型機関車は、8,000馬力の複合サイクル電力の出力をもち、その結果、何ら問題なく、いわゆるヨーロッパで最も急勾配のスタンダード・ゲージ粘着式鉄道の傾斜に立ち向かうことができる。

　遠隔の乗り換え駅ミュルダール（海抜863.5m）から、列車は、はじめオスロ幹線に沿って進み、ついでフラムダーレン渓谷に突入し、ふたつのトンネルを通過したあと、バットナーヘルセン駅に到着する。ここから、列車は馬蹄形のカーヴを旋回してレインウンガ駅に着き、そのあと全長881mのバットナーヘルセン・トンネルを通過すると、河床から150〜160mにある山肌の岩棚に顔を出す。さらに3カ所のトンネルが近接してつづき、そのあと、列車はショースフォッセン駅に停車する。ここは、高さ225mの滝の景観を楽しめるスポットへの出発点である。

　ショースフォッセン駅を出ると、列車はふたつのトンネルを通過する。2番目のものは路線最長のナリ・トンネルで、海抜1,341mのコールダル駅にある。さらに、ブロムヘッ

74ページ：強力な電気機関車El型17に牽引された列車が、急傾斜のフロム鉄道を登っている。147mの高さのリョーアンネフォッセン（滝）近く。

フロムの鉄道駅に近接した新ターミナルに立ち寄るクルーズ船によって、フロム鉄道に多数の客がもたらされる。

ラー・トンネル、ブロムヘッラー駅と通過し、さらに4つのトンネルがつづき、列車はブレークヴァム駅（海抜344m）に到着する。ここで、上り下りの列車が唯一の待避ループで交差する。ブレークヴァム駅から列車は下りつづけ、さらに5つのトンネルを通過し、ホガ川を越えるとダルスボトン駅に到着。列車がこの路線で最後2つのトンネルを通過する頃には、渓谷が広がりはじめる。近くには高さ147mのリョーアンネフォッセン滝がある。ホーレイナ駅とルンデン駅のあとで、列車はフロム駅でその風光明媚な旅程を終える。隣接したクルーズ船ターミナルは、毎年、150隻の船が入港する。鉄道とならび、この小さな村の経済的存亡を確かなものにしている。もともとの駅舎は、いまでは鉄道博物館になっている。

78～79ページ：当然のこと、フロム鉄道は、ノルウェー観光の上位の目玉のひとつである。傾度18対1の勾配に対処するため、客車は強力なEl型17で牽引されている。

ウェスト・ハイランド線
スコットランド（イギリス）

ゲージ：4フィート8$\frac{1}{2}$インチ
全　長：198キロ
ルート：グラスゴー〜フォート・ウィリアム間

1894年に開業したウェスト・ハイランド線は、ブリテン島でもっとも辺鄙で不便、手つかずの自然の残る田園風景の中を走っている。まさしく世界でもっとも美しい車窓の旅と呼ぶに値する。

ウェスト・ハイランド線が世界でもっとも景色の良い鉄道旅のひとつと評されるのは当然だが、この路線はブリテン島の鉄道としては遅い。鉄道は19世紀後半までには、触手をほとんどブリテン全土に伸ばしていたが、スコットランドのウェスト・ハイランドはまったく手つかずであった。この峡谷や湖に阻まれた過疎の山岳地帯は、1863年、ヴィクトリア朝の鉄道建設業者によって初めて人手が加えられ、パース～インヴァネス間にインヴァネス＆パース・ジャンクション鉄道（後のハイランド鉄道）が開通した。その後、カレドニアン鉄道に支援されたカランダー＆オーバン鉄道（C&OR）によって、1880年、岩だらけのスコットランド西海岸に初めて列車が走るようになった。ここはそれまでグラスゴーから長く困難な船旅でしか行けなかった地域で、鉄道の開通は多大な利益をもたらした。新鮮な魚や家畜が、初めて1日足らずでスコットランドの中心的工業地帯に輸送可能になり、また、オーバンがウェスタン諸島への入り口となって観光ブームを招来した。

　ライバル会社はこの成功を見逃さなかった。ノース・ブリティッシュ鉄道（NBR）もグラスゴーからフォート・ウィリアム経由でインヴァネスに行く鉄道を建設し、ハイランズ（スコットランド北部高地）を攻略しようともくろんだ。計画では、ルートはグラスゴーからローモンド湖に沿って北進し、ラノック・ムーアの荒野を横断、フォート・ウィリアムに向かう。そこからさらにグレート・グレンを北上し、インヴァネスに至るものだった。このグラスゴー＆ノース・ウェスタン鉄道の建設計画はノース・ブリティッシュ鉄道に後押しされ、1882年、議会に提出された。しかし、それを領域侵犯とみなしたライバル会社のカレドニアン鉄道やハイランド鉄道の激しい抵抗にあい、翌年、建設計画は否決された。

　しかし、ノース・ブリティッシュ鉄道は容易に諦めず、1888年、ウェスト・ハイランド鉄道が提案したグラスゴーとフォート・ウィリアムを結ぶルートを支援した。今度は幸運に恵まれ、新しい計画はふたつのライバル会社の反対にもかかわらず、翌年、国会制定法に組み入れられた。新しい鉄道の南端の工事は、クレイゲンドーランから始まった。当時、クレイゲンドーランはグラスゴー・クイーン・ストリート駅からクライド川北岸沿いに走るノース・ブリティッシュ鉄道の郊外線の終着駅であった。新しい鉄道はゲーレ湾の海岸沿いに段差のある急勾配を登り、さらにロング湾の上方を登ってグレン・ダグラスで頂上に達し、そこからアロカー＆タ―ベット駅まで下る。それから、ローモンド湖の西岸を北上し、グレン・ファロックを縦断、クリアンラリック駅に到着する。ここで、この新しい路線はカランダー＆オーバン鉄道と高所で交差することになる。

　この難しい地形の鉄道建設は、とくに冬場には遅々としてはかどらなかった。この事業には主としてアイルランド人工夫たちが何千人も投入された。彼らは路線沿いに作られた間に合わせのキャンプで生活した。建設工事はクリアンラリックからさらに北上した。新しい鉄道はいくつもの高架橋を通ってストラス・フィランを越え、その後、海抜1,071mのベイン・ドレンの山岳地帯をループ状に回り、ラノック・ムーアの端に達する。しかし新しい路線は1892年、突然、ここで一時中断された。北方に広がる30kmもの湿原の横断が、さらに2年間、工事続行を阻んだのである。

　一方、フォート・ウィリアムからモネッシー・ゴージを抜けて東へ向かう北側部分の工事も、遅々として進まなかった。この路線は傾度約59対1の勾配をほぼ保ちながら登り、タロックで南に方向を変える。それからトレイグ湖の東岸をたどり、コルールで頂上に達する。この鉄道はラノック・ムーアを横断する部分を除いてようやく完成したのである。

　辺鄙なラノック・ムーアを横断することは、ヴィクトリア朝期の鉄道技師にとって容易な仕事ではなかった。労働紛争や恐ろしい冬の悪天候に絶えず進行を阻まれ、また多くの場所で、残材・芝土・トネリコ材等で筏を作り、文字どおり水浸し状態の湿地に浮かべて鉄道を支えなければならなかった。似た解決策はすでに1820年代末に採用されていた。ジョージ・スティーヴンソンはチャット・モス湿地帯を横断するリヴァプール＆マンチェスター鉄道を建設する際にこうした方法をとった。ラノック・ムーアをようやく克服し、鉄道が正式に完成したのは、1894年8月15日だった。しかし、ラノック・ムーアは開通後も鉄道技師たちにとって厄介なしろものだった。冬は何度もひどい雪の吹きだまりに行く手を阻まれ、そのため、事故多発地点には雪崩除けや防雪柵を作らなければならなかった。

　ウェスト・ハイランド線のフォート・ウィリアムからマレーグ西岸漁港までの61kmの延長線の開業は1901年だった。これは技術的困難をきわめた路線で、多くは硬い岩を砕いて行かなくてはならなかった。建設したのはロバート・マカルパイン＆サンズ社である。この会社はコンクリートの大規模使用のパイオニアで、カーブで有名なグレンフィナン高架橋をはじめ、沿線上の建造物も造った。

80ページ：スコットレールのディーゼル電動客車列車が列車を牽引して、グラスゴー～フォート・ウィリアム間を走る。ローモンド湖西岸の岸壁パルピット・ロックにて。ローモンド湖はグレート・ブリテンで表面積が国内で一番広い湖である。

段差のある急勾配のウェスト・ハイランド線は、1962年にディーゼル機関車になるまでは、2両の蒸気機関車に牽引されていた。たとえば、ノース・ブリティッシュ鉄道（NBR）の'Glen'型4-4-0や、ロンドン&ノース・イースタン鉄道（LNER）特注の'K2'型や'K4'型の2-6-0などである。蒸気機関車時代の晩年は、LMS Stanier 'Black 5' 4-6-0が運転の頼みの綱であった。今日、幸いなことに、ウェスト・ハイランド線とマレーグ延長線は共に、1963年の〈ビーチング・アックス〉（報告書「イギリス国鉄の再建」の通称）施行による大規模な廃線の運命を免れた。

　単線のウェスト・ハイランド線は、世界でもっとも景色のいい鉄道のひとつとして、その名に恥じることなく、今日もなお生き生きと運行を続けている。グラスゴー〜フォート・ウィリアム間には1日3回、ディーゼル複合ユニットで往復する旅客列車があり、また、ロンドンのユーストン駅からは、ディーゼル機関車によって牽引されるハイランド・カレドニアン寝台車が毎日（土曜日の夜を除き）往復運行をしている。さらに、フォート・ウィリアムのアルミニウム精錬所との間を往復する貨物列車もあり、また、5月中旬から10月までは観光用の蒸気機関車〈ジャコバイト号〉がフォート・ウィリアム〜マレーグ間を走っている。

　フォート・ウィリアムに向かう列車はグラスゴー・クイーン・ストリート駅の地上ホームを北の方角に向かって出発する。そして、クイーン・ストリート・トンネルを通ってカウレアまで北上し、そこから西方に分岐して近郊路線と並んでウェスタトンを抜け、ダルミューアに停車する。ここから列車はクライド川の北岸を走り、ボーリングやダンバートンを通ってクレイゲンドーラン・ジャンクションに着く。ここからは単線になる。列車はゲーレ湾に沿って北上し、ゲーレロックヘッド駅に到着。その後、急勾配を登り、グレン・ダグラスでロング湾沿いの路線最初の頂上に到達する。

　頂上からは、アロカー&ターベット駅に向かって下り、ローモンド湖沿いの岩棚を北に進み、アードルイまで行く。それからグレン・ファロックを登り、クリアンラリック駅に停車する。ここで列車は切り離されて、一方はウェスト・ハイランド線に沿ってフォート・ウィリアムに、また、もう一方はオーバンへと向かう。これはこの路線上のすべての駅に共通していえることだが、クリアンラリック駅はホームの両側が列車の発着に利用される島式プラットホームで、魅力的なスイスの山小屋風の待合室があり、ティールームを売り物にしている。この駅からフォート・ウィリアム行きのディーゼル列車は北に向かう。まず高架橋を渡り、ストラス・フィランを登ってアッパー・ティンドラム駅に停車する。ここからカウンティ・マーチ・サミット（海抜311m）まで上昇を続け、その後、ベイン・ドレインの輪郭をなぞりながら有名な馬蹄形カーブと高架橋をまわって、ブリッジ・オブ・オーチー駅に到着する。駅舎は長距離遊歩道ウェスト・ハイランド・ウェーを歩く人たちの宿泊施設になっている。

　路線はグレン・オーチーを北上し、周囲を取り囲むようにテュラ湾の上を進む。それから人家のある地域から遠ざかり、グレン・テュラを登って、人里離れた辺鄙なラノック・ムーアに到着する。寂しいラノック駅でわずかに文明といえるものは、駅舎の中にあるティールームとビジターセンターぐらいである。それから列車はクルアック・ロック・シェッドというブリテン唯一の雪崩除けのついた切通しの鉄道を突き進み、それから北西に向かって人家のない地域を横断し、コルール駅に停車する。コルール駅の海抜は407mで、ブリテンでもっとも高いところに位置するスタンダード・ゲージ線路の駅である。ここはまた道路のアクセスのない数少ない駅のひとつでもあり、ロンドンからハイランド・カレドニアン寝台車の便はあるものの、ブリテンの鉄道網の中でもっとも寂しい場所のひとつに数えられている。この駅がよく知られているのはダニー・ボイル監督のブラック・コメディー「トレインスポッティング」のおかげである。これはもちろん1996年に公開されたユアン・マクレガー主演の映画である。人里離れた美しいオシアン湖は少し歩いたところにあって、絶好の山歩きの田舎道が冒険好きを待っている。

　鉄道はコルール駅からフォート・ウィリアムまで下降を続け、トレイグ湖の東岸に沿ってタロック駅まで岩棚を進む。その後、西に向きを変え、モネッシー渓谷の狭い山間を抜けて、ネヴィス山岳地帯の周囲をめぐる。列車は渓谷から出たあと、ロイ・ブリッジ駅、スピーン・ブリッジ駅と停車する。スピーン・ブリッジ駅はかつて、短期間だったが、グレート・グレンを登りフォート・オーガスタスに向かう支線のための連結駅であった。列車は南に海抜1,340mのベン・ネヴィス（ブリテンでもっとも高い山）の頂上が聳える中、フォート・ウィリアムに向かって南西方向に最後の走行をする。今ではここが終点だが、もとはリニー湾に沿って800mほど先に駅があった。この終着駅は、1975年、新しい道路ができたために、フォート・ウィリアムに取って代わられたのである。

84〜85ページ：フォート・ウィリアムからのチャーター列車を牽引するStanier 'Black 5' 4-6-0 No.45407〈ランカシャー・フージリア号〉。馬蹄形カーブを通り抜け、グレンフィナン高架橋でコララン峡谷を横断する。2013年10月19日。

ウェルシュ・ハイランド鉄道
ウェールズ（イギリス）

ゲージ：1フィート11 1/2 インチ
全　長：40 キロ
ルート：ポートマドッグ～カナーヴォン間

ウェルシュ・ハイランド鉄道はノース・ウェールズのポートマドッグとカナーヴォンを結ぶ40kmのナロー・ゲージの鉄道で、2011年に再開された。この高原鉄道の再開はヨーロッパでもっとも壮大な鉄道復興計画のひとつを実現するものだった。列車は甦った南アフリカの蒸気機関車に牽かれて、スノードニア国立公園を通って風光明媚なルートを走る。

最初のウェルシュ・ハイランド鉄道

スノードニアとして知られるウェールズの山岳地帯は、初期の鉄道開業以前から何世紀も、スレート採石や鉱石採掘がおこなわれてきた。しかし、この荒涼たる地域では、掘り出された鉱石や採石を港へ運ぶのに、馬やラバや馬そりに頼るしかなく、輸送には時間がかかった。

この地域で最初の鉄道のひとつはナロー・ゲージのナントル・トラムウェーで、1828年、ナントルのスレート採石場とカナーヴォン港との間に開通した。多くの初期の鉄道同様、ナントル・トラムウェーの操作は、登り坂は馬を使い、下りは重力にまかせた。スレートを積んだワゴンはブレーキマンが操作して海岸まで下り、空のワゴンは馬に引かれて坂の上の採石場まで運ばれた。その後まもなく、同じように馬と重力を用いた別の鉄道に代わったが、それらはすべて標準外のナロー・ゲージを用いていた。ナントル・トラムウェーのゲージは3フィート6インチだったが、1836年、ブライナイ・フェスティニオグのスレート採石場とポートマドッグの間に開通したフェスティニオグ鉄道（FR）は、1フィート11$\frac{1}{2}$インチ、また、1864年にクロイソルの採石場とポートマドッグの間に開通したクロイソル・トラムウェーは2フィートだった。

フェスティニオグ鉄道は世界初の蒸気牽引を導入したナロー・ゲージの鉄道であった。1863年のことだ。最初に使われた機関車は、ジョージ・イングランドによって製造された極小型の0-4-0 STT蒸気機関だったが、それらはもっと強力なDouble Fairlie 0-4-4-0T 機関車によって補強された。その最初の機関車〈リトル・ワンダー号〉が導入されたのは1869年だった。これらの連節機関車はすぐに大成功を収め、新しい機関車が鉄道で試運転されるときには、遠くロシアやアメリカから鉄道技師たちがやって来て立ち会うほどだった。

これに気をよくしたフェスティニオグ鉄道会社の主任技師チャールズ・スプーナーは壮大な計画を思いついた。スノードニア全域にわたり1フィート11$\frac{1}{2}$インチのゲージの線路網を築こうというものだった。しかし、じっさいには新会社のノース・ウェールズ狭軌鉄道（NWNGR）がふたつの路線を開設しただけにとどまった。すなわち、1877年開業のカナーヴォン南方のディナス・ジャンクションからブリングウィン村のスプーナーのスレート採石場までの路線、および1881年に開業したリド・ジ支線のふたつである。この新しい鉄道はロンドン＆ノース・ウェスタン鉄道のスタンダード・ゲージの路線とディナス・ジャンクションで合流する。そのため、切り出されたスレートは手作業でナロー・ゲージのワゴンからスタンダード・ゲージのワゴンへと運ばなくてはならなかった。この新しい鉄道は財政的に成功したとは言えなかった。会社はすぐに管財人の管理下に置かれ、チャールズ・スプーナーは死ぬ直前の1889年に退陣した。

ノース・ウェールズ狭軌鉄道は、こうした財政的問題にもかかわらず運行可能な状態にあり、1900年、路線をリド・ジからベズゲレルトへと拡張するための軽便鉄道許可証を獲得した。一方、1901年、南の新しい鉄道ポートマドッグ・ベズゲレルト＆サウススノードン鉄道が、クロイソル・トラムウェーを買収。北に向かう新しいナロー・ゲージ路線を敷設し、ノース・ウェールズ狭軌鉄道と連結しようとした。しかし、資金不足で計画はまもなく頓挫。1916年、ノース・ウェールズ狭軌鉄道は旅客輸送を中止した。リド・ジからの拡張工事でその時までに到達していたのは、わずかサウススノードン駅までであった。完全閉鎖は切迫していた。しかし、政府に財政援助を受けた地方議会がぎりぎりの段階で救済に乗り出し、1922年、新しくウェルシュ・ハイランド鉄道（WHR）が設立された。

ウェルシュ・ハイランド鉄道は、まだ存続していたノース・ウェールズ狭軌鉄道のディナス・ジャンクションからサウススノードンまでの路線を引き継ぎ、ここから南のベズゲレルト、クロイソル・ジャンクション、ポートマドッグへと続く新路線を敷設した。1923年に全線開通し、〈軽量軌道交通の父〉ホルマン・F・スティーヴンズ大佐がウェルシュ・ハイランド鉄道の機関車最高責任者で会長に任命された。スティーヴンズ大佐はわずかな資金での鉄道経営に慣れていたが、新機軸によって利益を上げようとあがいた。しかし、1933年にはすでに廃線危機にさらされるようになった。鉄道は1934年、より順調な近隣のフェスティニオグ鉄道に賃貸され、一時的に救われたが、フェスティニオグ鉄道が乗客サービスに努めたにもかかわらず、結局うまくいかなかった。1936年、ウェルシュ・ハイランド鉄道は最終的に旅客輸送から撤退し、翌年には貨物輸送も中止となった。そして、第2次世界大戦の終戦までには線路が撤去され、ウェルシュ・ハイランド鉄道は姿を消した。

灰から蘇った不死鳥

しかし、廃線となったものの、鉄道の路床はあまり損なわれなかった。そして、ベズゲレルトの南のアバーグラスリン峠のトンネルを抜けるもっとも風光明媚な区間は遊歩道として残っていた。一方、カナーヴォンからディナス・ジャンクションを通りアヴォン・ウェンへと南下するスタンダード・ゲージの路線は、〈ビーチング・アックス〉（報告書「イギリス国鉄の再建」の通称）の犠牲になり、1964年に廃線となった

86～87ページ：フェスティニオグ鉄道の1879年製 Double Fairlie 0-4-4-0 T Merddin Emrys。晩秋の日差しの中、リド・ジ付近でウェルシュ・ハイランド鉄道のヴィンテージ車両を懸命に牽引する。

が、のちに遊歩道と自転車専用道路として復活し、ロン・エイヴォンとして知られるようになった。

　1970年代頃、ブリテンの鉄道保存運動は最高潮に達していた。イギリス（また世界）初の鉄道保存計画は、ウェールズ西部のタリスリン狭軌鉄道を廃線から救うというもので、1951年にまでさかのぼる。これに続いたのが、1946年閉鎖のフェスティニオグ鉄道の段階的再開だった。それは1982年までにポートマドッグ～ブライナイ・フェスティニオグ間を再び定時運行する旅客列車を走らせることになる。ウェルシュ・ハイランド鉄道は再開を熱望する人たちによって会社が設立され（1964年）、ポートマドッグ～ディナス・ジャンクション間の路線と、そこから廃線となったスタンダード・ゲージの路床沿いに、カナーヴォンまで北上する路線の再開が提案された。拠点はポートマドッグのゲレールツ・ファームで、そこには短いナロー・ゲージの線路が敷かれ、ウェルシュ・ハイランド鉄道で唯一生き残った機関車〈ラッセル号〉が列車を牽引するべく復活した。

　しかし、ことはウェルシュ・ハイランド鉄道（1964年設立）の思い通りには進まなかった。1989年にフェスティニオグ鉄道（FR）が機能停止中のウェルシュ・ハイランド鉄道の路床を管財人から買う極秘の入札をした。法廷闘争が続いたのち、フェスティニオグ鉄道はポートマドッグで自社のシステムと連結する路線再開の権利を勝ち取った。そして、カナーヴォンからスノードニア国立公園を通り、ブライナイ・フェスティニオグに向かう65kmの狭軌鉄道建設に乗り出した。

　この路線はイギリス国営宝くじ、ウェールズ議会、ヨーロッパ地域開発基金から主たる資金援助を受け、段階的に再開された。カナーヴォン～ワインヴァウル間は2000年、ワインヴァウル～リド・ジ間は2003年、リド・ジ～ハヴォッダスリン間は2009年、ハヴォッダスリン～ポント・クロイソル間は2010年、ポント・クロイソル～ポートマドッグ・ハーバー間は2011年という具合であった。

　ウェルシュ・ハイランド鉄道の列車は世界でもっとも強力なナロー・ゲージの蒸気機関車に牽引される。現在、南アフリカのくず鉄置き場から拾われた4両のBeyer Garratt 2-6-2+2-6-2の連節式機関車が運行しており、また、もう1両が復活を待っている。かつてのサウス・アフリカン鉄道の2両の2-8-2も復活待ちである。世界初のGarratt機関車0-4-0+0-4-0は、本来、1909年にタスマニアン政府鉄道用に製造されたが、これも現在運行されている。

　カナーヴォン行きの列車は、ポートマドッグ・ハーバーの最近拡張された共同駅から出発する。列車はポートマドッグの町の背後を縫うように走り、スタンダード・ゲージのカン

旧南アフリカ鉄道のNG G16型 2-6-2+2-6-2 Garratt No.143。1959年、マンチェスターのベイヤー・ピーコック社製。リド・ジ近くのカーブで客車を牽引する。

ブリアン線を横切って北上し、平らな開墾された牧草地を抜け、ポント・クロイソルに停車。その後、グラスリン谷を走り、スノードニア国立公園に入り、ナントモルに到着。それから、目を見張るようなアバーグラスリン峠に入る。ここには岩をくりぬいた3つのトンネルがあって、この旅でもっとも壮観なところである。

　列車はグラスリン湖を橋で渡って、絵のように美しい観光地ベズゲレルトに入る。この村はかつて銅の採鉱の重要な中心地だった。それから列車はS字カーブを徐々に登り、ピッツ・ヘッドで頂上に達し、さらにA4085号線の道路と平行に走って辺鄙なリド・ジ駅に到着する。

　鉄道はリド・ジからクウェスリン湖の湖畔沿いに下る。クウェスリン湖のスノードン・レンジャー駅は、スノードンの頂上までの険しい坂道の出発点である。列車はグイルヴァイ谷を下り、プラサナント、次にかつてスレート採石場だった村ワインヴァウルに停車。それから西へ進み、トリヴァン・ジャンクションを通ってディナスに到着する。ディナスには操車場や機関車・客車の車庫がある。ここから先の旅は1964年に廃線となったアヴォン・ウェンからカナーヴォンへのスタンダード・ゲージの路線をたどる。この区間はロン・エイヴォン自転車専用道路が平行して走っている。鉄道はボントネウィズ駅をはさんで、カナーヴォン駅で終わる。カナーヴォンは港に近く、中世の市壁や城があり、ユネスコ世界遺産に指定されている。

90～91ページ：旧南アフリカ鉄道の'NG/G16'型 Garratt No.87とNo.138。雪の帽子をかぶったスノードンの影のもと、貨物列車を牽いて馬蹄形カーブをまわる。2013年11月3日、リド・ジ付近にて。

セトル・カーライル線
イングランド（イギリス）

ゲージ：4フィート8 $\frac{1}{2}$ インチ
全　長：116キロ
ルート：セトル・ジャンクション～カーライル間

セトル・カーライル線は荒涼たるペナイン山脈の仮設キャンプに暮らす何千人もの工夫たちによって敷設された。それはヴィクトリア朝の奇跡のひとつで、13のトンネルと23の高架橋を呼び物にしている。開業は1876年で、これがスコットランドへのミッドランド鉄道独自の幹線ルートになった。

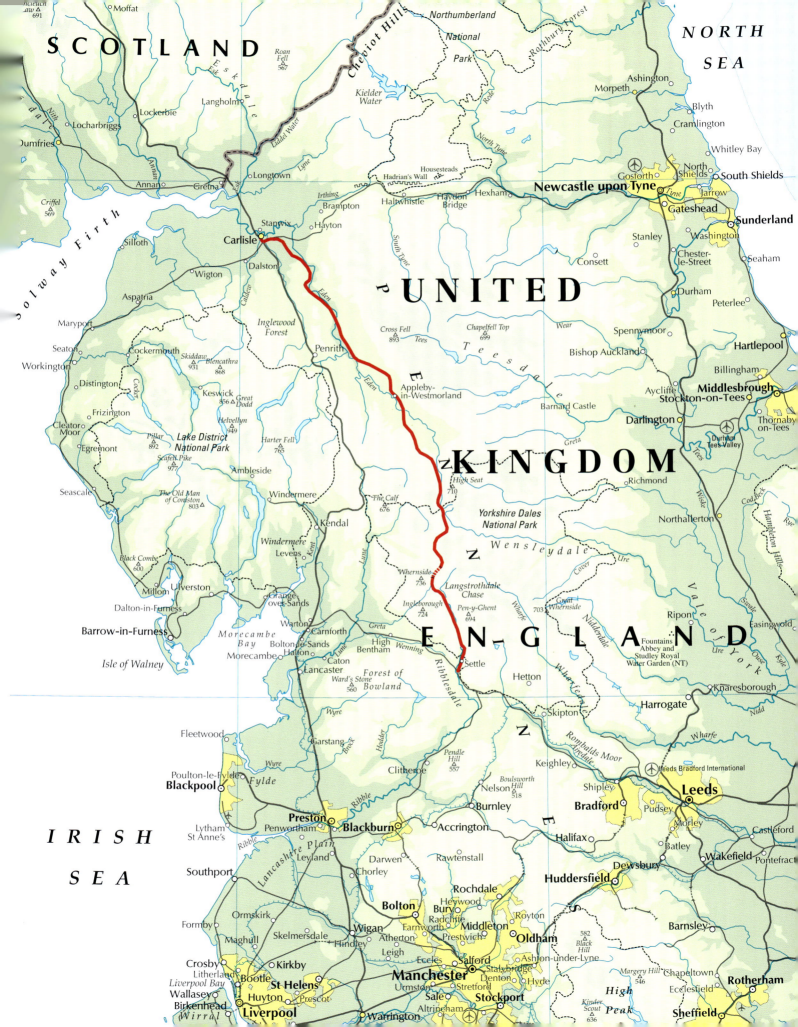

19世紀中頃までに、イギリスとスコットランドは二つの競合する鉄道ルートで結ばれていた。ロンドンのユーストン駅とグラスゴーとを結ぶウェスト・コースト本線は、1849年、ロンドン&ノース・ウェスタン鉄道（LNWR）とカレドニアン鉄道によって完成され、一方、ロンドンのキングズ・クロス駅とエディンバラを結ぶイースト・コースト本線は、1850年、グレート・ノーザン鉄道、ノース・イースタン鉄道、ノース・ブリティッシュ鉄道によって完成された。大手のミッドランド鉄道（MR）もこの利益を生む路線の分け前にあずかろうとしたが、ロンドン&ノース・ウェスタン鉄道は、ヨークシャー・デールズの北の出先機関イングルトン支店から走行権を委譲することを拒否した。

ミッドランド鉄道はこうしたライバル鉄道の妨害にもかかわらず、カーライルに行く独自ルートを開設しようと企てた。それによってカーライルでエディンバラからのノース・ブリティッシュ鉄道のウェイヴァリー線に連絡できるし、またグラスゴー&サウス・ウェスタン鉄道のグラスゴーからの路線にも連絡できるはずであった。ミッドランド鉄道は目的達成のために、リーズ市の56km北方のセトル・ジャンクションから、荒涼たる辺鄙なペナイン山脈を通りカーライルに達する116kmの幹線を建設することを計画した。この壮大な計画は1866年に議会の承認を得たが、当初、イギリスの金融危機によって工事が停滞した。1868年、ロンドン&ノース・ウェスタン鉄道は新しい路線との競合について懸念がつのり、遅ればせながら、イングルトン以北の走行権を与えることを許可した。ミッドランド鉄道はおそらくこれに同意したと思われる。しかし、実際には、共同経営者たち――ランカシャー&ヨークシャー鉄道、ノース・ブリティッシュ鉄道、グラスゴー&サウス・ウェスタン鉄道――が国会に計画放棄反対の陳情をして認められ、本来の壮大な計画は続行されることになった。

建設工事は技師ジョン・クロスリーを責任者として、1870年に着工。これに従事したのは6,000人もの荒々しい工夫たちで、彼らは荒涼たるペナイン山脈のあちらこちらに建てられた辺鄙な野営地に宿泊した。鉄道は計画よりも数年遅れ、またコストも50パーセント増で、1876年、ようやく開業した。蒸気力による掘削機が発明される前に、13ものトンネルと23もの高架橋を建設したことを思えば、これはヴィクトリア朝期の技術の勝利としか言いようがない。主たる傾度は1対100で、セトルから北のブリー・ムーア・トンネルまでの最初の24kmは、蒸気機関車の乗務員によって、「長いのろのろ登り」という愛称で呼ばれた。

この路線は維持と管理に費用がかかり、途中駅の利用もほとんどなかったため、1963年の〈ビーチング報告書〉では廃線の候補にあげられた。危機はこれだけではなかったが、それらは1980年代の国民的な組織的キャンペーンのおかげで乗り越えることができた。愛称をもった列車ふたつも、かつてこのルートを使用したことがあった。〈テムズ・クライド急行〉は1927年から1974年にかけて、ロンドンのセント・パ

92ページ：6M11 Hunterston。コールホッパー（石炭を流下させる漏斗状の装置）を積んでフィドラーズ・フェリー発電所に向かう。フレイトライナー製 Heavyhaul 66526 を牽引。デントデールのロトン・ボトムの廃屋近くにて。2013年8月7日、水曜日。

ランカスターからカーライルへ向かうチャーター列車〈フェルズマン〉。Stanier 'Jubilee' 45699〈ガラテア号〉が牽引して、ガーズデール付近のハイ・スケール農家近くを通過。2013年7月18日、水曜日。

快晴の夏の夕刻、チャペル・ル・デールとリブルヘッド高架橋の上にそびえるイングルバラの山並を背景に、DB Schenker66103が1対100の勾配を力強く登り、ブリー・ムーア信号所を通過。クリザローからモセンドまで4S00セメント・タンク車を牽引する。2013年7月17日。

ンクラス駅とグラスゴーの間を、また、〈ウェイヴァリー号〉は1923年（当時は〈テムズ・フォース急行〉と呼ばれた）から1968年まで、ロンドンのセント・パンクラス駅とエディンバラ間を走行した。

今日、セトル・カーライル線は貨物運送と迂回の主要ルートとなっており、電化されたウェスト・コースト本線の混雑緩和に貢献している。一方、旅客輸送のローカル線としては、ディーゼル電動客車列車がリーズ～カーライル間を往復しているが、こちらも1970年に閉鎖された8つの駅を再開したことで利用客が増えている。また、蒸気機関車牽引のチャーター列車も定期的にセトル・カーライル線を利用して、このハードな路線上で乗務員と機関車の限界を試している。手動操作の信号所や腕木式信号機は、今のところ、この路線の目玉のひとつになっているが、これらはまもなくもっと現代的な信号機に取って代わられるにちがいない。

列車はまずステインフォース・トンネルを抜け、ホートン・イン・リブルズデール、次にリブルヘッドに停車。それから伝統的様式の24個の橋脚をもつリブルヘッド高架橋を渡り、長さ約2,400mのブリー・ムーア・トンネルを通り抜ける。そこからデント・ヘッドとアーテン・ギルの高架橋を渡って、人里離れたデント駅（イングランドで一番高い幹線駅）に到着する。さらに、いくつものトンネルを通って北上し、ガーズデールに停車後、アイス・ギルでこの路線の最高点（海抜356m）を通過する。列車はアイス・ギルから下降しはじめ、エデン渓谷に入り、バーケット・トンネルを抜けて、カークビー・スティーヴンに到着。そこからスマーデール高架橋を渡り、クロスビー・ガーレット・トンネルとヘルム・トンネルを通って丘陵を横切り、アップルビーの南で再びエデン渓谷に入る。ここの駅舎にはまだ切符売り場が残っており、この路線の途中駅の中では一番人出が多い。鉄道はアップルビーからずっとエデン渓谷沿いにカーライルまで下っていく。道中、さらに6つのトンネルを通り、順にラングワスビー、ラゾンビー＆カーコスワルド、アーマスウェイトと停車し、その後、ペッテリル・ブリッジ・ジャンクションでニューカッスルからの幹線と合流。カーライル市の中心に位置する駅に向かって最後の1キロ半を走行する。

96～97ページ：アングラム・コモンを覆う黒雲とハンギングストーン・スカーの石灰岩の稜線を背景に、Gresley 'K4' No.61994〈グレート・マークワス号〉が、カーライルからランカスターへの往復チャーター列車〈フェルズマン〉を牽引して、アイス・ギル高架橋を通過。2012年8月8日。

ダグラスからポート・エリンへ
マン島（イギリス）

ゲージ：3 フィート
全　長：25 キロ
ルート：ダグラス〜ポート・エリン間

アイル・オヴ・マン蒸気鉄道は、かつては島を一巡する 74km のナロー・ゲージ鉄道網の一部だったが、1978 年、マン島政府によって公有化され、忘却の縁から救出された。乗客は復活したヴィクトリア朝当時の客車に乗って旅をする。客車を牽引するのは、同じように昔ながらの蒸気機関車である。

マン島はアイリッシュ海にあり、アイルランド、イングランド、ウェールズ、スコットランドからほぼ等距離にある。長い歴史をもつこの島はしばしば混乱をくり返したが、1863年以来、自治権をもつ英国王室の保護領となり、さらに近年にはイギリス連邦のメンバーになった。マン島はヴィクトリア女王の訪問後、王室の証印を得たり、19世紀初頭、リバプールからの汽船の定期便が通うようになったおかげで、イングランド北部工業地帯の多くの労働者と家族にとって休日を過ごすための人気スポットとなった。まもなくヴィクトリア朝期の起業家たちも島に来て、首都ダグラスの海岸通りに豪奢なホテルを建て、またポート・エリンやラムジーをリゾート地に変えた。ヴィクトリア朝期の人びとは観光客の流入に対応して、島の鉄道建設にも意欲を示した。しかし、山の奥地ではスタンダード・ゲージの路線工事ができそうもなかったため、急カーブのある地形に合うよう、3フィートのナロー・ゲージ鉄道が選ばれた。その方が安価であり、また19世紀末に敷設されたアイルランドのナロー・ゲージ路線ではそれが広く採用されていたからでもある。

アイル・オヴ・マン鉄道（IOMR）は主任技師にヘンリー・ヴィニョールズを任命し、マン島で最初の鉄道を建設した。1870年には鉄道会社として登録され、首都ダグラスから西海岸のピールまで、さらに、セント・ジョンズのジャンクションから西海岸を進み、東海岸のラムジーまで、島を横断する路線を計画した。また、さらにダグラスからカースルタウンまで路線を延長することも提案された。

アイル・オヴ・マン鉄道が主任技師に迎えたヘンリー・ヴィニョールズは経験豊富で、以前、ロシア、ドイツ、スイス、スペイン、そしてポーランドで、初期の鉄道技師として働いたことがあった。マン島で最初に完成したのはダグラス〜ピール間の18.5kmで、島中央を横断する川谷をたどる路線だった。開業は1873年7月。その後まもなく、ダグラスからカースルタウン（後にポート・エリンまで延長）までの急勾配の25kmの路線が敷設され、1874年8月に開業となった。これら両路線で使われたのはマンチェスターのベイヤー・ピーコック社製の極小2-4-0T機関車だった。

アイル・オヴ・マン鉄道は、セント・ジョンズからラムジーに向かう線については着工しないという決定をした。しかし、別会社マンクス・ノーザン鉄道（MNR）が設立され、1879年9月、ふたつの高架橋をもった26.5kmの路線が開通した。さらに別の鉄道会社フォックスデール鉄道が、1886年、セント・ジョンズからフォックスデールの鉛鉱山まで、4kmの支線を開業した。ただし、その支線は1891年、マンクス・ノーザン鉄道によって接収された。

マン島鉄道のジグソーパズルの最後の一片が埋められたのは、1893年、ゲージ3フィートのマンクス電気鉄道が、ダグラスとラクシーとを結ぶ東海岸の路線を開いたときだった。これは1899年にラムジーまで延長された。また、ラクシーから島で一番高いスネーフェルの山頂まで、急勾配を登る支線は1895年に開業されたが、奇妙なことに、ここのゲージは3フィート6インチだった。これら両路線とも1957年にマン島政府によって公営化され、今もまだ運行されている。

1905年、アイル・オヴ・マン鉄道はマンクス・ノーザン鉄道を吸収した。そのため会社保有鉄道は総計74kmとなった。第1次世界大戦が終わると、続く数年間はブリテンから観光客が殺到しはじめ、マン島の鉄道システムは限界に達するほど作動した。しかし、1930年代頃には島内でバスとの競争が激化し、鉄道の運行量は減少した。第2次世界大戦が勃発すると、多くの軍人を運ぶためだけでなく、戦犯や外国人を島の抑留キャンプへと輸送するのにも鉄道が利用され、なんとか一息つけるようになった。

戦後の数年間はマン島にやってくる観光客が急増し、それとともに、一時的にせよ、鉄道にとっては歓迎すべきビジネスが成長した。しかしながら、アイル・オヴ・マン鉄道は、その時までにかなり老朽化していた。ヴィンテージものの蒸気機関車や所有車両、また管理の行き届かないレール等がそれを物語っていた。そして、セント・ジョンズとラムジーの間の路線は乗客者数が再び減少しはじめたのを機に、1961年に閉鎖となった。一方、ダグラス〜ピール間、また、ダグラス〜ポート・エリン間の路線は操業が続けられたが、1965年、両者とも通告なしにいきなり閉鎖された。

閉鎖されたアイル・オヴ・マン鉄道は2年近くも眠りつづけた。錆びかけた線路は自然のままに放置されていたが、救世主アイルサ侯爵（かつて蒸気機関車の火夫だったこともあるスコットランド貴族）が現れて、21年間の賃貸借契約を結び、鉄道を引き継いだ。彼の目的は、夏の間、観光の呼び物としてそれを操業することであり、1967年7月までには3つのルートがすべて再開されるに至った。しかし、この復活は短命に終わった。1968年9月、ダグラス〜ピール間、また、セント・ジョンズ〜ラムジー間の両路線は永久に閉鎖となったのである。唯一残ったダグラス〜ポート・エリン間の路線のみ、夏季に限って操業されていたが、それも1978年、マン島政府

98ページ：アイル・オヴ・マン鉄道のNo.12 'Hutchinson'。晩冬のポート・ソデリック峡谷の上の森の中。ダグラス11時50分発ポート・エリン行きの列車を牽引する。2013年4月8日。

によって公営化された。これは現在、アイル・オヴ・マン蒸気鉄道として知られている。

今日、アイル・オヴ・マン蒸気鉄道は2月中旬から11月上旬まで、復活したヴィンテージ蒸気列車をダグラス～ポート・エリン間で運行している。25kmの列車の旅は、ゆったりとした1時間の旅である。乗客が乗るのは本来の木造ボギー車両だが、それを牽引するのは1874年から1910年にかけて、この鉄道で使われていた蒸気機関車である。また、ふたつの蒸気機関車、No.6 'Peveril'とNo.16 'Mannin'は、ポート・エリン鉄道博物館に静かに展示されている。さらに、1960年代初頭、長く閉鎖状態にあったアイルランドのドニゴール鉄道合同協議会より購入した2両の気動車が、現在、ダグラスで復興を待っている。

ポート・エリンへの列車は赤レンガのターミナル駅ダグラスから西へ向かう。ダグラス駅は、ピール～ラムジー間の路線が閉鎖されて以来、プラットホームがいくつか消えたが、今でもヴィクトリア朝の雰囲気を失っていない。列車はダグラスを出ると、機関車の操車場と車庫を過ぎ、グラス川を横切る。それから南西方面に上昇し、途中、海岸付近を走り、最初の駅ポート・ソデリックに停車する。その後、内陸をループ状に登り、この路線の頂点（海抜180m）に達すると、グレノー渓谷を横切ってサントン駅へと下っていく。下降はさらに続き、サントン駅に停車後、バラサラ駅に到着する。バラサラ駅では快速列車はループ線を通過していく。ここから、鉄道は平地を曲がりくねってロナルズウェー・ホールト（マン島空港への便がある）を通り、かつてのマン島の首都カースルタウンに到着する。この駅で下車すると、中世のルシェン城、港、心地よいジョージ・ホテル、そして、スカーレット岬周辺の海岸の散歩道へ行くことができる。

列車はカースルタウンから内陸に戻り、かなり平坦な地域を走り、バラベッグ・ホールト、コルビー、ポート・セント・メアリーを通る。途中、ブラッダ・ヘッド岬の北部とサウス・バルール丘陵の美しい光景を見ることができる。旅の終わりはすばらしい赤レンガの終着駅ポート・エリンである。ここには機関車の車庫やポート・エリン鉄道博物館（改造されたバスのガレージ）がある。博物館にはアイル・オヴ・マン鉄道（IOMR）の機関車2両と王室専用客車2両をはじめ、1873年までさかのぼる鉄道関係の遺物が収められている。駅から少し歩けば、入り江の砂浜、ヴィクトリア朝期の散歩道、険しいブラッダ・ヘッド岬までの海岸沿いの崖道などへ行くことができる。また、晴れた日には、ブラッダ・ヘッド岬の頂上（海抜116.5m）からアイルランドのモーン山脈が望める。

No.8 'Fenella'がヴィンテージものの特別チャーター列車を先導。ケリスタルの海岸付近で。2013年4月9日夕刻。

102～103ページ：1908年、ベイヤー・ピーコック社製アイル・オヴ・マン鉄道2-4-0T No.12 'Hutchinson'が、ダグラス発11時50分のポート・エリン行きの列車を牽引してポート・セント・メアリー駅に接近。2007年5月。

ダブリンから
ロスレア・ハーバーへ
アイルランド共和国

ゲージ：5フィート3インチ
全　長：160キロ
ルート：ダブリン〜ロスレア・ハーバー間

アイルランドの最初の鉄道を会社組織にする際、ダブリン・ロスレア線は景色のよい海岸線を囲むルートを売り物にした。それを担当したのは鉄道技師イザムバード・キングダム・ブルネルである。この区間は海と不安定な地質のために、150年以上前の開通以来、絶えず警戒を余儀なくされてきた。

アイルランド最初の鉄道は9.6kmのダブリン＆キングズタウン鉄道（D&KR）で、イングランドのスタンダード・ゲージの4フィート8½インチで敷設された。この鉄道は1834年、ダブリンのウェストランド・ロー駅とキングズタウン（今日のダン・レアリー）東海岸の港との間で開業した。この初期の鉄道の技術顧問の中にはジョージ・スティーヴンソン、トマス・テルフォード、チャールズ・ヴィニョールズなど著名な人物が含まれている。キングズタウンからダルキーまでの短い延長線は1844年に開業し、1856年まで大気圧牽引で運行していたが、同年、ダブリン＆キングズタウン鉄道はウォーターフォード・ウェクスフォード・ウィックロー＆ダブリン鉄道に賃貸された。

　その間、アイルランド鉄道のゲージ標準化のため王立委員会が設置された。1845年までのゲージは4フィート8½インチ、5フィート3インチ、6フィート2インチの3種類が混在していたが、結局、5フィート3インチのゲージが選ばれ、以後、これがアイルランドの新しい鉄道全線に使用された（ただし、後のナロー・ゲージ軽便鉄道は例外）。ちなみに、このゲージはオーストラリアのヴィクトリア州やサウス・オーストラリア州、また、ブラジルでも使われた。

　1846年に法人化されたウォーターフォード・ウェクスフォード・ウィックロー＆ダブリン鉄道（WWW&DR）は、ブリテンのグレート・ウェスタン鉄道（GWR）と主任技師イザムバード・キングダム・ブルネルの頭脳の産物であった。彼はこの鉄道をウェールズ南西部のフィッシュガードからダブリンへの海峡横断のつなぎとして考えた。野心的建設業者ウィリアム・ダーガンは、すでにダブリン＆キングズタウン鉄道を建設していたが、この新会社でGWRの株を買った。そして1849年、WWW&DRはダブリン・ウィックロー＆ウェクスフォード鉄道（DW&WR）へと名前を変えた。

　1854年、キングズタウン南方の海岸の町ブレイに、ふたつの鉄道が同時に開通した。ひとつはダブリンの新しいターミナル駅ハーコート・ストリートから来るダブリン＆ブレイ鉄道（D&BR）、もうひとつはダブリン＆ウィックロー鉄道（D&WR）。後者はDW&WRを改名したもので、もともとの路線をダルキーから南へ延長したのだった。ウェストランド・ローからキングズタウンとダルキーまでのもとの区間は、もとのイングランドのゲージを変更したため、両路線のゲージは5フィート3インチとなった。そして、ダブリン＆ブレイ鉄道（D&BR）は開業してまもなく、1854年にダブリン＆ウィックロー鉄道（D&WR）に吸収された。

　D&WRは海岸を南下してウィックローまで延長されたが、これは鉄道技術の大偉業であった。ブルネルが監督にあたったこの単線路線は海岸を囲む難しいルートで、いくつかの高架橋を建設し、ブレイ・ヘッドの硬い岸壁を通るトンネルを4つも掘らなければならなかった。このウィックロー〜ブレイ間が開通したのは1855年だが、1860年には会社は再度社名を変えて、1949年のダブリン・ウィックロー＆ウェクスフォード鉄道（DW&WR）というもとの名に戻った。明らかに南東の海岸の町ウェクスフォードに到達の意図があったからである。この鉄道はウィックローから内陸のルートをとり、1861年にラスドラム、1863年にエニスコーシー、1872年にウェクスフォードまで開通した。さらに、ウッデンブリッジからシレイリーまでの26.5kmの支線は1865年に、またマクマイン・ジャンクションからニュー・ロスまでの支線は1887年に開業した（後者は1904年、ウォーターフォードまで延長）。ウェクスフォードからロスレア・ストランドに達したのは1882年、そしてようやくロスレア・ハーバーに達したのは1906年である。この港からはフィッシュガードを往復するグレート・ウェスタン鉄道の新しい蒸気船の便が連絡している。フィッシュガード港とロスレア港は共にフィッシュガード＆ロスレア鉄道・港湾会社によって建設された。これはブリティッシュ・グレート・ウェスタン鉄道とアイリッシュ・グレート・サザン＆ウェスタン鉄道の合弁会社で、この会社はさらにロスレア・ハーバー〜ロスレア・ストランド間の5.6kmの路線と、ウォーターフォードまでの残りの55.5kmの路線も建設している。

　ブレイとウィックローの間の沿岸区間は1855年の開業以来、ブレイ・ヘッド付近で岩石にずれが生じたり、南に沿岸の侵食があったりしたため、路線設計を何度もやり直さなければならなかった。1867年には、ブレイ・ヘッドで峡谷の上のふたつのトンネルをつなぐ際、木造のブランディ・ホール高架橋が崩落した。そのため、1876年、1879年、1917年に、さらに内陸に新しいトンネルを掘ることになった。

　1906年、DW&WRは再び名前を変え、今度はダブリン＆サウス・イースタン鉄道となり、1925年、グレート・サザン鉄道と合併した。1945年にはアイルランド共和国の鉄道をはじめ、すべての輸送機関がアイルランド輸送システム（CIE）として国有化された。そして、アイルランドの老朽化した蒸気機関車はすべて、1950年代中頃にはイギリス製ディーゼル機関車に代わろうとしていたが、当のイギリス製ディーゼル機関車自体がゼネラル・モーターズ社の提供するアメリカの機関車に取って代わられた。最近では、機関車に牽引される客車のほとんどがディーゼル動車になっている。一方、ダブリン近郊では電化されたダブリン近郊快速鉄道（DART）が、現在計53kmの近郊路線を運行している。そのひとつがダブリンからダン・レアリー経由でブレイまで行くルートで、これは1984年に使用されはじめ、2000年にブレイ・ヘッドの下を通ってグレイストーンズまで延長された。

104ページ：ブレイ・ヘッドを通りグレイストーンズに行く海岸を囲むルートは建設するのが難しく、鉄道技術の大偉業であった。ふたつのトンネルに挟まれたこの盛り土は、1867年に崩落したかつての木造高架橋の代わりに造られたものである。

ダブリン近郊快速鉄道（DART）の電車。グレイストーンズから海岸を囲むルート沿いに走る。ブレイ・ヘッドにて。

ダブリンからロスレア・ハーバーまでのもとの幹線は今日でもまだ操業されているが、支線はすべてずっと以前に閉鎖された。ウッデンブリッジからシレイリーまでの支線は1944年、ハーコート・ストリート～ブレイ間は1958年、マクマイン・ジャンクション～ニュー・ロス間の支線は1963年に完全に廃線となった。ニュー・ロス～ウォーターフォード間で最後の貨物列車が走ったのは1955年のことであった。

ロスレア・ハーバー行きのディーゼル列車はダブリン・コノリー駅を発ち、リフィー川を渡り、ダブリン・ピアース駅に停車する。ここはアイルランドの最初の鉄道、ダブリン＆キングズタウン鉄道の昔のターミナル駅（当時の駅名はウェストランド・ロー）である。この列車の旅は、最初、昔の鉄道ルートをたどるが、今はグレイストーンズまでDART網の一部として電化されている。列車はさらに多くの郊外の駅を通ってブーターズタウンの海岸に到着。ここから複線の海岸沿いの路線を走り、ダン・レアリー（かつてのキングズタウン）、ダルキー、キリニー、シャンクヒルを経由してブレイに到着する。ちなみに途中駅のダン・レアリーからは、ウェールズ北部のホリーヘッド行きのステナ・ラインの高速フェリー便が出ている。

この風光明媚な鉄道は、海岸を囲むように南下してウィックロー州に入り、そこから単線となり、ブレイ・ヘッドの下の4つのトンネルを通ってグレイストーンズに到着する。現在、ダブリンからの電化された近郊快速便はここまでである。列車は海岸線を南下し、キルクールに停車後、通過用ループ線のあるウィックロー駅に到着。かつて路線の他の駅でも典型的に見られたが、この駅では今も信号所が跨線橋上にある。ただし、路線上の腕木式信号機は2008年、列車集中制御装置（CTC）システムに代えられた。

鉄道はウィックローから内陸に長い弧を描きながら、ウィックロー山麓の木々の生い茂った丘陵地帯を通り、ラスドラム村に入る。そこからまた海岸に戻り、アークローに到着する。アークローはアヴォカ川の河口に位置し、ナインティーン・アーチーズ・ブリッジで知られている。この橋は広い川でふたつに分断されたアークローの町を結んでいる。

鉄道はアークローから内陸に進み、ウェクスフォード州に入ってゴリーに到着。それからバン・ヴァレーをたどり、エニスコーシーに停車。ここはかつて畜牛や農産物をダブリンに輸送するための重要な駅であった。また、1916年の復活祭蜂起の時には、何百人ものアイルランド共和国の志願兵が、ここで短期間、鉄道を管理し、イギリス軍の援軍がダブリンにやって来るのを防いだ。列車はエニスコーシーからエニスコーシー・トンネルを抜け、青草の茂るスレーニー渓谷沿いに南へ進み、ウェクスフォード駅に到着する。それから旅の最後に波止場の近くを走り、やがてロスレア・ストランドとロスレア・ハーバーに到着する。この港では、ウェールズのフィッシュガードに渡るフェリーと連絡している。

旧ノーザン・カウンティーズ・コミッティ 2-6-4T No.4 がスレーニー川を横断してエニスコーシーを出る。アイルランドの鉄道保存会によるダブリンからロスレアへの鉄道の旅で。2005年5月14日。

ダブリンからロスレア・ハーバーへ

アフリカ

マッサワからアスマラまで
エリトリア（北東アフリカ）

ゲージ：3フィート1 3/8 インチ（1,000ミリ）
全　長：117キロ
ルート：マッサワ～アスマラ間

かつてエリトリアを支配していたイタリアの入念な設計によって敷設された、紅海に面する港町マッサワから当時の新しい首都アスマラへと至るナロー・ゲージの路線は、その完成までに20年を要した。急勾配の傾斜を縫うように敷かれた鉄道は、エリトリアの独立戦争に際して壊滅的な打撃を受けたが、その後エリトリア人の手により、旅行者向けの路線として再建され、今日に至っている。

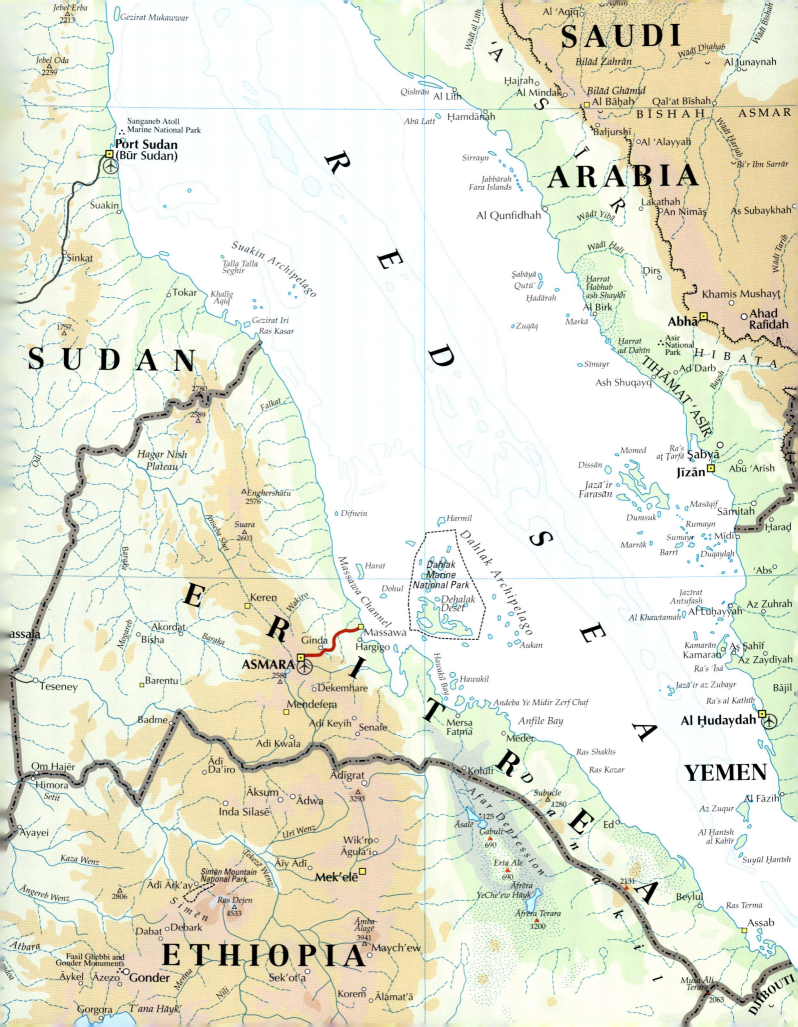

アフリカの角と呼ばれる大陸東端の半島の紅海沿岸に位置し、北と西はスーダンに、南はエチオピアとジブチに国境を接しているエリトリアは、1993年、独立国になったばかりである。それ以前は、数年間、イタリアの支配と統治をうけ、ついで第2次世界大戦中にイギリスによって解放されたあと、新たな支配者のマルクス主義国エチオピアと30年以上にわたるひどい内乱を経験した。

ヨーロッパによる「アフリカ分割」が、1869年にスエズ運河開通後、スピードをあげるにつれ、イタリア人がすぐにこの地域に移り住み、1889年頃にはエリトリアを支配し、イタリア帝国ともいうべきものの一部として統治した。まさにこの時期、950mmのナロー・ゲージ鉄道の建設が開始された。紅海の港マッサワから海抜2,394mの台地に位置する首都アスマラまでのものであった。この鉄道は、イタリアの軍事前進陣地に生活用品を運ぶために戦略上重要だっただけでなく、商業上の目的もあった。エリトリア高地で採掘される原材料をマッサワ港まで運ぶためであった。建設の進展は、この苛酷な土木工事を必要とする急峻なルートに沿って、遅々たるものであった。なにしろ、39のトンネルと65の橋や高架橋が必要とされたからだ。マッサワから117.5kmにあるアスマラに最終的に達したのは、1911年のことである。この鉄道はここで終点とはならず、つづけて西に進み、1922年にはケレンに、1925年にはアガト、1928年にはアゴルダト、そして1932年にはマッサワから264kmはなれたビシアに達した。計画では、西にテッセネイまで行き、そこでスーダンの鉄道網と合流するはずであったが、実現しなかった。とはいえ、この新しい鉄道は、農産物の市場を新たにひらき、沿線の各町は繁栄した。同時に、設備のととのった作業場がアスマラにあったので、地域最大の雇用者となった。

1935年、ムッソリーニのイタリアが、アビシニア（今日、エチオピアとして知られている）に侵攻し、エリトリア、アビシニア、イタリア領ソマリランドは、以後、ひとまとめにイタリア領東アフリカとなると宣言した。この鉄道は、厖大な量の生活用品を運搬し（1日30両まで運転した）この侵略をささえたが、すぐに目いっぱいとなり、1938年、イタリア人は、マッサワ〜アスマラ間に索道を建設した。世界最大であったこの索道は、中間に30の駅を設置し、各駅には据え付けディーゼル機関を取りつけ、イタリア軍用に食糧・生活用品・軍需資材を運搬した。

1940年6月10日、イタリアはイギリスとフランスに宣戦を布告した。東アフリカでは、イタリア人は駆逐艦と潜水艦

112ページ：アンサルド社1938年製の マレー 0-4-4-0T 機関車 No.442.54 が、短い列車を牽引して、湾曲した高架橋を渡っているところ。ここは、マッサワ〜アスマラ間のメートル・ゲージ鉄道でもっとも風光明媚な区間のひとつ、シェゲリーニのうえである。2005年。

の艦隊の基地をマッサワにおき、紅海のイギリス護衛艦に脅威をあたえ、成功裡にイギリス領ソマリランドを侵略した。すぐに報復がなされ、1941年1月、イギリス率いるインド人歩兵部隊がスーダンから東へ攻撃し、他方、南アフリカの3部隊がケニヤから北方へと攻撃した。この年の11月頃には、イタリア人は敗北を喫し、イタリア領東アフリカはイギリスの支配下に入った。もっとも、この領土経営を手伝わされた幾人かのイタリア人文官はいた。イギリスの支配は1951年までつづき、そのとき、エリトリアは国連決議のもと、エチオピアと連合した。1962年、エチオピアはエリトリアを併合したため、この国で30年にわたる流血の内乱が起こり、終結をみたのは1991年のことであった。最終的に、国連監督による国民投票がおこなわれ、エリトリア国民は自力で独立を勝ち取った。1993年のことだ。

その間も、この鉄道は操業をつづけた。とはいえ、アゴルダト～ビシア間は1942年に閉鎖された。このマッサワ～アスマラ間の索道は、1944年、戦争賠償金として解体され、ケニヤに運ばれた。この鉄道は、1950年代と60年代をつうじ繁栄したが、エリトリア分離独立派とエチオピア軍との間の内乱が始まり、衰退した。戦闘の間、鉄道のインフラの多くは、双方側によって破壊され、1976年に操業を中止した。車両と機関車は朽ちるにまかされ、この事態はこの鉄道にとって路線の終焉であるかにみえた。

しかし、これでマッサワ～アスマラ間の区間が終焉を迎えたわけではなかった。1993年の独立後、エリトリア新政府は、この鉄道の再開を優先させると公約した。外国の援助の申し出を拒否したあと、このプロジェクトは国内技術と精鋭の鉄道労働者を使って開始され、線路の復旧、作業所と駅の再建、イタリアの気動車、機関車、そして車両の混成した収蔵品の復活にとりかかった。

この路線は、1996年にマッサワ～ギンダ間で再開され、2003年にアスマラまで完成した。ネファジット～アスマラ間の山岳地帯を登る曲がりくねった箇所は、もっとも課題のあるところであった。そこには、30対1の傾度をもつ傾斜や多数のトンネルと橋が含まれていたからだ。

今日、エリトリア鉄道は、定期往復便を日曜日に1便提供している。それは、アスマラ～アルバロバ～ネファジットのきわめて風光明媚な区間である。また、マッサワ～アスマラ間全ルートで、観光客用チャーター列車を注文に応じるかたちで運行させてもいる。この旅程は、平均時速約20kmで6時間かかるものだ。列車は、修復されたヴィンテージものの蒸

下：アンサルド社1938年製マレー0-4-4-0T 機関車No.442.55が、短い混合列車を牽引しているところ。ネファジットのうえの山岳地域にて。2010年。

気機関車とディーゼル機関車によって、また1930年代のヴィンテージものイタリア製'リットーリナ'気動車によって運行している。

11両の蒸気機関車が残っており、そのうち6両は正常運転可能な状態に修復された。この一連の機関車のうちスター的存在は、3両の修復されたマレー複式型0-4-4-0機関車で、1938年にイタリアのアンサルド社が製造したものである。しばしば重連のこれらの強力な機関車は、観光用の便の多くに使用されている。同時に、1957年にドイツのクルップ社が製造した2両のBo-Boディーゼル機関車も稼働している。これは、将来、貨物輸送列車に使用されるだろう。さらに、修復された28座席のフィアット社製'リットーリナ'ディーゼル気動車もある。これは、1930年代に製造されたもので、その湾曲したアール・デコ様式と大きな前面のラジエーターがあるので、旅行客に人気がある。

マッサワ港は、紅海の透きとおった青い海に囲まれた3つの島にわたりつくられている。この町のもっとも古い、つまり主としてアラブ地域はマッサワ島にある。その鉄道駅はタルード島にあり、この島はイタリア植民地時代の建物が目立つ。ここから列車は、土手道を通り本土に渡り、平坦な海岸沿いの砂漠に入って行く。ここは、植物といえばイバラの薮ばかりである。約10km進むと、路線は1本の道路とならび、しだいにモンクーロへと登りを開始し、ついで、印象的な13のアーチを有する高架橋を使いドガリの干上がった河床を渡る。登坂は急になり、マイ・アタルで鉄道と道路は分かれる。列車は、乾いた河床沿いの幅のある渓谷に入る。この地域は遠隔の不毛なところで、住むものといえばラクダの群くらいで、イバラの薮の葉を食べて生き延びている。ダマスでこの鉄道は416m登ったことになり、ここからうねりながら、連続する急なカーブやトンネルを使って溶岩層を出たり入ったりして、連続する6つの橋を通りドンゴロ川を渡り、海抜880mのギンダ駅につく。ここは、乾燥した不毛の景観が、植物が繁茂するもっと穏やかな景色に道をゆずっている。

ギンダ〜ネファジット間の路線は登りで、両側に丘が聳える渓谷を通過し、谷沿いにうねったりもどったりしながら進み、途中、5つのトンネルを通過する。ネファジットから先は、この路線でもっとも劇的な区間であり、列車は急峻な登りをつづけ山地を通過する。リバース・カーブが連続し、20ものトンネルを通過する。12kmの距離を、ほぼ396m登る。垂直距離で305mを越えるので、車窓からの景色は驚くべきものとなり、列車が登るにつて気温は目立って涼しくなる。岩をくりぬいてつくられたアルバロバ駅は、終点前の駅で、ここから列車は最後の劇的な登坂をおこない、台地につく。この最後の約13kmの区間には、3つの螺旋状のループと湾曲した石造の高架橋があり、そのあと、この路線は最後に平坦な箇所を進み、アスマラ駅に到着する。

海抜2,135mの岩の高原台地に位置するアスマラは、その特徴として、イタリア植民地時代のモダニズム建築のすばらしい実例が多数あり、それはアフリカのイタリア帝国建設をめざしたムッソリーニの野心的計画を想い起こさせる強く心に訴える記念碑である。アスマラから西へは、この路線はスーダン鉄道網と接続すべく再開の可能性を待っているが、その間、この重要な農業地域にあるイタリア人が建設した駅のいくつかは、新たな使用の仕方がなされている。たとえば、ケレン駅はいまではバス停兼市場となり、壮麗なアラベスク様式のアゴルダト駅は空港ターミナルに使用されている。

前ページ：1930年代にフィアット社が製造した'リットーリナ'ディーゼル気動車No.2が、アルバロバ近くの山岳地域の1,981m以上登ったところにあるトンネルから出てくるところ。2004年11月。

118〜119ページ：アンサルド社製マレー0-4-4-0T No.442.55に牽引されているこの列車の乗客は、世界でもっとも風光明媚な鉄道旅行のひとつで高地に耐えられる頭が求められる。

マダガスカルの鉄道
マダガスカル

ゲージ：3フィート 3 3/8 インチ（1,000 ミリ）
全　長：874 キロ
ルート：1. アンタナナリボ～アンツィラベ間／アンタナナリボ～トゥアマシナ間／ムランガ～
　　　　　アンバトンドラザカ間 711 キロ
　　　　2. マナカラ～フィアナランツォア間 163 キロ

フランス人植民地支配者によって建設された、メートル・ゲージの鉄道網がマダガルカル北部で開通したのは、20世紀初頭のことであった。一方、完全に別個のメートル・ゲージ路線が、1930年代に南東部で建設された。21世紀に生きのこりをはかろうと苦闘してはいるが、両路線とも、今日運行している。

世界で4番目に大きな島マダガスカルは、アフリカ南東海岸沖のインド洋上に位置している。島の東海岸全域に、急流河川によって掘られた急峻で木々の茂った絶壁があり、その一方、西には中央高地がひかえている。ほぼ1,500mの高さのあるこの台地は、コメのひな壇式水田が特徴で、この島でもっとも人口密度の高い地域であり、首都アンタナナリボの所在地でもある。西には、しだいに不毛になる土地が徐々に下り、ついにはモザンビーク海峡に面した海岸のマングローブ茂る湿地となる。

18世紀末頃まで、この島はほぼ400年間、歴代の部族首長たちによって支配されていたことになる。その後、19世紀初頭、国王ラダマ1世統治期に統一された。しかし、王朝は1897年に終わり、そのときマダガスカルはフランスの植民地になった。フランス人は、急きょ鉄道を導入した。最初はメートル・ゲージのもので、1909年、東海岸のアンタナナリボ（当時、タナナリヴ）とアンパシマノロトラ（当時、ヴォイヴィナニー）間で開通した。この鉄道は、それから海岸を北に拡大されトゥアマシナ港まで延長し、南方向にはこの首都からアンツィラベへ、ムラマンガから北へアンバトンドラザカへのびた。1923年に完成したこの鉄道網は、タナナリヴ東海岸鉄道と名づけられた。

まったく別個の鉄道が、フランス人によって1926年から1936年にかけて主要鉄道網から孤立するかたちで建設され、南東海岸のマナカラ港から内陸のフィアナランツォアに向かった。フィアナランツォア東海岸鉄道として知られるこの鉄道は、第2次世界大戦後、ドイツ人から接収された鉄道設備をもちい、強制労働によって建設された。全長162kmのメートル・ゲージのこの路線は、マナカラの海抜ゼロメートルから登り、1,190mの高さにある内陸の終点にたどりつく。途中、切りたった渓谷を通り、辺鄙で困難な地域を縦走する。

ふたつの鉄道は、第2次世界大戦中、フランスの統制下に入り、1960年のマダガスカル独立後、1974年に国有化され、マダガスカル国有鉄道になった。つぎの20年にわたり、この鉄道は投資が欠乏し、衰えてしまったので、放棄の危機に直面した。2002年、首都を中心とした北部ネットワークは民有化され、現在は、マダレイル社が運営している。この運営の基金は、世界銀行と欧州投資銀行が提供した。孤立したフィアナランツォア東海岸鉄道は、いまでも国営である。

アンタナナリボ東海岸鉄道（マダレイル社）

2002年の民営化以降、マダレイル社とそのフランスとベルギーの株主は、この放置されていたネットワークを近代化するのに投資をした。客車便はこのネットワークのほとんどでは、たまにしか運行されていないが、客車は奇麗で、運賃はとても安い。3両の観光用列車のトランス・レムリ急行もまた、チャーター便として使用可能である。奇抜な1953年製ミシュラン'Viko-Viko'気動車が、定員19名で、週末の小旅行用として、首都からマンタディア国立公園をめざしアンダシベへ、さらにアントシラベへ運行している。この気動車

120ページ：空気タイヤを取りつけたミシュラン'Viko-Viko'気動車 No.ZM516 が停車し、乗客に景色を楽しんでもらっているところ。アンタナナリボ～アンツィラベ間路線のアンバトフォツィとブアンジー間にある渓谷にて。

は輪縁（フランジ）をつけた空気タイヤで走行するので、うしろの荷物入れに2本の予備タイヤを常備している。

　貨物輸送は、この鉄道の生命の源である。この地域では、道路はないか、あっても通行可能程度であるからだ。雨期になると、道路も鉄道も、地滑りや洪水のひどい被害にあう。アンタナナリボと海岸をむすぶ幹線で急峻な勾配の区間では、比較的重い貨物列車は、しばしばふたつに区分される。クロムとニッケル鉱石、コンテナ輸送、石油、セメント、金属製品、米と小麦粉が、大半の貨物輸送をなしている。2011年には、40万トン以上になった。貨物輸送と乗客輸送とも、動力は、アルストム社製 Bo-Bo single cab ディーゼル機関車で、1970年代と1980年代に製造されたものである。これにくわえ、わずかな数だが、もっと近代的な中国製 Bo-Bo twin cab ディーゼル機関車を有している。

下：週3便の列車が、マナンパトラで停車しているところ。ここは、マナカラ～フィアナランツォア間の東海岸路線の主要中間駅である。

マダガスカルの鉄道　123

フィアナランツォア東海岸鉄道

　現在も国営のこの鉄道は、その多くの区間、道路で行けない急峻な勾配で鬱蒼と木の生い茂った谷を走行している。世界でもっとも急勾配の摩擦鉄道のひとつであるこの鉄道は、マダガスカルでもっとも風光明媚な地方のいくつかを横断し、67の橋を渡り、48のトンネルをぬけて急斜面を登りフィアナランツォアにつく。中間駅が17あるこの混合列車便は、各方面に一日おき（月曜日を除く）に運行し、地元住民にとっては唯一の輸送手段である。列車は数両の有蓋貨車、2両の2等客車、観光客用の1等車1両という編成である。きわめて風光明媚な162.5kmの旅程は、約10時間かかり、各駅では、貨物が列車から降ろされたり積まれたりする。1952年製造のミシュラン気動車'Fandrasa'は客席19で、チャーター便をフィアナランツォア～サハンバビー間で運行している。走行距離48kmあり、そこではデルタ線（三角線）で方向転換される。この鉄道の作業場はフィアナランツォアにあるが、骨の折れる修理が必要となると、機関車は道路を北に運ばれ、アンタナナリボの鉄道作業所に行く。目下、1両のディーゼル機関車しか作動しておらず、この路線の未来は明るくはない。もっとも、外国の救世主（中国人が本命）がすぐに介入し

てくれれば話は別であるが。

下：ミシュラン'Viko-Viko'気動車 No.ZM516 が、アーチ 11 を有する高さ 170m の高架橋を渡ったところ。アンドリアムビラニー駅のすぐ南。

スワコプムントから ウィントフックまで
ナミビア

ゲージ：3 フィート 6 インチ
全　長：354 キロ
ルート：スワコプムント～ウィントフック間

ドイツ植民地支配者によって建設され、大西洋沿岸の港スワコプムントから内陸の首都ウィントフックをむすぶナロー・ゲージ鉄道は、広大な不毛のナミブ砂漠を横断するが、第1次世界大戦の間に破壊された。再建されゲージを手直しされたこの路線は、依然として重要な貨物輸送の幹線であり、観光用列車〈デザート・エクスプレス号〉のルートとして使用されている。

世界でもっとも人口密度のひくい国のひとつナミビアは、南西アフリカに位置し、西は大西洋に接し、北はアンゴラとザンビアと、東はボツワナ、南と東は南アフリカと国境を接している。ナミブ砂漠とカラハリ砂漠の中間にあるので、降水はほとんどないが、鉱物埋蔵に富んでいる。

イギリス人に併合された深水港ウォルビス・ベイの例外はあるが、ヨーロッパ列強がアフリカを分けあったあと、ナミビアは1884年にドイツの植民地になり、ドイツ領南西アフリカとして知られるようになった。第1次世界大戦でドイツが敗北したあと、この国は1920年に南アフリカ連合国の一部となり、1990年に完全独立をするまでその治世下にあった。

ナミビアで建設されることになった最初の鉄道は短い路線であり、1895年に開通し、スワコプムントの約112.6km北にあるスケルトン・コーストのケープ・クロスまで糞化石（グアノ）を運搬した。以後、長いこと閉鎖されたままである。南方にあるウォルビス・ベイの深水港の使用ができなかったので、海岸都市スワコプムントは、1892年にドイツ領南西アフリカの主要港として設立された。もともとは、ここからの輸送はひどく時間がかかり、牛車を使い10日かけ砂漠を横断し、それから大斜面を登りコマス高原台地に行き、その後、首都ウィントフックにつく。354kmの距離を1.7km登ったことになる。この時間のかかる輸送網は、牛疫が発生したあと1890年代中頃に崩壊した。そこでドイツ人は急きょ、ナミビアで最初の主要幹線鉄道路線を建設し始めた。スワコプムント～ウィントフック間のことであった。

ドイツ植民地当局が監督した建設は、1897年に開始され、600mm（1フィート11 5/8インチ）ゲージを備えている既存のドイツのナロー・ゲージ設備を使用した。ドイツ陸軍士官と兵士からなる建設チームに、800名の地元で徴収された労働者が加わり、この路線は1900年6月1日にカリビブの中間地点まで開通した。この鉄道のおかげで、この小さな入植地はすぐに鉄道の町に成長し、ここに主要な作業場がつくられた。ここから先、建設はウィントフックまで継続され、全線が1902年6月19日に開通した。

カリビブ真西のクランツベルクにある乗り換え駅から、オタビ・マイニング＆レイルウェイ（鉱山鉄道）会社が、もう1本の600mmゲージ路線を北西方向に建設し、ツメブの銅山に向かった。ウサコスに鉄道作業場があるこの全長399kmのルートは、1906年に開通したが、他方、全長87kmの支線が、1908年、オタビからグルートフォンテインにある亜鉛とバナジウム鉱山へと開通した。この鉄道建設と同時に、ヘレロとナマクア虐殺が起こった。このとき、ヘレロ族とナマ族の約10万人がドイツ兵に砂漠に駆りたてられ、そこで渇きのため死亡したのである。

使用された0-6-0タンク機関車は、通例、一組に背中あわせで走行しているが、そのような旧式の装備を使っているにもかかわらず、スワコプムント～ウィントフック間の路線は、その海岸と首都間にかかっていた旅程時間を大幅に削減した。牛車では10日かかったが、この新鉄道ではすぐに2日間で行けるようになり、乗客はカリビブで一晩宿泊した。1911年、ウィントフック～カリビブ間の区間が3フィート6インチのケープ・ゲージに変更され、南アフリカですでに使用されていたゲージに合わせることができた。スワコプムントを出入りする乗客と貨物は、カリビブで列車を乗り換えなくてはならなかったが、それにもかかわらず、その海岸から首都までの旅程時間は、1日に削減された。

1914年、この鉄道は南へ延長され、海岸を下って南アフリカの飛び領土ウォルビス・ベイまで行ったが、第1次世界大戦開始後、ドイツ軍はすぐさま進出してきた。その駐留は短期間であった。南アフリカ軍がすぐにそこを奪還し、1915年1月にスワコプムントへ到達したからであった。退却するドイツ軍は内陸に移動し、その過程でこの鉄道を破壊し、そ

126ページ：ドイツ兵と地元労働者によって建設された、ナミブ砂漠を縦断する全長354kmの単線鉄道が、1902年、スワコプムント～ウィントフック間で開通した。

の後、その年の7月にオタビで降伏した。スワコプムント〜ウィントフック間で打撃をうけたナロー・ゲージ路線は、それからイギリス人によって3フィート6インチのゲージにあわせ再建され、かくして全ルートを再度列車が通ることができるようになった。オタビ鉄道もまた、ゲージを変更した。もっとも、この完成は1961年のことだ。

　1915年から1990年の独立まで、ナミビアの鉄道は、南アフリカによって運行されていた。以後、すべての路線は、国営のトランスナミブ鉄道の管理下にある。目下、トランスナミブ線は、ほぼ3,218kmに及ぶ鉄道を国土全体で運行させ、はるか南西部では貨物輸送が、南アフリカのネットワークとリンクしている。2006年には、北西に向かってツメブからオンダングアまで257km延長され、この路線は目下、アンゴラとの国境にまで延長されつつある。

　ウォルビス・ベイとスワコプムントからウィントフック間の396kmに及ぶ単線路線は、ナミビアの輸出にとってきわめて重要な輸送の幹線である。国内全体で唯一のこのルートこそ、海岸と内陸をむすぶものであり、それゆえ、一貫輸送用コンテナ列車によって使用されている。トランスナミブ鉄道もまた、1998年以来、このルート上で観光用列車を運行してきた。ディーゼル牽引の〈デザート・エクスプレス号〉が、週末、ウィントフック〜スワコプムント間で運行されている。運行のほとんどは日中になされており、これはナミビアの風光明媚な景観をみるのに最善の方法である。この現代の列車は、9両の客車からなり、そこには48名用の寝台車、スピツコッペ休憩車、ウェルウィチア・レストラン車、車運車が含まれている。この列車は、ウィントフックを金曜日の朝に出発し、一晩、安全な待避線で停止して、スワコプムントから土曜日の午後にもどってくる。野生生物とカラハリ砂漠の砂丘を見物する小旅行が、このパックツアーに含まれている。

　この路線では、〈デザート・エクスプレス号〉に加え、客車車両と荷物車両という混合列車が、土曜日を除く毎日運行している。ウォルビス・ベイ〜ウィントフック間のこの一泊運行は、約12時間かかる。

　トランスナミブ鉄道のディーゼル機関車全車は、1968年以来運行に使用されてきた。もっとも、2004年に中国から、4両のより新しい機関車が購入された。これは、大成功というわけではなかった。高い割合で起こる技術問題や不稼働率のためである。「安かろう悪かろう」の諺どうりである。

スワコプムント〜ウィントフック間の鉄道は、ナミビアの輸出入にとって重要な輸送幹線である。トランスナミブ鉄道のディーゼル電気機関車が、長い貨物列車を牽引してこのルートのほとんどで特徴となっている不毛の景色を縦断しているところ。

ケープ・タウンからキンバリーへ
南アフリカ

ゲージ：3フィート6インチ
全　長：990キロ
ルート：ケープ・タウン～キンバリー間

将来のケープ～カイロ間鉄道の一部をなすとみられるケープ・タウン～キンバリー間の路線は、ケープ植民地の北でダイヤモンドが発見されてから建設された。ヴィクトリア朝後期の偉業であるその990kmのルートは、ヘクス・リバー山地を通り、平坦で不毛のカルー砂漠を横断するものだが、21世紀のいまでも満喫することができる。

18 60年代初頭に開業した、南アフリカで最初に建設されたこの鉄道は、ケープ・タウン周辺のとてもローカルな事柄であった。内陸への拡張は、当時は困難すぎるとみなされていた。ケープ・タウン周囲の沿岸の細長い土地は、ケープ褶曲山脈という自然の障壁が取り囲んでいたからである。ところが、ケープ・タウンの北東990kmのところにあるキンバリーでダイヤモンドが発見され、事態が一変した。翌年、ケープ植民地の初代首相ジョン・モルテノウが、ケープ政府鉄道会社（CGR）の設立を宣言した。そこには、アフリカ南部全体に拡大鉄道網を敷設する野心的な目論見があった。同時に、既存の民営鉄道はCGRに引き継がれ、その中には1863年に開業したケープタウン～ウェリントン間の短い路線も含まれていた。

1873年、ケープ植民地政府は、提案した全路線に3フィート6インチのゲージを選択した。「ケープ・ゲージ」として知られているこのナロー・ゲージは、山脈を縦断する建設を、スタンダード・ゲージの場合より安価に、しかも早めると考えられた。同年、キンバリー行きの鉄道の建設作業が開始された。その際、ケープ・タウン～ウェリントン間の既存のスタンダード・ゲージ路線は、ゲージ修正がほどこされ、北進してホウダまで延長され、そのあと山脈をぐるりと輪をつくって進み、ブリータ・リバー渓谷に沿って南下してウースターの町についた。開通は、1876年6月であった。

ウースターから建設は東に向きをかえ、ヘクス・リバー渓谷を登りデ・ドールンズに向かった。ここでこの鉄道は、傾度40対1もの急峻な傾斜を登りヘクス・リバー山地を通過し、リトル・カルー台地の縁にあるマトルースベルフの約959mの頂上に達した。ここから下るこの鉄道は、1883年にタウズ・リバーと名をかえたモンタギュー・ロードにいたった。ここはすぐに重要な鉄道の町になり、ここでデ・ドールンズからの列車後部の補助機関車が方向転換された。また、1924年から1981年にかけて、この町はレディスミス行きの支線の乗り換え駅であった。平坦で不毛のカルー地域の中に位置している小さな農村マイキースフォンテンには、1878年に達した。この鉄道の到来とともに、すぐにこの村は町に成長し、お洒落なヴィクトリア朝の温泉の出る保養地になった。カルー地域横断はつづき、同年、その後ラングズバーグと改称されたブッフェルズリバーにいたり、1880年にはビューフォート・ウェストに達した。カルー地域最大の町であるビューフォート・ウェストは、すでに重要な羊飼育の中心であり、その後、クリスチャン・バーナード博士の生誕の地と

なった。彼は、1967年、世界初の心臓移植を実施した医師である。

ビューフォート・ウェストからこの鉄道は北東方向に出発し、荒れ果てた大カルー砂漠を横断したが、その際、近くの丘陵地域にちなんで名づけられたスリー・システーズと、1905年から2001年までカルヴィニア行きの支線の乗り換え駅であったハッチンソンを経由した。その後、1883年にデ・アールに到達した。デ・アールはたちまち主要な鉄道乗り換え駅になり、主要路線が南はインド洋沿岸にあるポート・エリザベスへ、北西はオレンジ川沿いにあるアピントンへ開通した。

デ・アールから路線建設は北方に継続され、不毛の風景を横断して、オレンジ川を渡りベルモントに達した。この小さな居留地は、1899年、イギリス軍とボーア軍で戦われた第2次ボーア戦争の戦場であった。ダイヤモンドの首都キンバリー行きのこの鉄道は、最終的に1885年に開通したが、これがこの路線の終点であったわけではない。翌年、金が、北東にあるオレンジ自由国のトランスバールで発見された。オレンジ自由国政府との協定後、ケープ政府鉄道は、1892年、ブルームフォンテン経由でヨハネスブルクへこの路線を延長させた。かくして、ケープ・タウンからの列車が初めて通行できるようになった。

この重要な鉄道ルートの開通は、イングランド人実業家にして富裕な鉱山所有者であり、南アフリカの政治家であったセシル・ローズの夢、つまりケープ・タウンとカイロ間をつなぐアフリカ縦断鉄道建設という夢のひとつのリンクであった。その多くは結局建設されたが、依然としてウガンダとスーダン北部の間に大きな空隙がある。ケープ政府鉄道会社は、1899年から1902年にかけての第2次ボーア戦争の間、イギリスの軍隊と装備を運搬して、それが戦略的価値のあることを証明した。南アフリカでの戦争終結後、多様なイギリス植民地は、1910年、一緒になって南アフリカ連邦となった。同時に、以前の植民地鉄道のすべてはひとつとなり、南アフリカ鉄道（SAR）になった。

1923年にこの路線に導入された〈ユニオン急行〉と〈ユニオン特別列車〉は、今日、依然として運行されている有名な豪華「ブルー・トレイン」の先がけであった。これらの列車は、1977年までイングランド～ケープ・タウン間を往復していたユニオン・キャッスル・ライン客船とつながっていた。

1954年、ケープ・タウンから急勾配の路線を登り、ヘクス・リバー山地を通りタウズ・リバーにいたる区間は電化さ

130ページ：南アフリカ鉄道の25C型4-8-4蒸気凝結式蒸気機関車が、長い客車を牽引して、広大な不毛なカルー砂漠を横断しているところ。リーム近く。1971年6月。

れ、そのためデ・ドールンズから40対1の傾度の登り用に使用された後部の補助機関車がなくなった。タウズ・リバーで、新しいSAR 4E型電気機関車は強力なSAR25型蒸気凝結式蒸気機関車に交換され、北進してカルー地域を横断しデ・アールとキンバリーにいたる旅程の残りを走行する。スコットランドのグラスゴーにあるノース・ブリティシュ・ロコモーティブ社製の強力な電気機関車は、そもそも新しい電化路線を運行するよう定められていた。この路線は、急峻な登りを迂回して、いくつもの連続するトンネルをぬける新たに配置されるルートをたどって山地を越えることになっていた。この提案は、財政的理由で無期限に延期され、既存の路線がそのかわりに電化されて、列車は2両の4E型に牽引された。

1953年から1955年にかけて導入された南アフリカ鉄道のSAR25型蒸気凝結式蒸気機関車は、すでに言及したように、とりわけタウズ・リバーからデ・アールとキンバリーとの路線で走行する重量のある列車を牽引するように設計されていた。大カルー砂漠を横断するこのルート上で水の十分な供給をえることはつねに大問題であり、余分の水の供給は、これ以前の12AR型 4-8-2 機関車のうしろにつけたタンク車で運ばなくてはならなかった。おそらく世界の蒸気機関車のデザインの頂点であった25型 4-8-4 の最初のモデルは、ドイツのヘンシェル社によって製造されたものに、ノース・ブリティシュ・ロコモーティブ社製の89蒸気凝結式蒸気機関車をさらに1両つけていた。両社は、巨大な凝結炭水車の製造をおこない、それは全長約17.7mで蒸気機関車よりずっと長いものであった。この炭水車は、5,450トンの水と19トンの石炭を運搬するだけでなく、両側に8つの大きなラジエータを備え、それが蒸気で動くルーフファンによって冷却されていた。このように、使用された蒸気は凝結され、再度使用された。これら巨大な機関車は、固有の排気音をたて、貨物列車と客車とをタウズ・リバー、ビューフォート・ウェスト、デ・アール、そしてキンバリーの間を牽引していたが、1980年代に入り、この路線が徐々に電化されて引退した。

1両の蒸気凝結式でない南アフリカ鉄道の25型は、1979年から1981年にかけて、プロトタイプ26型機関車として改造された。その装いの印象的な色のため〈レッド・デヴィル〉として知られているそれは、25型よりずっと強力であったが、この頃、南アフリカの蒸気機関は急速にディーゼルと電気牽引に取ってかわられつつあり、この奇抜な蒸気プロジェクトはきしりながら停止した。

デ・ドールンズ〜タウズ・リバー間の困難なヘクス・リバー山ルートは、結局、延び延びとなっていたヘクス・リバー・トンネル路線によって迂回された。このトンネルは、1989年に45年の遅れのあと開通したものである。この新たな30kmのルートは、傾斜がよりゆるやかで、デ・ドールンズから最大傾度66対1で登り、4つのトンネルまで行き、山脈を抜けるものである。このトンネルで最長のものは全長13.7kmあり、アフリカ最長の鉄道用トンネルである。閉鎖以降、登って峠を越えるもとのルートは、ハイキング道とマウンテン・バイク道になった。

1990年に発足した国有トランスネット社は、現在、南アフリカの鉄道の維持と鉄道貨物便にあたり、ケープ・タウン〜キンバリー間の電化されたルート上を、農業貨物とバルク液体貨物の重量のある一貫輸送列車を運行させている。

鉄道客車便は、しばらくの間、南アフリカでは衰退傾向にあったが、依然、この路線沿線では、ケープのブドウ園、ヘクス・リバー山脈、そして大カルー砂漠のすばらしい景観を楽しむ3つの方法が残っている。

もっとも安い方法は、寝台車と食堂車を備えたショショローザ・メイル長距離列車で、ケープ・タウン〜ヨハネスブルク間を週3回運行している。途中の停車駅は、ベルヴィル、ウェリントン、ウースター、マイキースフォンテン、ビーフォート・ウェスト、そしてデ・アールで、全行程は17時間45分である。

2番目の選択は、もっと豪華な週1便のプレミア・クラス列車で、ラウンジ車、食堂車、寝台車、そして車運車をつけている。途中停車駅はビーフォート・ウェストとデ・アールで、全行程は18時間である。

この路線を旅する際、とびぬけて名声があり、まちがいなくもっとも費用のかかるのは、「ブルー・トレイン」に乗車することである。これは、毎週、少なくとも1便をケープ・タウン〜プレストリア間で運行し、全旅程時間は27時間30分である。北に向かう列車は、復活されたヴィクトリア朝期の植民村を訪ねるために、マイキースフォンテンに立ち寄る。他方、南に向かう便はキンバリーに寄り、有名なダイヤモンド野天掘り鉱山に小旅行をおこなう。

134〜135ページ：2両の電気機関車に牽引された豪華列車「ブルー・トレイン」が、登りにさしかかっている。ケープ・タウン〜プレトリア間の旅程の途中、これからヘクス・リバー山脈を通過しようとしている。

スーダンの鉄道
スーダン

ゲージ：3 フィート 6 インチ

もともと、イギリス軍の対マフディー体制作戦の支援のために建設されたスーダンの鉄道は、1970 年代まで、この国の経済で重要な役割をはたしていた。そのとき起こった内乱以降、合衆国による経済制裁、労働争議、さらに維持と投資の欠如によって、この国の鉄道は壊滅状態にあった。

うねって流れるナイル川に分断されているスーダンは、2011年まで、アフリカ最大の国家であった。数千年にわたるその歴史は、北部の隣国エジプトと密接に関係していた。しかし、19世紀末頃、実質的に大英帝国の植民地になった。転換点は1898年に起こった。このとき、キッチナー卿のイギリス軍が、オムドゥルマンの戦いでアブドゥッラー・イブン＝ムハンマド率いるイスラム教徒マフディー軍を決定的に破った。その年月から、2国を統合しようというエジプトのたび重なる要求にもかかわらず、スーダンはイギリスの支配下にありつづけ、ようやく1956年になって、完全独立をはたした。もっと現在にちかい時期に、東部のダルフール地方でおこなわれていた長期にわたる内乱が、2011年に最終的に終結し、国民投票後に南スーダンは分離独立した。

　スーダン初の鉄道は、イギリス軍がマフディー体制に対しておこなった戦役をささえる目的で建設された。1874年に着工され、ムハンマド・アリー・パシャ、ついでスーダン政府の統治期に建設された。3フィート6インチ・ゲージ路線は、エジプト国境に近い重要な立ち寄り地ワジ・ハルファからナイル川東岸をたどり、1877年にサラスに、1885年にウカシャに到達した。ここで工事はストップした。ゴードン将軍が、ハルツームでマフディー軍に敗北を喫したからだ。1896年、作業は再開し、翌年には最南端のカルマにいたった。その頃になると、この鉄道の存在理由は、ドンゴラ州での戦争が終結したあとはうすれてしまい、1905年に放置された。

　第2のもっと成功した鉄道がスーダンで建設され開通したのは、1898年のことである。ワジ・ハルファから南東方向へ進み、ヌビア砂漠を横断してアブー・ハマドにいたるものであった。ナイル川の巨大なS字カーブを迂回する、3フィート6インチ・ゲージ、全長約349kmのこの路線は、このふたつの町の間の旅行時間を大いに短縮し、軍隊はマフディー領内深く急襲することができた。1898年、オムドゥルマンの戦いでマフディー教徒が敗北を喫したので、この鉄道は拡張され、ナイル川東岸沿いをアトバラまで行き、そこから首都ハルツームに達した。ここからほぼ906kmのところにあるワジ・ハルファへは、1899年が終わらんとしているときに到達した。

　この新しい鉄道は、スーダン中央から地中海にいたる新しい交易ルート——ナイル川を使いワジ・ハルファからエジプトのアスワンに行き、ついでエジプト鉄道によってアレクサンドリアにいたる——を拓いたが、ナイル川の蒸気船で物資を積みかえるために、時間のかかる業務であった。この事態を克服するために、新たに全長473kmの鉄道が、1906年、アトバラと紅海沿岸の新しい港ポート・スーダンまで開通した。23年間、この新しい鉄道は、この国と外部世界とをつなぐ主要なものとなり、農産物、たとえば綿やモロコシを肥沃なナイル渓谷から遠方の市場へと輸出することができた。

　鉄道建設はイギリスの支配下にあっても継続され、アブー・ハマド北のステーション10から西に向かい、カリマでナイル川にいたる222kmの路線が1905年に開通し、689kmの路線が南にのび、青ナイル川を登りハルツームからセンナールに行き、そこから西に進みクースティとエル・オベイドにいたるものが、1911年に開通した。この国の綿生産地域の中心センナールは、802kmのゲダレフ、カッサラ、ハイヤにいたる路線が完成したので、1929年に重要な乗り換え駅となった。この路線は、ハイヤでポート・スーダン行きの路線と接続した。重要な綿と穀物生産地域に便を提供しているこの新しいより直接的な路線は、ポート・スーダン行きの海外向け貨物輸送の多くをおこなっていた。ポート・スーダンは、以前はハルツームとアトバラ経由の1906年ルートを使用していた。ほぼ同じ頃、ひとつの支線が建設され、マラウイヤから国境を越えてエリトリアの町テッセネイまで行っていた。

　1929年以降、スーダンでは、新たに3フィート6インチ・ゲージの鉄道は建設されなかったが、1954年、227kmの支線がセンナール・ジャンクションからアド・ダマジンまで青ナイル渓谷沿いに開通した。1956年の独立後、エル・オベイド線が689km西方向へ延長され、アラデイバ・ジャンクションから南ダルフールのババヌサと、ニアラ行きが、1959年に完成した。また、ババヌサから南に進みワーウ市まで行く444kmの路線が1962年に完成。1920年代から1960年代にかけて、ハルツーム南のジーラ州地域に建設された綿プランテーション農園路線の広大なネットワークに加え、スーダンの鉄道ネットワークの全長は、1970年代にはほぼ4,828kmに達していた。外国の投資とうまくいっている農産業のおかげで、スーダンの鉄道は、1960年代と1970年代には繁栄していたが、動乱の前兆がすぐに地平線にあらわれた。

　3フィート6インチ・ゲージの単線鉄道ネットワークは、1950年代まで、完全に蒸気で運行されていたが、その頃になると、イングリッシュ・エレクトリック社製造のイギリス製ディーゼル機関車が最初に導入された。それにもかかわらず、グラスゴーのノース・ブリティッシュ・ロコモーティブ社製の蒸気機関車が、ひきつづき運行していた。もっとも、1970年代末に新たにアメリカン・ゼネラル・エレクトリック社製のディーゼルが導入されるや、その数は減りはじめた。1980年

136ページ：スーダンの鉄道が、依然、稼働していた蒸気の古きよき時代にもどり、2-8-2 No.306 がダマジン発センナール・ジャンクション行きの列車を牽引しているところ。シグナ近く。1983年1月15日土曜日。

代頃には、ディーゼル機関車用の予備部品が不足したことと、この国の経済的沈滞とがあいまって、小規模にはなったが、蒸気運行が生きながらえ、終末が訪れたのは1990年のことであった。

より最近には、合衆国の経済制裁によって、スーダン鉄道会社のディーゼル用の予備部品を購入することが阻止されてきた。もっとも、少数の新しい機関車が、近年、中国から購入されていた。

共産党と組合が後押しした数年間にわたる労働争議のあと、1992年に政府によって約2万人の鉄道労働者が解雇されたこと、ダルフールでの内乱、まずい管理運営、保守管理の欠如、放置、あてにならない運行、スーダン経済の全般的不振、これらすべてが一緒になって、スーダンの広範な鉄道ネットワークは崩壊の瀬戸際に追いやられた。道路輸送に太刀打ちできない鉄道は、いまでは、スーダンの貨物輸送の約5パーセントしか扱っておらず、客車はもはや走行していない。最後の便のひとつ、ハルツーム〜ワジ・ハルファ間の週2回の客車便は、2010年秋に走行をやめた。2011年4月に国際衛星放送「アル・アラビーヤ・ニュース」が報じたところでは、ハルツームからニアラまで、列車で5台のトラクターを輸送するのに1カ月かかったという。かつてなら3日の行程であった。走行しているこれらの列車は、線路が危険な状態にあるため、毎時25メートルしか進むことができないのだ。

2011年に起こった南スーダンの分離後、貴重な石油産業をうしなったスーダン政府は、いま、中国、韓国、ウクライナに頼り、放置されていた鉄道の再建に財政援助を期待している。ある中国企業が、ハルツームからアタバラ経由でポート・スーダンにいたる路線をコンクリート枕木を使用して敷設しなおしていて、それが完成すると、ハルツーム〜ニアラ間の路線に取りかかる計画である。ニアラからは、隣国のチャドへ新たに路線が延長されることになっている。両国がその紛争を忘れることができれば、この路線もまた使用して、石油を南スーダンから輸送できるのだが。時がたてば、イギリスがつくったかつて偉大であったスーダンの鉄道システムが、忘却から救い出せるかどうかが判明する。

上：スーダン鉄道では蒸気牽引は1990年までつづいていた。ノース・ブリティシュ社製 2-8-2 No.326 が、ダマジン〜ホール・ドニヤ路線のシロアリ塚のそばを通過している。1983年1月14日金曜日。

140〜141ページ：鉄道業務が実質的に存在しなくなった国での稀な光景。老朽化したスーダンのディーゼル電気機関車が、ガタガタの貨物車と一緒にきびしい砂漠の風景の中をはうように進んでいる。

アジア

青蔵鉄道（チベット鉄道）
青蔵地区とチベット自治区（中華人民共和国）

ゲージ：4フィート8$\frac{1}{2}$インチ
全　長：1,956キロ
ルート：西寧〜ラサ間

人里はなれた山間のチベットに建設され、2006年に全面開通した最初の鉄道、青蔵鉄道は、世界一高いところにあり、世界一高いトンネルをもち、さらに世界一高い駅もある。その一部が永久凍土層のうえに建設されているため、地球温暖化がすすんだ場合、その構造の安定が問題視されている。

2006年に開通したとき、青蔵鉄道は、世界で一番高いところにある鉄道として記録集に登録され、ペルーを走るアンデス中央鉄道（288～293ページ参照）からそのタイトルをうばった。中国と世界で最も高い僻地にあるチベットをつなぐこの鉄道は、1950年に計画がたちあがったが、費用が莫大にかかるうえ、当時は技術上の知識も不十分だったため、なんら進展をみなかった。

チベットが「世界の屋根」といわれるのには、十分な理由がある。国内に世界有数の高山がいくつもあるからだ。たとえば、8,848mのエベレスト山が、ネパール国境に接するヒマラヤ山脈南部にある。この北には、インドに向かい西にひろがるチベット高原が位置し、そこは平均の海抜が4,511mになり、フランス国土のおよそ4倍に相当する広さがある。チベットの北側は崑崙山脈、西はカラコルム山脈に接している。国土は広大だが、チベットの人口はほぼ300万で、グリーンランド北部、南極大陸についで世界で3番目に人口の少ない地域である。行政上の首都ラサは海抜3,650mで、国土の南東、ヒマラヤ山脈の北部山麓に位置する。

これが最初ではなかったが、1951年、中国がチベットに侵攻した。大勢の仏教僧と主として遊牧のため分散して住む国民は、近代的な武器をもった中国側にはかなうはずがなかった。チベット政府が廃止された1959年以来、チベットは中華人民共和国の自治区となっている。何世紀にもわたり他の世界から孤立していたので、チベットの手つかずであった莫大な鉱物資源は、すぐさま中国産業成長の燃料として開発されたといっておく必要がある。

中国青海省の首都・西寧市に、蘭州市から188kmのびる蘭青線がはじめて到達したのは、1959年のことだった。チベットのラサに向かう青蔵鉄道の建設という野望に対する最初の一歩だったが、完成にはその後47年かかることになる。

建設の第2段階は、西寧市から青海湖の北側を経由してゴルムドに行く西側814kmを延長することであった。この路線は1984年に開通したが、崑崙関からラサを通る南部の建設は2001年まで延期になった。永久凍土層のうえに建設するには、技術的な問題があったからだ。技術問題は徐々に解決した。岩を積んだ盛立てと、地表より高くした線路の組み合わせによる。地中深く沈められたコンクリート製橋脚がそれを支えた。この鉄道システムは、現時点では稼働しているが、気候変動でわずかにでも気温があがれば、この鉄道のインフラストラクチャーは深刻な損傷をこうむる可能性もある。

2万人を動員した建設作業は線路の両端から進み、路線上でもっとも高いタングラ峠の地点には2005年に到達した。高度5,072mに達した世界で一番高い路線で、タングラ山駅（5,068m）も世界一高いところにある駅だ。この路線が公式に開通したのは2006年7月1日で、完成の際に中国政府は大規模な祝祭を催した。その統計値は驚くべきものだ。橋が675カ所、永久凍土上の線路は547kmに及び、路線と駅は世界一の高さにある。風火山トンネルは世界で一番高いトンネル（標高4,905m）で、ゴルムドとラサ間の駅には45カ所ある（それぞれ距離があいているので、ほとんどが無人駅である）。

青蔵鉄道の車両は、2両のディーゼル電気機関車5,100馬力NJ2型Co-Coに牽引されていて、これは高地向きにとくに手が加えられている。こうした機関車の78両すべては、合衆国ペンシルバニア州エリーにあるゼネラル・エレクトリック交通システム（GE）社製である。GEが設計した機関車はほかにも、中国常州市の戚墅堰機関車工場で認可をうけて組み立てられてきた。ボンバルディア・シーファン社製の客車は、とりわけ高地の旅行向きに設計されており、各座席で酸素補給ができる。また、各車両には医師も常駐する。

2006年に青蔵鉄道が完成してから、チベット第2の都市シガツェに向かう253kmの西行きの延長線が建設されている。さらに、ネパールやインドにつながる路線を含む延長計画もなされている。

現在、この路線での客車業務として、北京～ラサ間と上海～ラサ間で毎日列車が走っている。一日おきに、成都市、重慶市、西寧市、蘭州市からラサにいく列車もある。ゴルムドからは14時間半だが、蘭州市からラサへはちょうど24時間以上かかる。大胆にも長距離鉄道の旅をしようとすると、北京や上海からラサまでは、ほぼ2日かかる。

西寧市～ゴルムド間、この鉄道は、湖というより小さな内

144ページ：チベット高原を首都ラサへ向かって1,956kmにおよぶ鉄道につくられた675の橋のひとつ。

海といった方がいい青海湖の北岸に沿って進む。約4,580平方キロの広さを誇るこの塩水湖は、チベット高原の標高約3,205mにあり、渡り鳥にとって重要な十字路となっている。しかし、ここ50年にわたり、支流の多くが干あがり、湖の規模は縮小している。ゴルムド市は、鉱物と天然ガスが豊富に埋蔵している地域の中央にあり、近くには、世界最大の塩水湖の察爾汗（チャルハン）塩湖がある。

路線はゴルムドから南下し、崑崙関へ向かう。ここは海抜4,772mで、1939年に中国と日本軍の熾烈な戦いがあった場所である。そこからさらに、フフシル山地の東端に沿って南西方向へ進む。そこは人里離れ住民のまばらな国立自然保護区で、絶滅危惧種のヤクやチベット羚羊もふくめ、200種以上の野生動物が生息している。途中、この鉄道は、長さ1,338mの風火山トンネルを通過する。高度は4,905m、世界で一番高いところにある鉄道トンネルである。

さらに高いチベット高原を南西方向に進む列車は、巨大な長江の水源である沱沱河にかかる1,398mの橋を渡り、タングラ山駅で路線の最高度に達する。ここは海抜5,068mで、世界一高いところにある駅だ。タングラ山脈の最高地点はゴラタントン山（6,621m）で、長江はそこから中国東部へと流れ長い旅をする。線路はタングラ山駅からアムド草原地帯へと南下する。そこには、世界でもっとも高度に位置する淡水湖コナ湖がある。チベットの仏教徒にとって、宗教的に重要な場所だ。その南でニェンチェンタンラ山脈を横断し、乗客は雪をいただいた頂上のすばらしい景観を味わうことができる。6,000mを越える240峰以上の山頂や2,900もの氷河からなっている。

この雄大な旅の最後に、ダムシュン地方の豊かな牧草地を通過する。ここには、納木錯（ナムツォ）湖というチベットの仏教徒にとってもっとも神聖な場所のひとつがあり、この路線の開通以来、中国人観光客の人気のある場所となっている。ラサに向かう最後の区間で、路線は東へ向かって輪を描き、ラサ川（カイ川）を通過し、市のコンクリート製のがらんとした駅（海抜3,490m）にいたる。この巨大な駅舎では、4つのプラットホーム使用面が屋根で全面的におおわれているが、予定の延長線が建設されても、拡張の余地はたっぷりある。

この路線の開通によって、古都ラサは、中国観光客が訪れる主要な観光地になった。彼らのお目当ては、チベット仏教の重要な場所、たとえば崇高なポタラ宮、ジョカン寺、ノルブリンカ宮の広大な庭などをみることだ。3カ所の建物とも、ユネスコから世界遺産認定をうけている。

青蔵鉄道の崑崙関〜ラサの区間では、線路は永久凍土に深く埋め込まれた巨大なコンクリート製柱に支えられ、地表より高いところにある。

148〜149ページ：チベット高原を走る青蔵鉄道は、長江の源流・沱沱河を横断する。およそ1,400mもの橋を渡ると、一番高い地点にあるタングラ山駅だ。

21世紀の蒸気機関車、中国北東部を走る

中国のはるか北東部にある黒竜江省は、その北と東でロシアに、西は内モンゴルに接している。黒竜江（アムール川）は、ロシアと中国間で国境をめぐる数々の紛争の現場であったが、北部で両国を分断している。他方、支流にあたるウスリー川は、東側の国境の多くをなしている。この黒竜江省は、モンスーンの影響をうける湿潤大陸性気候で、冬季は寒冷の地となり、気温は摂氏マイナス40度にまでなる。夏季は暖かく湿気がある。もっとも、日本海にかなり近いので、東部は比較的涼しく爽やかな気候である。

ほぼ山地のこの地方は、大興安嶺や完達山が多くを占めている。大興安嶺には中国最大の原始林があり、林業にとっても重要な場所になっている。その内部は平らな低地で、黒竜江のおびただしい支流が流れている。石油、石炭、金、黒鉛などの鉱物が豊富なこの地域は、これまで中国の産業にとって、もっとも欠かせない場所のひとつであった。こうした資源にめぐまれていたことで、1931年に日本が中国北部を侵攻した。洞察力のある歴史家は、それが第2次世界大戦の引き金になったと考えている。日本軍の支配下で、当地域は満州国として知られるようになった。つまり、傀儡国家で、清国最後の皇帝・愛新覚羅溥儀が、名目上の支配者であった。日本支配は、満州にソビエト連邦が侵攻する1945年までつづいた。

現在、黒竜江省では、首都ハルビン（哈爾浜）市とその他の工業都市、たとえば北部の綏化市や伊春市、南部の長春市や吉林市（ともに吉林省）などの工業都市をつなぐスタンダード・ゲージ鉄道網が整備されている。ウラジヴォストーク北部のロシア国境を綏芬河市から東西に走る路線は、ハルビンを経由し、内モンゴル満州里市、さらにロシアまで走っており、アジアとヨーロッパをつなぐ「大陸橋」の重要な一部となっている。地元で掘られる石炭の豊かな供給があり、安価な労働力も十分にあるため、ハルビン〜長春市間の幹線で蒸気機関車が、1980年代にはいっても主導権を握っていた。ごく最近まで、この地方には、蒸気機関が運行する工業用鉄道がたくさん走っていた。その多くはナロー・ゲージ路線で、第2次世界大戦後につくられ、炭鉱や林業に用いられた。忘れてならないことだが、中国北東部の石炭火力発電所による汚染のせいで、この地域の平均余命は5年半縮んだと推定されている。

本書で取りあげるのは、3本の工業用路線で、21世紀に

150ページ：シベリアから雪が吹きこんでくる中、双鴨山市の石炭鉄道 'QJ' 型 2-10-2 No. 6805 は、黒竜江省双鴨山市内から登って禿頂山村にさしかかり、典昌村へ向かう列車83号を牽引している。2002年1月4日。

中国黒竜江省の冬は厳しく、寒風にくわえ気温は摂氏マイナス40度にもなる。樺南石炭鉄道の 762 ミリ・ゲージの 'C2' 0-8-0s 041 と168 が、平原を懸命に進んでいる。走る線路を雪が吹雪く。羊飼いたちが畜牛と羊を引き連れ、樺南付近の長竜崗村に避難させようとしている。2009年12月30日。

なっても、この省の東部で蒸気機関車を走らせている。

双鴨山市石炭鉄道

「炭鉱都市」である双鴨山市の周囲にある、鉱山用に運行しているスタンダード・ゲージの路線網。ディーゼル機関車が2002年に導入されるまで、'QJ' 型 2-10-2 蒸気機関車は、石炭列車だけでなく、双鴨山市から典昌、福山、東保衛行きの旅客業務にもあたっていた。

樺南森林鉄道

1952年、佳木斯から約80km南に、この2フィート6インチ・ゲージの鉄道が開通した。当初は、全長367kmであった。ここ数年来、林業企業は減少し、炭鉱につながっている線路はわずか32km分だけになった。2011年4月の閉鎖まで、蒸気機関による運行だった。

鶏西鉱務局

ロシア国境近くの穆棱河付近にある鶏西鉱務局は、鶏西市周辺の炭鉱用にスタンダード・ゲージ路線を運行している。いくらかの路線では電化とディーゼル機関が導入されているが、各炭鉱と鶏西の中国鉄道の交換引込線との間を走る石炭列車の多くは、2010年まで蒸気機関が牽引していた。使用されたのは、'SY' 型 2-8-2 機関車であった。だが、2012年末で完全に運行停止された。

鶏西鉱務局 'SY' 型 2-8-2 No.1213 が、貨物列車を牽引して坂道を登り、万家採炭所から黒竜江省にある滴道選炭場に向かうところ。2010年1月10日。

154～155ページ：水峡を上手へと霧が晴れ、川の淵の氷が解けはじめると、早朝、寺坡から河南省平頂山市・柏楼行きの混合便を 'SY' 型 2-8-2 No.1417 が牽引し、平頂山市の南にある湛河川をわたっている。2003年1月10日。舞鋼の製鉄会社が運営するこの32kmの路線は、撮影時には、1日につき2両の蒸気機関車牽引の帰宅乗客業務をおこない、さらに2両のディーゼル機関車牽引の貨物業務と、寺坡と舞鋼の鉄鋼業のためと、寺坡区の鉱物採掘用の運送業務に従事していた。

集通鉄道
吉林省（中国）

ゲージ：4 フィート 8$\frac{1}{2}$ インチ
全　長：945 キロ
ルート：集寧～通遼間

1995年、内モンゴルの人里離れた荒野に開通した壮観なこの鉄道は、第一にこの地域の莫大な鉱床用に建設された。貨車と客車は、強力な'QJ'型機関車に牽引され、世界で最後の蒸気機関による幹線であったが、ついに2005年末、ディーゼル機関にとってかわられた。

内モンゴルは、1947年以来、中華人民共和国の自治区である。北はモンゴルとロシアに接し、土地面積はほぼ南アフリカに匹敵し、フランスの大きさの2倍をこえる。その地域のほとんどが風ふきすさぶ草原の平野で、冬季には気温が摂氏マイナス40度にもなるが、石炭や鉄鉱石などの鉱床が豊富に埋蔵され、そのため中国で最重要な鉱業地域のひとつとなっている。

内モンゴルで線路が建設されたのは、ごく最近のことだ。1955年の完成時、この重要な国際的トランス・モンゴリアン鉄道は、北京から内モンゴルの集寧とモンゴルの首都ウランバートル経由でモスクワにつながっていた。1990年代初期頃になると、中国が工業の強力な担い手として成長したことで弾みがつき、内モンゴルの豊富な鉱物資源が採取されていくことになる。集通鉄道も、そうして誕生した。

集寧〜通遼間を運行する全長945kmの集通鉄道は、路線の両端で既存のスタンダード・ゲージ鉄道と接続しており、国有の中国鉄道と内モンゴル政府の合弁事業である。1995年に開通したこの鉄道は、高水準の土木工事にもとづき建設された。その際、経棚峠にいたる山中では、長い坂道の勾配を軽減するために取り入れられた多数のトンネル、湾曲した高架橋とU字形カーヴをともなったインフラストラクチャーと線路に最新の技術が使用された。しかし、石炭の充分な供給があり、人件費も安価であったので、この鉄道ははじめ蒸気機関車で運行し、手による手旗信号操作がなされた。世界中でここ以外の本線鉄道は、ずっと前から蒸気動力をなくしてしまったのに、集通鉄道は、中国の他の地域でディーゼルと電気を使った運搬を導入して不要になった'QJ'型2-10-2蒸気機関車を所持していた。

1964年から1988年にかけて、馬力のあるこの'QJ'蒸気機関車は、本線を走る商業用につくられた世界で最後の蒸気機関車だった。4,500以上の機関車が、大同電力機車工場で製造され、それらには、12車輪の炭水車、自動石炭焚き機、そして電灯が装備されていた。その後、蒸気動力時代の巨人となったこれらは、重量が133トンで、全長29m、パワー出力は2,900馬力、最高速度は時速80.5kmであった。

156ページ：2両の'QJ'型2-10-2が、No. 7012号に牽引され、エルディ村そばの架橋をわたっている。写真家たちから「幸福の谷」と呼ばれるようになった村である。理由はご覧のとおり。大板方面の東へ向かう貨物列車。2000年1月。

遠い内モンゴルの風景の中、'QJ'型 2-10-2 No.6811 が西に向かって林西を出て南洼営をこえて乗客を運んでいる。2004年4月19日。2005年に、ディーゼル機関車が導入された。

蒸気機関車の白鳥の歌（最後の運行）1995年〜2005年

　この鉄道は、完全に成功だった。1995年には計500万トンの貨物を、2000年頃にはほぼその倍の貨物を輸送していたからだ。機関車サービス業務と修理の新しい施設が、路線のほぼ中間地点あたりにある大板にできた。大板で、機関車と乗組員が交代する。海抜約1,524m、全長982mあるシャン・ディアン頂上トンネルに向かい西に進んで、困難な坂を登るためだ。この鉄道は、また定期的な客車が特徴であって、ほぼ1日かけて全ルートを走破していた。2005年まで、この鉄道は、世界最後の蒸気機関車牽引の幹線客車であっただけでなく、食堂車や寝台車を備える最後のものでもあった。

　ここでも取りあげたように、集通鉄道を走る蒸気機関車の最後の運行は10年間つづき、その間、この記念すべき姿を写真にとり目の当たりにするため、熱狂的ファンが世界中から訪れた。'QJ'型は2005年12月、ついに引退した。DF4型3,266馬力ディーゼル電気機関車がそれと交代した。2005年、公式に蒸気機関車が終焉を迎え、機関車施設が撤去されたにもかかわらず、集通鉄道は、時おり、ファンのために'QJ'牽引の蒸気機関車特別号を運行している。

左：裸の蒸気機関。集通鉄道の'QJ'型2-10-2s No.6996とNo.7009が、東方行きの貨物車を牽いて、経棚峠の「トンネル3」を抜けてきたところ。1999年11月25日。

162〜163ページ：集通鉄道の'QJ'型2-10-2s No.6996とNo.6351が、東方行きの貨物車を牽いて、下坑子村の経棚峠を通過しているところ。1999年11月29日。

長白山地域
吉林省（中国）

ゲージ：4フィート8½インチ
全　長：170.5キロ
ルート：通化市〜白山市（元・渾江市）〜松樹鎮〜松江河間

北朝鮮との国境付近にあり、この風光明媚で急峻な勾配の戦略的に重要な路線の大部分は、1930年代、満州占領期の日本軍が敷設したもので、2002年まで蒸気機関車が運行していた。

中国鉄道'JS'型 2-8-2 No.5485が六道将村をとおり、通化市発の渾江市行き貨物車を牽引している。1999年11月21日。

通化市～松江河間のルートは、中国吉林省の南東端部、北朝鮮（朝鮮民主主義共和国）との国境付近に位置する長白山に接している。日本軍占領下の満州では、通化市、渾江市（2006年、白山市と改名）、および吉安市と、梅河口市の主要な満州鉄道網とを結び、主要な瀋陽～吉林路線との連絡が可能であった。1937年、この線路は通化市に到達し、つづいて通化市～渾江区～吉安市のルートが1940年に開通した。日本はこの路線を重視した。戦争が激化すると、実際、その路線は戦略的供給ルートとなり、満州で掘られた豊富な原材料を日本に輸送したり、韓国の港から船舶輸送するのに用いられた。とりわけ風光明媚で急勾配のこの路線は、渾江区をこえ松樹鎮と白河までつづくが、開通は1973年と最近のことだった。第一の目的は、渾江市の北東に位置する長白山地域にあった豊かな木材と石炭資源を開発するため、主要輸送ルートとなることであった。渾江では、たくさんの蒸気使用のナロー・ゲージ木材切り出し鉄道が、スタンダード・ゲージ路線網と接続し、1990年代初頭まで運行していた。

ルート全体は、従来、鉄道技術者たちにとって敷設が厄介なところであった。傾斜が急で樹木の多い山と、深い川が流れる谷地とに遭遇した。結果的に、この路線は土木工事で建造されたものが多く、多くの急勾配と急カーヴをもつことになった。まさにこの理由から、比較的小さくて軽い中国国営鉄道（CNR）'JS'型 2-8-2が使用された。この車両は、それより大きく、どこでも使用されていたCNR 'OS'型 2-10-2よりルート稼働率が大であったので、まさに2002年2月、CNRの蒸気機関車牽引が公式に停止されるまで利用されていた。この機関車は通化地区倉庫に保管され、CNRの瀋陽市鉄道局の管理下に入った。きわめて困難な状況下で、主要幹線の蒸気機関車が長期にわたり活躍してきたことが、世界中の蒸気機関車ファンの注目するところとなり、このきわめて信じがたい歴史的光景を目の当たりにして、新世紀を迎えたいと願った。

'JS'型 2-8-2は、1950年代、中国とロシアの協力の産物であった。この型は中国全土にひろがり、二次的幹線の貨物輸送に、また操車運転や通勤運転に利用された。1,135両の'JS'はすべて、1957年から1965年にかけて製造され、さらに1981年から1988年の間に781両がつくられた。1980年代に

164ページ：中国鉄道'JS'型 2-8-2が、15時43分渾江区発の望都行き客車便車4097号を牽引して、渾江川を渡っている。1999年11月20日。

つくられた機関車の多くは、工業用、もしくは地方鉄道用に売却された。他方、他の比較的新しい機関車は、CNRにとって不用になると工業に売却された。多数の機関車は、依然、20世紀から21世紀の転換期にも運行し、数十両が、ゴビ砂漠と天山山脈のへりにある、新疆ウイグル自治区三道嶺の広大な露天掘り炭鉱で、2014年初頭には稼働していた。

通化市は、渾江川沿いの吉林省のはるか南東に位置し、長白山の小高い丘に位置している。この市は、全長129kmの「梅集線」で、梅河口とつながっている。梅河口には、瀋陽～吉林幹線鉄道との連絡がある。北朝鮮につながる伝統的な主要交通ルートとなっている通化市は、さらに新しく2012年9月に完成した1,380kmの鶴崗～丹東高速公路鉄道とつながる戦略的な乗り換え地でもある。

工業都市・通化市は天然資源にとみ、吉林省最大の鉄鋼生産基地でもあるとともに、中国のこの地区で鉄道路線の要でもあり、伝統的に、朝鮮人参やテンの毛皮、鹿の角製品などの交易でも有名であった。1980年代、通化市は、甘口赤ワイン製造でいくらか成功をおさめた。中国国内でひろく消費されたが、有望な輸出市場がえられなかった。通化地方の観光の目玉には、長白山自然保護区や洞溝古墳群遺跡、丸都山城などがある。

通化市から東に行くと、白山に向かうルートはすぐに、この地区の3万人もの労働者を抱える大規模な製鉄所を通過する。2012年、この工場地帯はまだ、中国の標準的な工業用小型'SY'型2-8-2蒸気機関車を用いていた。この鉄道ルートは、渾江川の流れに沿って接近して走り、着実な登りになると数回そこを渡る。はじめは小さな炭鉱企業に完全に依存した町をいくつか通過し、そのうちどこまでもでこぼこした地域を通りぬける。通化市から約20km行った鴨園で、吉安に向かう全長95kmの路線が分岐している。そこは、北朝鮮との5カ所の国境交差点のひとつである。

60km進むと、1939年に建てられた満州式建築の駅舎を誇る白山市駅につく。この駅は、この「中国国際天然水都市」のためにある。ここは以前、渾江市として知られていて、文字通りに訳すと、「汚い川」となる。この白山という新名は、「雪の白い山」という意味で、純粋なミネラルウオーターで名高いこの都市によりふさわしいことは明らかだ。この乗換え駅からは、通化市～白河間のルートから枝分かれした小さな路線が出ており、中国と北朝鮮のさらに遠い国境横断地の大栗子まで行く。満州文化誕生の地といわれている場所のひとつであり、清朝の巡礼都市でもある白山市は、長白山脈西方の裾野の吉林省の南東の一角にある。中国でもトップテンに入る自然保護観察旅行地のひとつであり、起伏のある山地には縦横無尽に走る谷や河がある。長白山は雪をかぶった頂上で名高く、天池湖は中国最大最深の火山湖である。ここはまた、松花江、豆満江、鴨緑江の水源であり、鴨緑江は中国と北朝鮮の国境をなしている。白山地方には天然資源が豊富で、中国でも有数の木材生産地域である。森林が、周囲の地区のほぼ75パーセントを占めている。

白山～松江河間、残りの110kmの路線は、長白山自然保護区を囲む、木々が生いしげる深い谷間をうねって走る。長白山周辺には100以上の火山があり、かの有名な69kmの大峡谷もここにある。この地勢は実に特徴的で、中国ではほとんどみられない。

現在この路線で使用されている動力は、中国鉄道の標準式の1980年代様式のデザインの'DF4B'と'DF 4 C'型Co-Coディーゼル電気機関車、そして1970年代様式デザインの'DF5'型Co-Co機関車である。後者は通化駅に常駐し、短距離の貨物輸送や駅の予備的業務をしている。2012年、白河～和竜間の山間部に、新しく鉄道が開通した。それによって、北朝鮮との国境に近い以前短縮されていたルートと接続し、今日では、中国北部の主要都市13と直接往来できるようになり、ロシアに隣接した石炭の豊富な黒竜江省から、丹東市と大連市という黄海の港へ直結する路線となり、中国北東部全域で、貨物輸送の主要な幹線となっている。通化市から牡丹江市までの全旅程は、この地域で経験されるすべての鉄道旅程のうち、もっとも風光明媚で魅力的なもののひとつに数えられよう。

168～169ページ：アパートからえられる特等席の景観。中国鉄道'JS'型2-8-2 No.5480が列車8531、つまり通化～渾江間の混成貨物車を牽引し、東通化で渾江橋を渡っている。1999年11月。

ヤンゴン（ラングーン）から マンダレイ
ミャンマー（ビルマ）

ゲージ：3フィート3 3/8 インチ（1,000ミリ）
全　長：625キロ
ルート：ヤンゴン（ラングーン）～マンダレイ間

ビルマを占領していたイギリス人によって敷設されたラングーン～マンダレイ間の鉄道は、この植民地のほかの鉄道網と同様、1942年に日本軍が侵攻するや、深刻な損害をこうむった。この国のナロー・ゲージ路線は再建されたものの、軍事独裁政権が終わる2011年まで50年間閉鎖されていた。

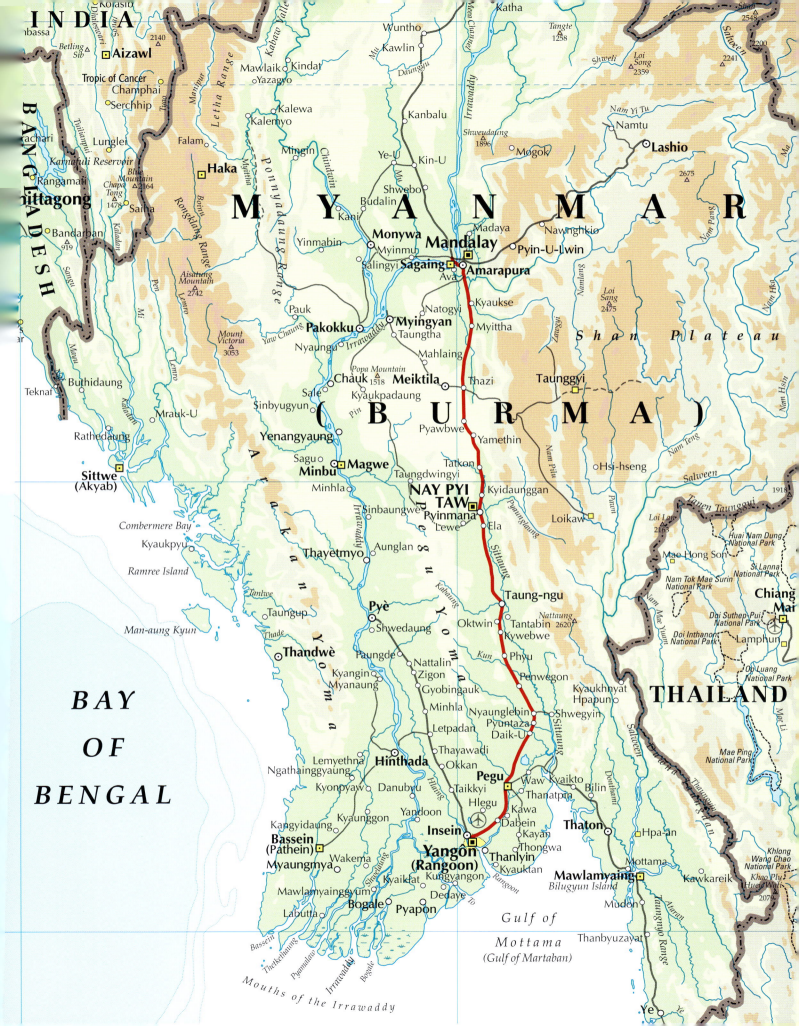

1824年から1885年にかけて、たてつづけに起こった3度の戦争で、イギリスはしだいにビルマ全体を統治するようになり、独立した植民地となる1937年までは、インドの一部として支配した。第2次世界大戦で、この植民地は日本軍の侵攻を受けたが、ついに日本軍は1945年にウィリアム・スリム将軍率いる英印軍に敗退した。1948年、ビルマは独立したが、1962年から2011年まで軍事独裁政権下にあり、その後は文民政府にとってかわられた。

ビルマ初の鉄道は、全長262kmの路線で、当時首都だったラングーンからプロムまでイラワジ谷を登るものであった。ラングーンの港まで米を運ぶためにつくられたナロー・ゲージ（1,000ミリ）のイラワジ渓谷国有鉄道は、ビハール州出身のインド人労働者によって建設された。これにつづき、全長267kmのシタン渓谷国有鉄道（1,000ミリ・ゲージ）が、シタン渓谷を北方に登ったラングーン〜タウングー間で、1884年に開通した。翌年、第3次イギリス・ビルマ戦争の結果、上ビルマがイギリス支配下となり、その間に、シタン渓谷国有鉄道は、戦地へ兵士や機材を輸送するので戦略的価値が高かった。

戦争が終結し、シタン渓谷国有鉄道はさらに北方へ354kmのび、ピンマナや上ビルマのかつての首都マンダレイにいたった。さらにもうひとつの鉄道、ムー渓谷国有鉄道が徐々に北に向かい、マンダレイ〜ミッチーナー間で1891年から1898年にかけて開業した。後者は、中国との国境近くにある。イラワジ河をわたりマンダレイ西部に行く渡し舟とことなり、この新路線は、ラングーンからビルマ北部の森林地帯まで、1.165kmのとぎれない鉄道リンクをつくった。そのおかげで、貿易のために貴重な硬材を首都まで運送することができた。

その一方で、3本の鉄道は合併して、1896年にビルマ鉄道会社となった。ビルマ国内の鉄道建設は、第1次世界大戦終結までひきつづきなされた。その路線は以下の通りである。ラングーン〜マンダレイ間の本線（南北に走る）からのいくつかの支線、ペグー（現バゴー）〜モーラミャイン間、および南下し海岸に出てイェーにいたる支線、ペグー〜ニュアンカシェ間、ニュアンカシェ〜マドーク間、ピンマナ〜レウィ間、ターズィから東へカラウ、ヘホ、シュエヤング（インレー湖行き）へ向かう線、タツィから西へメイッティーラとミンジャンに向かう線、さらに有名なゴーティクの湾曲鋼鉄架橋を経由するマンダレイ〜ラシオ間の線など。

道路輸送との競争が激しくなり、1928年、ビルマ鉄道会社は国有化された。その頃には、ビルマ鉄道は大規模な損失をこうむりはじめた。機関車の燃料となる石炭をインドから、蒸気機関や車両といった鉄道機材をイギリスから輸入しなくてはならなかったが、それも助けにならなかった。1942年、日本がビルマに進攻し、日本占領下で、ビルマ国民とインフラストラクチャーはひどい損害をうけた。強制労働や連合軍の捕虜をつかい、日本軍は415kmのメートル・ゲージの鉄道を、ペゴからイェーまでの支線にあるタンビュザヤから、スリー・パゴダ・パス（パヤトンズー／三仏峠）経由で国境をこえてタイにいたる路線を建設した。そのルートには、クウェーイ（クワイ）川にかかる有名な橋も含まれていたが、この橋は、1945年2月英国空軍の爆撃機によって破壊された。ビルマ国内の区間はその後、手放されたが、タイ国内の130kmの区間はまだ操業中である。日本占領下のビルマで運行されたメートル・ゲージ鉄道網は、1942年の走行距離3,314kmから、終戦時には1,085kmに縮小された。

1948年にイギリスから独立したのち、ビルマの鉄道網は徐々に復活、1960年代初期頃になると、戦前とほぼ同じくらいの走行距離に達した。軍事政権下で、鉄道建設と単線の複線化の新しい波がおこり、国内の走行距離は現在と同じ5,403kmにまでふえた。しかし2011年まで、鉄道は国内の他のもの同様、世界の他の国と50年間にわたり切りはなされていたため、タイムスリップ状態でありつづけた。

ビルマ国内のメートル・ゲージ鉄道は、現在、ミャンマー国有鉄道が運営している。ルートのほとんどはまだ単線だが、ラングーン〜マンダレイ間の幹線は複線になっている。一般に、線路とインフラストラクチャーは貧弱な状況にあり、列車はごく遅い速度制限がある。ドイツや日本製の使い古したディーゼル機関車は、最近、より現代的なインド製のものや、中国から寄付されたもので補填されている。ミャンマー国有鉄道はまた、わずかだが石油燃料の蒸気機関車も有している。1949年、ランカシア州ニュートン・ル・ウィローズにあるバルカン社製のものである。21世紀に入っても、そのうちのいくつかは運行していた。トラック部品でつくったゴム製タイヤで走る国産のレールバスなども、わずかな負担でつくられた支線に用いられている。

現在は、日に3回の旅客列車が、ラングーン〜マンダレイ間で運行されている。日中に1本と、2本の夜行列車である。2本とも寝台があり、1本は食堂車がある。旅程時間はとてもゆったりしたもので、625kmの旅を15.5時間から16.5時間かける。

170ページ：イギリス製の'YC'型 Pacific No. 627が、マンダレイ＝ラングーン本線に沿って南方へ向かうメダウク発の朝の支線便を牽引し、ビュンタサに近づいている。1999年1月2日。

マンダレイ行きの中国製ディーゼル機関車牽引の列車は、ラングーン中央鉄道駅から出ている。ヴィクトリア朝期のもともとの駅は1877年にイギリスが建てたものだが、第2次世界大戦中、日本軍の空襲で爆撃をうけ、その後、1943年に退却するイギリス軍によって爆破された。現在の建物は、ビルマ人建築家U.ティンが伝統的形式で設計したもので、段ちがいの屋根をもち、1954年に完成した。忍び寄る近代化にもかかわらず、イギリスの敷設したこの路線では、いまだに旧式の手旗信号が特徴となり、その作業は、ロンドン周辺州にみられるチューダー朝風の信号塔からおこなわれている。この路線の多くは、ビルマの平坦な農村風景を通過する。そこには、竹の上にのった藁ぶき小屋の小集落や、自分の土地やヤシ農園の世話をしている労働者が点在している。ストゥーパ様式寺院の、メッキ細工がほどこされた円錐状の屋根がしばしば目にはいる一方、どの駅でも、列車に地元の物売りが殺到する。

　シタン渓谷を北に登る列車は、バゴ (ペグー) とタウングーという古い都市に停車する。タウングーは林業の中心地で、1000年近く前につくられたシュエサンドー・パゴダがある。さらに北上をつづける列車は、ネピドーにまで行く。ここは、2005年以降、ミャンマーの首都になった。人口は約100万で、未完成の近代都市ネピドーは、碁盤の目状に区画され、ラングーンからそっくり移転されたすべての行政省、さらに高さ100mの新品のウッパタサンティ・パゴダがある。さらに北に進むと、列車はタツィという小さな町に停まる。ここは、メイクティラやミンギャン方面の東に向かう路線と、カラウ、ヘホ、そしてシュエンヤウン方面の西に向かう路線との重要な鉄道の交差点である。シュエンヤウン駅からは、インレー湖という、シャン台地の高度884mにあるビルマで第2の大きな湖へ小旅行できる。

　この旅の最後の行程は北に向かい、ダビーエダウン、マイイタ、シンガインをとおり、終点のマンダレイの超近代的な新しい駅へ着く。ここから路線は、西のモニワ、北のミッチーナー、東のラーショーへと放射線状にのびる。英軍が1885年に進攻してくるまで、王国の首都であったマンダレイは、国内で2番目に大きい都市で、イラワジ河の東岸にある。マンダレイには、ここ25年の間、雲南省から国境をこえ移住した中国人がたくさん住んでいる。仏教にとって重要な中心地でもあり、いくつかの僧院や神聖なパゴダがある。パゴダのなかには、クトドー・パゴダがある。そこには、世界最大の書物が収蔵されており、1,460ページにおよび、各ページは110cm×152cmで大理石板に刻印されている。

1999年の元旦、イギリス製 (1949年、バルカン社製) 'YD' 型2-8-2 No.962が、ニャグハシ経由でバゴー (ペグー) に戻る毎日運行の混成便を牽引している。ミュートキにて。

174〜175ページ：ミャンマー独立記念日祭の前夜、1999年1月3日、ミャンマー鉄道 'YB' 型 Pacific No.536が、ピンマナからピ・ウィン、エラ、タワティへ向かう「旅客」便を牽引している。不運にも旅人たちは、ずっと夜更けまで竹を運ぶ貨物車両に乗らねばならない。

九州を走る〈ななつ星〉
九州（日本）

ゲージ：3フィート6インチ
全　長：1,120キロ
ルート：福岡〜大分〜宮崎〜鹿児島〜阿蘇〜福岡間

日本の鉄道建設はゆっくりと進められ、欧米に40年の遅れをとった。日本南西部の九州という火山や山の多い島の周囲にできた3フィート6インチ・ゲージ路線のネットワークは、今日、〈ななつ星〉の豪華列車に乗車して探索することができる。

九州は日本の主要な4島のうち一番南西に位置し、もっとも近い地点では、韓国本土からわずか201kmにある。内陸は山がちで、日本国内でもっとも活発な火山の阿蘇山（標高1,592m）やたくさんの泥泉がある。大多数の住民と大半の産業は、九州北西部の北九州、福岡、佐世保、長崎といった都市に集中しており、一方、農村部の東部や南部は、米、大豆、タバコ、茶の栽培が農業経済をささえている。

19世紀のあいだ、日本の鉄道建設はゆっくりと、ヨーロッパのあとを追った。当初、鉄道は外国人技師により敷設された。1868年、最初の蒸気機関車が、長崎の13kmの路線で、スコットランド人によって宣伝運転された。イギリスの資金と技師によって最初に建設された民間鉄道は、本州の新橋～横浜間に開通した。1872年のことであった。選ばれたゲージは3フィート6インチで、1964年に初めて開通した、4フィート8½インチ・ゲージの新幹線高速路線の建設まで、日本の鉄道のスタンダードでありつづけた。

1888年に設立された九州鉄道は、35.5kmの最初の路線を、1889年に福岡～千歳川間で開業した。1907年に日本の鉄道は国営化されたが、この頃までにこの会社は、およそ724kmの路線を主として九州北部で開通させていた。1907年から1949年にかけて、国内の鉄道は鉄道省（JGR）によって運営されていたが、第2次世界大戦の敗戦後、JGRは1949年に再編され、日本国有鉄道（JNR）として知られる国営の公共法人となった。戦後、アメリカのマーシャル・プランによる強力な支援をうけ、日本は爆撃で損傷をうけ荒廃した鉄道を再建し、1964年、JNRは世界初の高速専用鉄道を東京～大阪間で開通させた。つまり新幹線、もしくは「弾丸列車」である。以降、高速の鉄道網は拡張され、九州北部の福岡市と本州の大阪を結ぶ山陽新幹線が、1975年に開通した。

1987年、国有のJNRは民営化された。まとめて「日本鉄道グループ」として知られる鉄道システムは、独立した7つの会社に所有されている。うち3つは、東京証券取引所に上場している。

176ページ：2013年10月に導入された〈ななつ星〉の列車は、乗客を乗せ九州を周遊する。アールデコのラジエータグリルを誇示するハイカラなＤＦ200-7000電気式ディーゼル機関車が牽引している。

九州の鉄道は、九州旅客鉄道が運営している。2004年、九州新幹線が福岡～鹿児島間に開業した。一方、2023年には、長崎新幹線の建設が完成の見込みである。

九州を走るスタンダード・ゲージの九州新幹線に加え、九州旅客鉄道は、それより古い3フィート6インチ・ゲージ路線の便も運行している。その多くは、とても風光明媚な内陸部を横断する。たとえば、久留米～大分間の、筑後渓谷を走る全長142kmの久大本線や、熊本～大分間を走る全長148kmの豊肥本線などである。330kmの日豊本線は、東海岸を南に沿って走っており、大分から延岡と宮崎へ、さらにそこから西へ内陸部を都城、隼人、そして鹿児島へと向かう。おそらく九州で一番見ごたえがあるルートは、124kmの肥薩線で、南部の隼人から西海岸の八代まで山間地域を走っている。

九州周遊を完成するために、全長148kmの豊肥本線は、熊本～大分間の山間地域のきわめて魅力的なルート上にある活火山・阿蘇山の裾野をとおる。

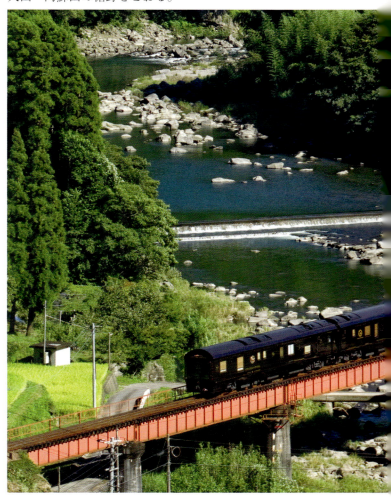

九州鉄道記念館は、北九州市の復興された素敵な門司港駅隣りの旧九州鉄道本部に設置されている。1両の観光列車が、記念館から、以前貨物用路線であった1,600mを走っている。

〈ななつ星〉

2013年10月に登場した〈ななつ星〉は豪華列車であり、2日間と4日間の九州周遊を運行している。特別仕様のDF200-7000ディーゼル機関車が牽引するこのえび茶色の車両は、7両のデラックスな客車を牽引する。うち5両が寝台車、ラウンジ車1両、食堂車1両からなる。周遊の発着は、福岡市北西にある近代的な博多駅。ここは、大阪からくる山陽新幹線の南の終着駅でもある。4日間周遊は、ここから東に向かい、豊後森経由で湯布院まで行く。湯布院での停車目的は、泥温泉や、海抜1,584mの由布岳頂上の下にある金鱗湖に行くことである。湯布院から列車はさらに東へと大分に行き、そのあと、夜通し東海岸沿いを日豊本線のルートを進み、宮崎まで行く。

2日目、〈ななつ星〉はさらに西へ向かう。宮崎から日豊本線をとおり、都城と隼人まで行き、その後、鹿児島に着く。伝統的な日本庭園に行ったあと、乗客は列車に乗り、一晩かけて列車で隼人まで戻り、それから北へ肥薩線に沿って八代と熊本へ出る。ここから東へ向かい、豊肥本線の山間地域に入り、4日目の早朝、阿蘇山に到着する。阿蘇山の山影で朝食をとったあと、列車はさらに東へと山地を進み、大分に行き、そこから福岡へと戻る。

豪華列車〈ななつ星〉はえび茶色の制服を身に着け、寝台車、ラウンジ車1両、食堂車1両、展望車1両が、定員28人のために高水準の収容設備を提供している。

ジャナクプル鉄道
インド／ネパール

ゲージ：2フィート6インチ
全　長：51キロ（うち、現在使用中は29キロのみ）
ルート：ジャイナガル（インド北東部ビハール州）～ジャナクプル（ネパール南東部）間

山の多いネパールで、依然、運行している唯一の旅客便である、短くナロー・ゲージのこの鉄道は、インド政府の提供資金だけで存続してきた。このガタガタの路線が生き返るのは、ジャナクプルのヒンドゥー教寺院で催される祭りの期間である。その時、列車は巡礼者たちで、どうにもならないほど溢れかえる。

中国とインドにはさまれた国ネパールには、北部ヒマラヤ地域に世界最高峰の山が8峰ある。対イギリスのグルカ戦争が終結した1816年以降、ネパールは長期的にイギリスと友好的な関係にある。グルカ兵は継続的にイギリス陸軍に所属し、1924年に両国間で友好条約が締結された。南側の隣国インドが21世紀初頭に、イギリスが建設した大鉄道網を有しているのにたいして、貧困化したネパールには何もなかった。わずか2本の短い鉄道が、インドから国境をこえて開通したが、今日、現存するのは、その1路線ともう1路線の端くれにすぎない。

ネパール最初の鉄道は、全長45kmでナロー・ゲージのネパール・ガバメント鉄道（NGR）であり、ラクソールからビハール州の国境をこえ、アムレクガンジまで開通した。2フィート6インチ・ゲージにあわせて建設され、1927年開通のこの鉄道は、国境をこえてネパール産の木材をインドに運搬するだけでなく、首都カトマンズとインドをつなぐ唯一のルートであった。中間のアムレクガンジ～カトマンズ間の区間は、1956年にトリブバン・ハイウェイが開通するまで、徒歩かトラックで行くしかなかった。国境越えのハイウェイが建設された1965年、この鉄道は閉鎖された。5,632mの区間は、近年、ブロード・ゲージに変更され、貨物列車がインドから国境をこえ、シシヤの内陸コンテナヤードに行けるようになった。

ネパールでふたつ目の鉄道は、2フィート6インチ・ゲージの路線で、インドのビハール州ジャイナガルからネパール南東部のジャナクプルをつなぎ、1937年に開通した。もともと、北に向けてジャナクプルからビジャルプラにのびていたが、その22kmの区間は2001年に閉鎖された。洪水でふたつの橋が使えなくなったからだ。この路線で走行した、ヒンズー教ビヌシュ神にちなむ名の最初の蒸気機関車は、1994年に引退したばかりだ。このとき、インド政府が4両のディーゼル機関車を提供した。他のヴィンテージものの蒸気機関車は、ジャナクプルの倉庫で朽ちている。2004年、この鉄道はネパール鉄道会社と名を改めた。

2012年、あわや大惨事となるところだった。ディーゼル機関車が、機関士を乗せずに（機関士は水を調達するために下車していた）、ジャイナガル駅を出てしまい、時速48kmもの速度で国境をこえた。結局、ジャナクプル駅付近の操車場に誘導され、停車した。幸運にも、衝突したり負傷者が出たりしなかった。

人口約30,000人のインド北東部ビハール州にあるジャイナガルは、聖なるカムラ川の両岸に位置している。ここには、ブロード・ゲージの列車の便がいくつもあり、インドの7都市を往復している。その都市の中には、コルカタ、アムリトサル、ダナプルなどがある。この路線の反対側にはジャナクプルがある。ここは、人口61,000人のネパールでもっとも重要な宗教的都市のひとつで、それゆえ、巡礼者と観光客がめざす重要な目的地である。ジャナクプルは、古代マイティリー文化の中心地で、ブッダとマハヴィラという2大聖人がここに住んでいたといわれる。さらに、宗教にまつわる池や寺院が200あることでも有名で、たとえば繊細な彫刻が印象的で、ネパール最大の寺院のひとつジャナーキー寺院がある。毎年、何千もの巡礼者が列車でこの都市にやってきて、ディーワーリー、チャット、そしてヴィジャ・ダサミなどの主要なヒンドゥー教の祭典を祝っている。

この路線は、平らで湿地の多いネパール高原を走っているが、これが存続しているのは、ジャイナガル～ジャナクプル間にまったく道路がないからである。中間駅としては、インド・ネパール間の国境警戒区域グレンズや、カジュリ、マニナトゥプル、バイデヒー、パーハバがある。このガタガタの路線は、通常、1日3回の往復便があるが、ジャナクプルの寺院で祭りが開催される時期には、絶えまなくシャトル便が出ている。列車は超満員で、乗客は車両の屋根に座りすらする。インフラストラクチャー、機関車、車両、そして線路はひどい状態で、脱線は日常茶飯事であり、「健康と安全」は縁遠い。それでもこの鉄道は健闘をつづけ、目下、近代化してブロード・ゲージに取りかえ、北のバルビダスまで延長しようという提案もある。

右：最新式の信号装置！　乗客が車両の両サイドや屋根にしがみつくにまかせ、ネパール・ガバメント鉄道を走る、過重積載のジャナクプル発ジャイナガル行きの朝の列車が発車。1999年1月12日。

180ページ：ジャイナガル～ジャナクプル間の便に乗車した乗客は、1999年1月、列車の出発を待っている。エイヴォンサイド・エンジン社1926年製0-6-2タンク機関車'Gorakhpur'が、ジャイナガル行きの便を連れて隣接ホームで待機中。

184～185ページ：乗りすぎ！　ガタガタのネパール・ガバメント鉄道No.ZDM535が、やはりよろよろのジャイナガル発ジャナクプル～ビジャルプラ行きの便を牽引して、ビラスプルの支線を行く。1999年。ガタガタの鉄道のこの区間は洪水の被害をうけ、現在では閉鎖されているが、再開が待たれている。

ダージリン・ヒマラヤ鉄道
西ベンガル（インド）

ゲージ：2フィート
全　長：84キロ
ルート：ニュー・ジャルパイグリ〜ダージリン間

インドを統治していたイギリスが敷設したダージリン・ヒマラヤ鉄道は、1999年にユネスコによって世界遺産に認定された。急勾配の道路脇を走るこの路線は、ドラマチックなジグザグの連続を登り、ヒマラヤ山脈の裾野に入るとループ状に進み、以前避暑地だったダージリンに着く。近年、政治不安、洪水、そして地滑りのために、宝石のようなこの鉄道の生命がうばわれた。

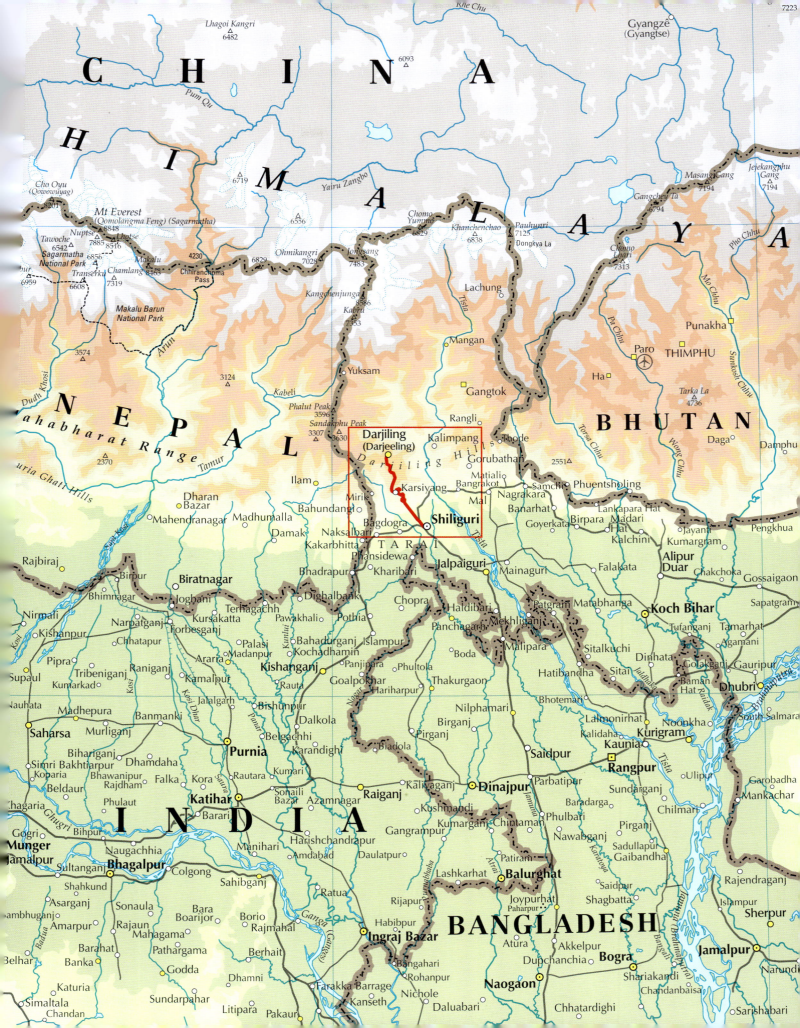

避暑地ダージリンは、インドを支配したイギリスによって19世紀半ばにつくられた。植民地支配のストレスや長い夏季のあいだ、平原の高い気温を逃れるためであった。ヒマラヤ山脈麓の標高約2,100mに建設されたダージリンは保養地となり、イギリス人公務員とその家族は、温和な気候のもとでくつろぐことができた。平原のシリグリとこの町をつなぐ馬車道は1842年に完成した。イギリス兵の軍事倉庫や療養所が建てられ、商業用の紅茶栽培が導入された。スコットランド人宣教師たちは、イギリス人居住者用に学校や保健所を建設し、ダージリンは、1864年、ベンガル管区の正式の夏季の首都となった。

茶葉栽培と交易の中間点として、ダージリンはしだいに重要になり、また保養地として成功するにいたったので、シリグリから丘陵を蛇行して登る1本の、しかも唯一の荷馬車道がますます混雑するようになった。マハナンダ川両岸に位置していたシリグリは、1878年、1メートル・ゲージ（1947年、ブロード・ゲージに変更）の鉄道でカルカッタとつながっていた。シリグリ～ダージリン間の荷馬車道をたどる蒸気路面電車の敷設案が、1879年、ベンガル管区知事を長とした委員会によって許可された。イギリスの北ウェールズの山地で、ナロー・ゲージ鉄道、とりわけ蒸気運転のフェスティニオグ鉄道が成功をおさめたことをうけ、2フィート・ゲージが、この新しい急傾斜路線用に採用された。

鉄道建設の契約は、1879年、ジランダース・アーブスノット社とむすばれ、建設はすぐさま開始された。1880年3月頃には、この路線は、この鉄道の作業場が建てられたティンダーリアまで開通し、同年8月頃には、クセオンまで開通した。はじめこの路線経路は荷馬車道に沿って進んだが、高く登るにつれ、たくさんの360度のループやジグザグ線路を建設して勾配を克服しなくてはならなかった。1881年7月、ダージリンまで到達した。この時、この鉄道は、ダージリン蒸気路面電車会社からダージリン・ヒマラヤ鉄道会社（DHR）に社名を変更した。

はじめの数年間、この鉄道は、いくつもの大きな自然災害の被害をうけた。1897年の地震や1899年の大型の竜巻は大きな破壊をもたらしたが、それにもかかわらず、鉄道は成長をつづけ、キシャンガンジまでの新路線が1914年に、ギーコラまでの路線が1915年に建設され、増加する一方の旅客・貨物の運搬に対処した。新しいトロッコ車両が、標準的な4輪の車両にとってかわり、1919年、バタシア・ループが建設さ

れ、ダージリンからの登りの勾配が楽になった。1934年に再度おこった大地震の被害のあと、鉄道は復旧し、第2次世界大戦中には、軍需品と軍人をガムやダージリンの基地へ運ぶ重要な役割をはたした。この間、救急列車がティンダーリア作業場で製造され、負傷兵を運んだ。

1948年のインド独立後、この鉄道はインド国有鉄道会社の一部となり、アッサム鉄道局の管理下に入った。

1962年、この路線は、シリグリからニュー・ジャルパイグリまでの約6.5kmが拡張されたので、そこの新しいブロード・ゲージ路線とつながった。この新しい路線は、同年に貨物運搬用として、1964年に乗客用として開通した。1984年、郵便業務はついに道路との競争に敗れた。また貨物便も、世情が不安定だった1988年から89年にかけて18カ月間閉鎖されたのち、1993年に道路に負けた。1999年、ダージリン・ヒマラヤ鉄道は、ユネスコにより世界遺産に認定された。この

186ページ：2008年2月10日、ティンダーリア行きの、乗り換え駅シリグリを発つダージリン・ヒマラヤ鉄道 No.786は、ヒル・カート・ロードと並走するとき、多くの商店の脇をすれすれに通過する。

認定をうけたのは、世界で2番目である。

　急峻な勾配の路線運行は、並大抵のことではない。全長82kmの路線に沿って、海抜約100mのニュー・ジャルパイグリから登りはじめ、海抜2,258mのガム頂上まで行き、海抜約2,100mのダージリンまで下る。2000年と2006年に近代的なディーゼル機関車が導入されるまで、動力は、1889年から1925年にかけてグラスゴーのシャープ・スチュアート社、その後はノース・ブリティッシュ社が製造したB型0-4-0サドル・タンク機関車によった。こうした小型機関車のうち3両は、合衆国フィラデルフィアのボールドウィン・ロコモーティブ・ワークス社も製造し、別の3両は、ティンダーリアにあるダージリン・ヒマラヤ鉄道の自社作業場で製造された。製造された34両のうち、わずか11両がこの路線にのこり、多くは不使用か修理中である。一方、1両のNo. 778はイギリスに送還され、そこで修復された。関節式Garratt D型0-4-0+0-4-0がまた1910年にこの鉄道用に製造された。

　今日、ダージリン・ヒマラヤ鉄道で運行しているほとんどの便は、近代的なディーゼル機関車によっている。唯一の例外は、毎日運行のクセオン発ダージリン行きと、ダージリン～ガム（路線最高度の駅）間の毎日運行の観光客用列車である。この便は、長く使い古したイギリス製B型蒸気機関車が任にあたっている。近年、運行便はひどくみだれた。モンスーン期の土砂崩れや洪水により、路線が2カ所で事実上切断されたからだが、それだけでなく、土地の政治的不安や労働ストライキ（地元では「バンド」として知られている）のためである。ストライキは、インド人民戦線というダージリンの主要政党の呼びかけによる。すぐにも平和が戻り、ダージリン・ヒマラヤ鉄道が、通常営業に戻れることを切に祈る。

ダージリン・ヒマラヤ鉄道のNo.786が、ティンダーリア南の"折り返し点2"で反転にそなえている。2008年2月。

ニュー・ジャルパイグリ～ティンダーリア間

ダージリン・ヒマラヤ鉄道のわれわれの旅は、ニュー・ジャルパイグリ駅からはじまる。この駅は、1964年、シリグリ・タウンからちょうど4.8km南に開設された。重要な乗り換え駅であるニュー・ジャルパイグリ駅は、実際、シリグリ市内にあり、ハウラー、ハルディバリ、サムクタラ・ロード、マラウニ、カタール行きのブロード・ゲージ（5フィート6インチ）の便と、ナロー・ゲージのダージリン・ヒマラヤ鉄道の便がある。毎日、17万7,000人ほどの乗客があり、多くの名高い長距離急行の運行がある。その中には、ディブルガル・タウン発カニャクマリ行きの〈ヴィヴク急行〉があり、インド亜大陸最長の鉄道路線で運行し、4,286kmを走破するにはほぼ4日かかる。

ディーゼル機関車牽引のダージリン・ヒマラヤ鉄道の列車は、ニュー・ジャルパイグリ駅にあるふたつのナロー・ゲージ・プラットホームのひとつから出発し、ガタゴトと北西に進み、町の郊外を通過してシリグリ・タウン駅に行く。この駅は、1880年に開通したカルカッタ発のメートル・ゲージ路線の北端にあるもともとの終点であり、1881年からはDHRの南端の終点でもある。このメートル・ゲージ路線は、1947年にブロード・ゲージに変更された。それ以降、シリグリは大いに拡大し、急速な工業成長を経験し、約50万人の人口増加をみた。シリグリ・ジャンクション駅も、すぐあとを追った。1950年代初頭、アッサム行きの新しいメートル・ゲージ路線がつくられたあと、ここだけが主要な駅になり、その後、スクナ駅もつづいた。ダージリン行きの路線のほとんどの区間、この鉄道は以前の馬車道に沿って進み、建てこんだ地域にくると、列車は屋台や出店、民家などと肩がふれる。ディーゼル機関車には警笛装置が用意され、これを鳴らして近づいたことを知らせる。

スクナからさらに北西へ進むと、DHRの列車は平坦な平原を離れ、登りを開始してダージリン・ヒルズに入り、1991年に起こった洪水被害後に撤去されたループ路線の区間を通過して、次の停車駅ランゴンに着く。これから、この路線の勾配は、列車がうねりながら森林地帯の傾斜を登るにつれ劇的に急峻になる。ラントン駅より先で列車は、1942年に撤去されたもうひとつ別のループ区間を通過し、この路線の最初のジグザグ線路にいたる。ここで列車は高度をあげるため、丘の側面をバックで登り、そしてふたたびより高い地点に前進する。最初の360度のループを通りぬけたのち、列車はチャナブハッティに立ち寄り、それからふたつのジグザグ線路によってさらに高く登り、ティンダーリアの町に到着する。

ティンダーリア～ダージリン間

ティンダーリアはこの路線上の大きな中継駅で、ここにはこの鉄道の作業場や機関手事務所、大きな機関車庫、そして鉄道病院がある。列車はティンダーリアを出ると、ひきつづき長い登りをつづけ丘に入り、アゴニー・ポイント・ループ（「もがき地点のループ」の意で、この路線でもっとも厳しいカーブがある）、ガヤバリ駅をとおり、最後にジグザグ区間、そしてマハナディ駅を経由して、クセオンに着く。海抜1,483mにあるクセオンは、英国統治時代に保養の町となり、結核療養所とならび、多くの貸別荘、バンガロー、そして学校がその特色となっていた。この駅で行き止まりとなり、ダージリン行きの列車は逆向きに、混雑した道路の交差点を進まなくてはならず、そのあと登りをつづけ、乱立する商店街を通過する。ここで、色とりどりの店や市場の屋台と親睦をふかめることになる。

クセオンから、この鉄道は北へ向かう。急峻な登りをつづけ、路線の頂点地点のガム駅まで行く。途中、トゥング、ディララム、ソナーダ、ラングブル、ジョアバンガロウに立ち寄る。海抜2,258m地点のガム駅には鉄道博物館があり、貨物置場で比較的大きな展示がなされている。ここは、ダージリン発の蒸気機関車牽引の観光列車の南端駅でもある。ガム駅からダージリンまで、列車は坂を下り、途中、有名なバタジア・ループを通り抜ける。バタシア・ループからは、ダージリンや雪をかぶったヒマラヤ山脈までの、すばらしい遠望が楽しめ、彼方にはカンチェンジュンガの頂上もみえる。1947年のインド独立戦争中に亡くなった、インド軍グルカ兵の記念碑もある。この旅程の最後の部分は、古い馬車道に沿ってダージリンに入る。ここで列車は、店や家屋、市場の屋台の脇を進み、海抜約2,100mの醜いコンクリート製の終着駅に着き、長い旅程を終える。

人口約13万人の、色彩豊かで活気あるこの町では、いくつかの評価の高い公立学校などに、今でもイギリス統治時代の痕跡をみることができる。独特の紅茶や、1980年代にグルカランド独立運動の中心地となったことなどで世界的に有名だが、この町と周辺地域では、人口増加と観光事業の成長、そして有意な計画が欠如していたため、脆弱な生態系に圧力がくわわっている。植物相と動物相が国際的にも有名であるこの町は、ロイド植物園やパッドマジャ・ナイドゥ・ヒマラヤ動物公園があり、近くのジャルダパラ国立公園は、森林やサイ、ゾウ、トラ、ヒョウを養育している。

ダージリン・ヒマラヤ鉄道 0-4-0ST No.785 が、ダージリン行きの特別車をともない、ティンダーリア付近のヒル・カート・ロードを走る。2008年2月。この区間の路線は、2011年の大きな土砂崩れのあと、再開されたばかりである。

カルカ=シムラ鉄道
ヒマーチャル・プラデーシュ州（北西インド）

ゲージ：2フィート6インチ
全　長：96.5キロ
ルート：カルカ〜シムラ間

インドを植民地統治したイギリス人によってつくられ、2008年にユネスコの世界遺産に認定された、シムラの丘の町まで登るこの急勾配で高度な土木技術を必要としたナロー・ゲージ鉄道は、国内外の観光客たちに人気のお目当てとなっている。

ヒマラヤ山脈裾野に位置し、最高点が海抜2,205mのシムラの都市（人口17万2,000人）は、19世紀初期につくられた。当時、イギリス軍士官と文官たちが、当地の温暖な気候を気に入り、インドの暑い夏季休暇をそこですごすようになった。シムラは急成長し、1870年代頃になると、イギリス領インド帝国の夏の首都や、イギリス率いるインド軍の夏季本営となった。他より美しい建物の多くは、ネオ・ゴシックのイギリス・チューダー朝様式で設計され、シムラの街はイギリス人居住者には、実際に第二の故郷と呼ぶにふさわしかった。

急で蛇行した通り道を、木のしげる山麓丘陵をとおりシムラまで行く移動は、ゆっくりとしたものであった。とりわけモンスーン期にはそうで、そのとき馬車はしばしば泥にはまった。ブロード・ゲージのデリー発カルカ行き鉄道が1891年に開通したことで、事態は改善した。だが、それでも、1,524m登ってシムラまでいくのに、96.5kmの道のりがまだ残っていた。これを克服するために、カルカ〜シムラ間で、ナロー・ゲージ鉄道をつくろうという提案がなされ、2フィートのゲージが選ばれた。それで、途中の多くの急カーブや急勾配は通り抜けられるだろうというのだった。1898年にはじまった工事は遅々とし、107ものトンネル、863の石の高架橋、20の駅舎の建設をしなくてはならなかった。この鉄道の主たる傾度が33対1であったからだ。1903年11月、ついにこの路線は完成したが、当初予算の倍かかった。2年後、この鉄道はゲージを2フィート6インチに改めた。イギリスの大帝国を走る他のナロー・ゲージ・システムと一致させるためであった。

運営と維持にかかる費用は高額で、運賃収入は見込み以上だったにもかかわらず、社はすぐに財政的困難におちいった。1906年初め、インド政府が社を買収した。

動力はイギリス製で、最初に用いられていたのは、シャープ・スチュアート社が提供した0-4-2Tという、ダージリン・ヒマラヤ鉄道（186〜191ページ参照）で使われた機関車に似たものだ。1904年から1910年にかけて、ハンスレット＆ザ・ノース・ブリティッシュ・ロコモーティヴ社製のいっそう強力な2-6-2Tが補填された。だが、1928年に提供された2両の2-6-2+2-6-2関節式機関車は、すぐにこの路線には大きすぎると判断され、新しいまま放置された。1955年、ディーゼル機関車が初めて導入され、1971年頃には、蒸気機関車運行にとってかわった。

2008年、この鉄道は、インド山岳鉄道の一部として、ユネスコによって栄えある世界遺産認定をうけた。この地位の栄誉にあずかったほかのふたつの鉄道は、ダージリン・ヒマラヤ鉄道（186〜191ページ）とニルギリ山岳鉄道（198〜203ページ）である。

192ページ：カルカ＝シムラ鉄道のレールバスNo.3が、全長96.5kmの路線上にある穴のあいたたくさんの高架橋のひとつを通過している。ダランプール付近。2013年4月8日。

ディーゼル機関車ZDM3型No.701が、14時25分発カルカ行きと別れる前に車両を交換しているのをみると、シムラ駅にあったベイヤー・ピーコック社製機関車〈ヒメック〉を彷彿とさせる。2013年4月9日。

カルカ＝シムラ鉄道の唯一現役の蒸気機関車は、1910年代からあるイギリス製 'KC' 型 2-6-2T No.520 である。タラデヴィ〜ショーギ間のトンネルから出てきたところ。2013年4月9日。

　現在、シムラはインドでもっとも人気のある観光地のひとつであり、カルカ＝シムラ鉄道は、依然、地域経済をささえる重要な役割をはたしている。シムラの温暖な気候、「イギリス風」建築にみられるイギリス領インド時代当時とむすびついた歴史、さらにホテル産業と医療観光（ヘルス・ツーリズム）の成長が主要な要因となって、国内外から来訪者をひきつけている。

　シムラまで低い山を通る登り96.5kmの旅程は、カルカ駅からはじまる。また、デリー発でここが終点となるブロード・ゲージの電車も出ている。遠くにヒマラヤ山脈の眺望をのぞむことができるこのディーゼル牽引列車は、カルカを出て北東に進み、まもなく絵のようなタクサル村に着く。登りをつづけ、急カーブをいくつか曲がり、トンネルや橋をこえながら、列車はグムマン、コティ、ソンワーラの各駅に停車し、ダランプールに到着する。インド初の結核療養所があるところだ。土地の石材で建設されたこの路線の高架橋の多くは、たくさんのアーチをもつ通廊（ギャラリー）がある。この通廊は、ローマ人がつくったヨーロッパの水路に似ている。もっとも高い高架橋のひとつは、ソンワラ〜ダランプール間にあり、5つものアーチと層になった通廊をもつ。ここを通って、この鉄道は深い谷間をこえる。

　ダランプールを出ると、列車はクマラッティに停車し、その後、バログに着く。「バログ」の名は、近くにあるこの路線最長のトンネルを設計した技師からとられている。哀れにもバログは計量を誤り、トンネルの両端が中央でつながらなかったため自殺した。この小さな村は海抜1,560mで、観光客に人気がある。さらに約4km走ると、路線は大きな町ソランに着く。そこはカルカ〜シムラ間の中間地点で、インド最古の蒸留酒製造所がある。

　登りつづける列車は、サログラ、カンダガット（パティヤーラーのマハラジャが所有したチャイルにある夏季宮殿に行く場合、ここが出発点となる）、カノー、カスリーガットに停車し、そのあとショーギに着く。カルカから76kmのところだ。ショーギの特徴は、パステルカラーの近代的な家屋で、2001年、住宅局村（集団住地）として丘の斜面に建てられた。旅程も終わりに近いディーゼル機関車は、タラヴェディ、トテゥ、サマー・ヒルと登りつづけ、終点のシムラ駅に着く。

　現在、この鉄道で、毎日運行している列車は5両である。うち4両はディーゼル機関車牽引の列車からなり、走行時間は4時間45分から5時間50分である。残る1両、しかも最速の列車は、デラックス・レール・モーターカーという1940年代のヴィンテージもののレール・バスで、座席は14人分しかない。幾本かの便では、絵のようなバログ駅で食事が供される。他方、車内提供のケータリングやベッドまで備えた列車もある。この魅力的な鉄道で旅をすれば、旅は必ずや記憶に残るものとなるだろう。

196〜197ページ：急勾配の2フィート6インチ・ゲージのカルカ＝シムラ鉄道を走るディーゼル列車が、ソンワラ〜ダランプール間の5層で多くのアーチのあるカーブした高架橋を通過している。

ニルギリ山岳鉄道
タミル・ナードゥ州（南インド）

ゲージ：3フィート3³/₈インチ
全　長：42キロ
ルート：メットゥパーライヤムー〜ウダガマンダラム間

ニルギリ山岳鉄道はインドを支配していたイギリス人によって建設された。ウダカマンダラムという山岳駅に便を通す目的で、苛酷な設計・工事がもとめられたが、スイスのアプト式システムを使い、傾度12対1の急勾配を克服した。今日でも部分的に蒸気機関車による運行がなされ、ユネスコ世界遺産になったため、この路線は、焼けるような平原の夏の暑さを逃れるインド人旅行者に人気のあるお目当てのものとなっている。

「ウーティ（Ooty）」と短縮されるウダガマンダラムは風光明媚な丘陵地の駅で、南インドのタミル・ナードゥ州にあるニルギリ丘陵に位置し、海抜 2,240m の高度にある。西ガーツ山脈の東斜面にあるこのニルギリ地域は、18 世紀末、シュリーランガパトナ条約によってイギリス東インド会社に割譲されていた。1830 年頃には、ウーティはマドラス（現チェンナイ）のうだつ暑さを逃れるイギリス人が向かった人気のある避暑地、週末の行楽地となっていた。毎年、5 月から 10 月まで、マドラス政府は、知事とその家族を含めウーティに退避した。ここは、温暖な気候、樹木の生いしげった緑の谷、湖、そして格別な景観から、「山岳駅の女王」という称号をえた。イギリス人はこのウーティを現実に「自分の家のような所」にした。夏季用バンガロー、教会、宿屋などをつくり、猟犬の狩り、乗馬、ゴルフ、クリケット、玉突き（スヌーカー）、水泳、そしてテニスを楽しんだ。

ウーティに行くには、急峻でうねった道路を通らなくてはならなかった。この道路は、1832 年にメットゥパーライヤムから山麓丘陵を経由して完成された。メットゥパーライヤムは、1870 年代にマドラス鉄道が開通していたが、そこから馬と荷車によって遅々とした行程をたどらなくてはニルギリ丘陵には行けなかった。そこで、ナロー・ゲージ鉄道の需要が起こった。最初の建設計画は 1882 年に提案された。この時、ひとりのスイス人技師が路線を調査し、地元会社が設立され、マドラス政府はこの路線用に無償の土地を提供した。この計画で実現したものはなにもなく、1885 年にもうひとつの会社が設立され、スイスのアプト式システムを使用し、もっとも急峻な勾配を克服する計画が提案された。この巧妙なシステムはふたつの固定式ラックが特徴で、垂直の歯が線路の中央に設置されていた。これに、機関車につけられた別個に駆動する小歯車（ピニオン）が絡んだ。このアプト式を使えば、急峻な傾斜を蒸気機関車、あるいはディーゼル機関車が牽引する列車は切り抜けることができる。イギリスでこのシステムは、今でもスノードン山岳鉄道で使用されている。

鉄道建設工事は 1891 年に開始され、メットゥパーライヤム～クーヌール間のアプト式の区間が、1899 年に開通した。マドラス政府は 1903 年に未完了の路線を購入し建設を継続、1908 年、クーヌールからウーティまで開業させた。12 対 1 の急峻な傾度、16 カ所のトンネル、250 の橋を呼び物とした 42km の路線は、1908 年まで、マドラス鉄道によって運営されていたが、その年、この鉄道会社はサウス・マラータ鉄道と合併し、マドラス＆サウス・マラータ鉄道会社となった。さらに 1944 年、インド政府により国営化されるにいたる。動力は蒸気機関車によった。この機関車は、スイスのヴィンタートゥールにあるスイス・ロコモーティヴ＆マシーン・ワークス社製であったが、近年に近づくにつれ、しだいにインド製のディーゼル機関車にとってかわられるようになった。しかし、人気があったため、残存する 12 両の蒸気機関車のうち数両を再度導入し、メットゥパーライヤム～クーヌール間のアプト式区間で何便かに使用している。2005 年、この鉄道は、インド山岳鉄道の一部として、ユネスコ世界遺産に認定された。この栄誉にあずかった他のふたつの鉄道は、ダージリン・ヒマラヤ鉄道（192～197 ページ参照）と、カルカ＝シムラ鉄道（192～197 ページ参照）である。この鉄道はなおも、旧式のエドモンソン式乗車券を発行し、その歴史的地位の維持だけでなく、自らの生き残りをもはかっている。

メットゥパーライヤムの町（人口 66,040 人）は、ニルギリ丘陵、もしくはブルー・マウンテン山麓丘陵の海抜 326m に位置し、ウーティに向かうニルギリ山岳鉄道路線の出発点となっている。この鉄道はここに、車両作業所と機関車収納所をもっている。この町には、ブロード・ゲージのニルギリ急行に乗って、チェンナイ（元マドラス）からコーヤンブットゥール経由で行くことができる。ニルギリ山岳鉄道は、全長 42km のルートを 1,914m 登りニルギリ丘陵に入るが、カラルにいたる最初の 8km は急峻ではなく、粘着方式がとられている。カラルでアプト式ゲージがはじまり、蒸気機関車はこの駅を出ると 12 対 1 の傾度を懸命に登り、水を取り入れるためにアダレーで停車する。急な登りをつづけ森林地帯の丘陵地域を通り、列車はヒルグローヴ駅とラニイミード駅に立ち寄り、さらに水を取りこみクーヌールに到着する。ここは、メットゥパーライヤムから 27.4km のところにあり、この路線の主要中間駅であり、ここでラック線路は終わる。ここには機関車作業所がある。水はここでは問題ではない。この地域は、年間 1,397mm の降水量があるからで、その大部分はモンスーン期に降る。

人口 50,000 人のクーヌールの町は海抜 1,850m にあり、ニルギリ茶産業の重要な中心地である。また、人気のある観光地であり、この丘陵地に入るいくつかのトレッキング道への出発点となっている。蒸気機関車はクーヌールではずされ、ディーゼル車にかわる。この機関車は、今度は、列車を逆向きに駅から出し、つづけてウーティに向かう。この区域の傾度は 23 対 1 で、最初の停車はウェリントン駅。ここにインド陸軍は、ディフェンス・サービス・スタッフ・カレッジ（防衛局職員学校）をもっている。つぎはアルバンカドゥ駅で、ここには 1903 年にイギリスが建てたコルダイト爆薬工場があり、インド陸軍に製品供給をしている。

198 ページ：カラル～クーヌール間のアプト式ラック区間を登りつづける、ニルギリ山岳鉄道の蒸気機関牽引列車。ヒルグローヴ近くの不安定な高架橋を横断中。

ウーティに向かって登りつづけた列車は、ケッティ村に着く。ここは茶工場の本拠地であり、手縫い機械用の針、編み針、また他の紳士用装身具類製品を製造する工場がある。後者の工場は、1949年、イギリス人によって設立され、もともとは単純なレコード針をつくるためのものであった。ケッティを出た列車は、すぐにラヴデイルにある最後から2番目の駅に着く。ここには、1858年にヘンリー・モンゴメリー・ロウレンス卿が設立した教育施設、ロウレンス・スクールがある。セポイの反乱で戦死した彼は、その前に特別学校の設立を構想した。インド陸軍で任に当たり戦死した父をもつ子どもたちを教育をする施設だ。「決してくじけない」が校訓。

　ウーティ湖畔に沿って進んだのち、ニルギリ山岳鉄道は終着駅ウーティに着く。42kmの旅程は、平均毎時9.6kmをちょうど超えた速度で走行し、4時間15分かかる。世界で一番速度の遅い列車の旅のひとつだ。ニルギリ山麓丘陵の奥にある人気の観光地のこの町は、人口94,000人で、住民は生活を観光だけに依存しているわけではなく、農業もおこなっている。とりわけ、イングランドの夏野菜と果実を栽培している。周囲には、山々、湖、森、大草原、いくつかの国立公園や茶のプランテーション農園がある。ウーティは、また政府のバラ園や植物園、65エーカーの湖とシカ公園、聖スティーヴン教会、植民地時代のバンガローや、ファーンヒルズ・パレスのような19世紀のイギリス建造物がある。ゴルフとクリケットは、依然、人気のある娯楽で、この町は1932年にイングランド・クリケットのキャプテンを務めたコリン・カウドレー生誕の地である。その頃、彼の父は、ここで茶プランテーション農園を経営していた。

ウダガマンダラム（ウーティと短縮）行きの蒸気機関車牽引の列車は、メットゥパーライヤムのニルギリ山岳鉄道の低いところの終着駅を出ると、すぐバワニ川を通過する。

202～203ページ：ニルギリ山麓丘陵の山腹の町と村、そして緑なす景観のために、ニルギリ山岳鉄道は、国内外からの来訪者に人気のあるお目当てとなっている。

ジャワ島の21世紀の蒸気機関車

インドネシア共和国の一部をなす火山の島ジャワは、世界でもっとも人口密度の高い島である。17世紀初期からこの島は、厖大な数のインドネシア群島の多くの島と同じく、オランダ人の支配を受けはじめた。はじめはオランダ東インド会社に支配され、ついで1800年から植民地になった。1867年、最初の鉄道がスマランから中部ジャワのジョグジャカルタまで、オランダ植民地政府によって開業された。この鉄道は、4フィート8 1/2インチのスタンダード・ゲージにあわせて建設されたが、その後のすべての鉄道は、3フィート6インチのゲージで建設された。19世紀末頃には、こうした路線のネットワークが開業し、西部の首都ジャカルタから東部の都市スラバヤ間を結んだ。20世紀初期には、この島のほとんどの町と都市が鉄道でつながり、ナロー・ゲージ路線と路面電車のネットワークがさらに構築され、サトウキビのプランテーション農園と砂糖工場を、また伐採作業場と材木工場を結んだ。

ジャワの砂糖産業は、17世紀のオランダ東インド会社の時代にまでさかのぼる。工場に蒸気機関を導入し、19世紀末に蒸気機関を使った貨車鉄道を建設したことで、生産が大いに上がり、1930年代には最高潮に達していた。この時には、179の工場がほぼ300万トンの砂糖を生産していた。1942年、日本人が東インド会社を侵略したことにより、砂糖産業は大打撃を受けたが、この大惨事はジャワの鉄道にも及んだ。1945年には、わずか30の操業工場に減り、鉄道は侵略者に強奪され、設備は短期間支配した日本帝国の他の箇所に送られてしまった。

日本は1945年に敗れ、インドネシアは、1949年にオランダ人からの独立が許された。サトウキビ産業も鉄道も徐々に回復をみせ、前者は1957年に、後者は1958年に国営化された。

600mmおよび700mmから、720mmおよび750mmまでの、驚くほど狭いゲージにあわせて建設されたジャワの数少ないサトウキビ鉄道は、蒸気機関車によって運転され、21世紀はじめまで運行されつづけた。

ほぼ90歳になろうとする退役の蒸気機関車は、いろいろなヨーロッパの製造会社によってつくられ、収穫期にはサトウキビの貨物を運搬し、道路脇の市外電車線路に沿って忙しく製糖工場に向かっていた。収穫されたサトウキビは、まず畑に設置された暫定的な線路を、一団の水牛によって「幹線」まで運搬された。機関車も、また蒸気運転の工場機械も、主として製糖過程で出る廃棄生産物の「サトウキビ搾りかす（バガス）」や、時には木材を燃料としていた。残念なことに、近年、こうした作業の多くは、ディーゼル機関車かトロッコにとってかわられ、畑と工場を結ぶ鉄道は引き裂かれている。とはいえ、いくつかの場所で、蒸気機関車が依然として使用され、工場敷地内での入換え作業をおこなっている。

ジャワの砂糖工場の多くは近代化したが、その一方で、蒸気機関操業の工場でもっとも有名で、おそらく今でも操業しているのは、東ジャワのシトゥボンド近くにあるオーリアン工場であろう。ここでは、2013年になっても、依然、蒸気機関車を使ってサトウキビを畑から運搬している。この工場自体には、オランダ製とイギリス製の据え付け蒸気機関のすばらしいヴィンテージ・コレクションがある。これらは圧搾と粉砕作業に動力を提供しており、蒸気機関車運行の鉄道とともに、ユネスコ世界遺産の候補になりうる。

ジャワで伐採切り出しにたずさわる鉄道のうちで運行しているのは、中央ジャワと東ジャワの境界を走るケプ・フォレスト鉄道だけである。第1次大戦中に建設された3フィート6インチ・ゲージの鉄道は、かつてはほぼ322km拡張され、国営林業公社ペルフタニ・フォレスト社のチークのプランテーション農園に入っていた。この鉄道は、20世紀最後の10年まで開業していたが、それ以降は全長32kmほどに削減され、今では蒸気機関車を運行させる観光路線となっている。

205ページ：アーノルド・ユング社1960年製0-6-0タンク機関車'29'がサトウキビの荷物をジャワ東部のセンボロ工場に戻すと、サトウキビ刈り入れ作業者は畑から帰宅する。2004年8月15日、日没直前。

日没直前、荷を積んだ3台のサトウキビ列車が、列をなして畑からオーリアン工場へ向かう。こうした光景は、ジャワ東部でサトウキビの収穫期には、土地の住民には日常的に見慣れたものになっている。700mmゲージの1920年オーレンシュタイン＆コッペル社製No.5 'Bromo'は、サトウキビを満載した貨車を牽引して、オーリアンの通りを通過する。2004年。

カイバル峠鉄道
カイバル・パクトゥンクワ州（北パキスタン）

ゲージ：5フィート6インチ
全　長：51.5キロ
ルート：ペシャワル～ランディ・コータル間

インドを支配していたイギリス人によって建設され、アフガニスタン国境にある戦略上重要なカイバル峠にまでいたる、苛酷な工事を要したブロード・ゲージ鉄道が1926年に開通した。本格的に軍事的役割を果たすことはなかったこの鉄道は、主として運賃を支払わない地元部族民を運んでいたが、2006年に起こった洪水のあと閉鎖された。蒸気機関車による運行は最後までつづいた。

海抜1,070mの高度まで達するカイバル峠は、スピン・ガール山脈を通って、北部パキスタンと東部アフガニスタンの部族地域を結んでいる。数千年にわたり、この峠はインド亜大陸と中央アジアをつなぐ、重要な交易上の、また軍事戦略上のルートであった。

19世紀中頃、アフガニスタンはロシアの影響下にあったため、インドを支配していたイギリス人は、カイバル峠から侵略される可能性を危惧していた。戦略目的の鉄道が、まずこの時期に議論の俎上にのぼった。カイバル峠を守備する部隊を急遽運ぶためであったが、第2次イギリス・アフガニスタン戦争の途中の1879年になって、やっと調査が実施された。さらに長い年月をへて、カブール河に沿ったメートル・ゲージ鉄道の建設が、1905年に開始された。1907年頃には、わずか30.6kmの線路が、ペシャワルの西のカチャ・ガルヒから西に向かって敷設されたが、国際情勢が変化し、ロシアはもはやインドの脅威とは考えられなくなった。その2年後、未完成のこの鉄道は解体され、その国の別の場所で使用されることになった。

その間、イギリス人による鉄道建設——第1に戦略上の理由——が、今日のパキスタンで1861年に開始され、アラビア海沿岸のカラチと内陸のコトリ間の路線が開業した。次の40年かけて、鉄道網は徐々に拡大し、19世紀末頃には、ブロード・ゲージ（5フィート6インチ）の幹線がインダス渓谷を登りペシャワルまで開通した。

ペシャワルの西には、戦略的に重要な要塞の町ジャムルードがある。ここは、イギリス領インド陸軍が、カイバル峠に入るための作戦準備をしていたところである。さらに、カイバル・ライフル銃隊の本部もある。ペシャワルとジャムルードを結ぶブロード・ゲージの鉄道は、1901年に開通した。

第3次イギリス・アフガニスタン戦争が起こった1919年頃、国際情勢が緊迫し、再度、カイバル峠を通りインドが侵略される見込みが出てきた。サー・ゴードン・ハーン大佐は、鉄道がそこを通過するのに最適なルートを調査する任務をおびた。ハーンが提案した路線は、ジャムルードとランディ・カナ近くのアフガニスタン国境を結ぶものであった。ジャムルードと峠にあるランディ・コータルの頂上との間には、全区間で31対1の傾度があり、鉄道は33.8kmをちょうど超えた距離を610m登ることになる。ここを越えると、路線は8kmの距離を266m下ることになり、何カ所か25対1ほどの急峻な斜面があった。

この新線の建設は1920年にはじまり、硬岩の掘削作業、92の橋、34のトンネルの建設がなされた。4カ所の折り返し駅を設置したので、列車はジグザグに前後方向に進み、高度を上下して山を登ったり下ったりした。暴走した列車を止めるために、急峻な安全待避線が路線の要地に設置された。ジャムルードとランディ・コータルの頂上までの区間が、ついに1925年11月に開通し、ランディー・カナまで下る残る8kmは1926年4月に開通した。実際には、さらに3.2kmの線路がトルカムのアフガニスタン国境まで敷設されたが、この区間は使用されることはなかった。莫大な費用がこの路線に費やされたが、運行は決して多くはなく、週に1ないし2便の列車しか通らない。乗客のほとんどは地元部族民で、ただで乗車ができた。この鉄道が彼らの土地を通って建設されたからだ。ランディ・コータルからランディ・カナ間は、1932年に閉鎖された。アフガニスタン政府からの圧力があり、この鉄道がその国の主権にとって脅威になるとみなされたためだ。

第2次大戦の開始とともに、ドイツ人がカイバル峠を通りインドに侵略するのではという懸念が生じた。そこで、谷底にコンクリート製の対戦車障害物が建設された。1947年のインド分割後、パキスタンの鉄道は、新政府の管理下に入り、新設されたパキスタン鉄道が、ひきつづき週1回の客車をカイバル峠まで運行し、主として部族民が使用していた。この運行は1982年に廃止されたが、〈カイバル蒸気機関車サファリ〉と呼ばれる観光列車が、1990年代にペシャワル〜ランディ・コータル間に導入され、年代ものの3両の石油燃料のイギリス製蒸気機関車2-8-0が使用された。それはペシャワルの機関車庫で維持されている。残念ながら、この便は2006年に廃止された。洪水が起こり、線路と主要な橋が流されたからだ。望みうる唯一のことは、この路線が将来修復されるだろうということだが、この期待とて、危険なほど不安定なこの地域では、テロリストの活動がひきつづき脅威となっているので、実現はまだ先のことであろう。

2006年までは、カイバル峠行きの蒸気機関車牽引列車は、毎月第1日曜日にペシャワル・カントンメント駅を出発していた。特別客車1両、2等客車2両、そして2両のタンク車からなるこの列車は、前後に蒸気機関車が接続され、ジャムルードを越えた区間を登るために逆方向にも進むことができた。この駅を出た列車は、用心深くペシャワルの郊外、ノティア・ゲイト、スワティ・ゲイト、バラ・ゲイトを通過する。ここで車両は、しばしば、ほとんど使用されていない路

208ページ：イギリス製 'SGS' 型 0-6-0 は、逆進用列車の両端に連結されているが、よく整備された駅に到着し、待避線はランディー・コータルにある。土地の部族民は、この週1回の便にただで乗ることができた。1979年。

線近くに停車した。ある場合には、列車は強引にそこから出ないと、走行がつづけられなかった。

バラ・ゲイトを過ぎると、列車はペシャワル国際空港の2,700mの主要滑走路に接近する。ここで列車はいったん停車し、管制塔から移動の許可を待つ。ここは列車が横断する世界で唯一の空港である。ガラガラと斜めに滑走路を走ったあと、列車はスピードをあげ、カチャ・ガディとハヤタバードを通り、ペシャワルから1時間弱で16kmをちょうど超えたところにあるジャムルードに向かってN5ハイウェイと並走する。

ジャムルード駅（海抜456m）から列車はゆっくりとした3時間の行程を開始する。カイバル峠にあるランディ・コータルに向けて34kmを登る。先頭と後尾に蒸気機関車をつけた列車が、ジャムルードを出ると西の方角に向かい、連続する急峻な登りを開始し、バギアリを経由してミダナクの最初の折り返し駅に着く。山をジグザグに登ったあと、列車はつづけてチャガイ（海抜692m）の2番目の折り返し駅に向かう。ここでは、この運転がくりかえされる。荒野で辺鄙な景観（古い要塞がときどき見られ、動乱の過去が偲ばれる）の中を登り、列車は西に向けて走りつづけ、カタ・クシュタ、ジンターラ、スルタン・ケルを通り、最後にランディ・コータル（海抜1,062m）に到着する。ここで旅程は終了。ランディ・カナに下る8kmの区間とそのふたつの折り返し駅は、1932年に閉鎖された。ランディ・コータルの駅舎は、それが軍事目的であったためか要塞のように造られており、プラットホームに面したところには窓もドアもない。2006年まで、月1回の蒸気機関車観光列車がやってきて、たくさんの土地の部族民をランディ・コータルに運んでいたが、閉鎖されてからは、不気味なほど人気のないこの駅と錆びた線路が、やや不安げに将来を待っている。

前後に'SGS'型0-6-0がついた週1便のランディ・コータル行きの旅客列車が、チャガイ折り返し駅に到着する。1981年1月のこと。年代もののイギリス製信号装置と、急な待避線が手前にある。

212〜213ページ：山賊の土地。バルカン社製'SGS'型0-6-0を前後につけた週1便の旅客列車が、ペシャワルからランディ・コータルに向けて、NS道路に架かるバギアリ橋を通過しているところ。1980年3月。

ヒジャーズ鉄道
シリアとヨルダン

ゲージ：3 フィート 5¹¹⁄₃₂ インチ
全　長：222 キロ
ルート：ダマスカス（シリア）～アンマン（ヨルダン）間

　1908 年開業のヒジャーズ鉄道は、トルコ人によって建設された。目的は、聖地メッカへの巡礼者をシリアとヨルダンから運ぶことであった。短命な鉄道であった。第 1 次大戦中、アラビアのロレンス率いるゲリラたちによって、南部の端の部分が破壊されたからである。残る北部の区間は、シリア内乱が勃発したため 2011 年に廃止された。

222 kmのこの路線は、シリアの首都ダマスカスとヨルダンの首都アンマンとを結んでいるが、かつてはダマスカスからサウジアラビアのマディーナ（メジナ）に延びていた、1,320 kmの鉄道のうち残ったもののすべてである。ヒジャーズ鉄道として知られるこの路線は、ムハンマド生誕の地であるとともに、イスラム教の聖なる都市であるメッカまで、イスラム教徒巡礼者を運ぶために建設されたが、マディーナからその先にいくことは決してなかった。

ハッジの期間のメッカ巡礼は、全イスラム教徒が少なくとも生涯に1度はしなくてはならない義務である。この鉄道が建設される以前には、巡礼たちは、ラクダのキャラバン隊で2カ月かけて旅をしなくてはならず、しかも敵対する国を通行することに耐えなくてはならなかった。ハッジがおこなわれるのは、イスラム陰暦の12番目の最後の月であるので、西欧グレゴリオ暦では季節ごとに変化する。冬の期間、巡礼たちは豪雨や凍てつく寒さに耐え、夏季は、ガイドで生計をたてている地元の部族民につれられ、灼熱の砂漠を横断しなくてはならなかった。

20世紀初め頃になると、かつて全能のオスマン帝国は衰退期に入った。だが、イスタンブルは、依然、トルコだけでなく、シリア、レバノン、パレスチナ、ヨルダン、イラク、さらにアラビア半島の多くの住民を支配していた。鉄道は、徐々に権力の中心地イスタンブルから触手をのばし、1903年頃にはダマスカスに達していた。

ダマスカスからメッカへ向かう鉄道建設の最初の提案が、1864年には議論されていた。だが、さらに40年かかってやっと建設は着手された。鉄道建設にかかる財源は、トルコ人スルタンのアブドゥル・ハミド、トルコ政府、イランのシャー、エジプトのカディーブが出した。この鉄道の存在理由は巡礼を運ぶことにあったが、同時に重大な軍事上の戦略的含みがあり、そのことにイギリス政府が気づかないわけがなかった。建設はドイツ人技師を雇い、約5,000人のトルコ兵によって実施された。彼らを待っていたのは、主として物的障害であった。たとえば、南ヨルダンの岩だらけのナカブ絶壁やアラビア北部砂漠の柔らかい砂など。彼らは、また部族民やラクダの隊商管理者たちから攻撃を受けた。生活の糧が自分たちから奪われるのをみて、怒ったのである。

ドイツ製の蒸気機関車と車両を使ったこの鉄道は、最終的には1908年にマディーナ行きが開通し、即座に運行された。1912年には30,000人の巡礼者を運び、1914年にはその10倍を運んだ。ラクダのキャラバン隊による2カ月間の旅行は、列車のおかげで4日に短縮された。もっとも、マディーナからメッカへの延長計画は、第1次大戦開始のために実現しなかった。不幸なことに、トルコ陸軍がこの鉄道で軍隊と装備を路線に沿ってある駐屯地に輸送していたので、トルコが1914年に中央同盟国に加わると、アミール・ファイサルとT. E. ロレンス（アラビアのロレンス）が率いる不満アラブ人によるゲリラ攻撃の合法的な標的となった。この戦争以前、ロレンスは考古学上の遠征を名目として、イギリス政府のために中東で重要な軍事的情報を収集しており、戦争の勃発とともに、情報将校としてカイロに配属された。

1916年、ロレンスはヒジャーズ王国のアラブ人勢力と共闘するために派遣された。ヒジャーズ王国は、今日のサウジアラビアの西部に相当する。ヒジャーズ鉄道は、この王国を通過しマディーナまで行った。ここには大きなトルコ駐屯地があった。多数のトルコ部隊がその駐屯地に隠れていたので、ロレンスとそのゲリラ隊はこの鉄道の破壊に着手した。トルコ人が修復をすると、またすぐ攻撃が加えられた。サウジアラビアでの最初の鉄道攻撃はアブー・ナアムでおこなわれ、ここでは、駅の両側の線路が地雷によって爆破、列車が大砲で破壊され、約70ものトルコ部隊が犠牲になった。

第1次大戦末にトルコが敗れると、その後、この鉄道再建の試みがなされた。しかし、ヒジャーズ鉄道の短命に終わった南部の区間と残った列車と駅は、すぐにアラビア砂漠に放置された。乾燥した砂漠の空気に保存され、そのうちのいくつかは依然として今日でもその場にある。マンアンから南のサウジアラビア国境近くのムダウワラまでは1960年代に再建され、その一部は今日でも、1975年に完成した路線にあるアカバ港へのリン酸塩を運ぶ列車に使用されている。ダマスカスからアンマン経由で南ヨルダンのマアンへ向かう北の区間は、長いあいだ操業をつづけたが、アンマンからマアンの236 kmの区間は、以後廃止されている。

214ページ：日本車両製 4-6-2 No.82 がカスルの幹線を横断しているところ。ヨルダンのアンマンへ向かう特別便。2001年10月。

望むべくは、ヨルダンのアンマンのこの郊外に住む住民が、洗濯物を外に干さないように。2-8-2 No.71 が、カスルに向けて1両の貨物列車とともに、この首都から登っていくから。2001年。

ヒジャーズ鉄道にあるふたつの支線も、またシリア／ヨルダン国境のすぐ北のデラの連絡駅から建設された。1本は西に進みハイファ港に行き、もう1本は東に向かいボスラにいたった。前者は今日では閉鎖されているが、後者は今でも生き残っている。

メッカに向かう巡礼者たちは、今日では自動車や飛行機を使う。ヒジャーズ鉄道で今も残っているものといえば、222kmの路線である。それはダマスカス～アンマン間のもので、打ちつづくシリア内乱のため、現在は閉鎖されている。閉鎖以前は客車便がひんぱんに、ふたつの首都間で2006年まで運行されていた。次いで2010年に、ヒジャーズ・ヨルダン鉄道は、アンマンと都市デラ間で週1便の運行を再開したが、これも翌年には終わってしまった。この鉄道の未来はきわめて不確定である。

閉鎖に追い込まれる以前、この鉄道はもとからあった蒸気機関車のうち16両を動ける状態に修復していた。2006年までこの機関車は、ここで取りあげた観光用列車を牽引するのに使用されていた。ヒジャーズ鉄道の主要な補修工場はダマスカスのカデムにあり、戦争がはじまるまで、依然として蒸気機関車と車両の修繕に使用されていた。この敷地は、解体の程度はいろいろであるが、ヒジャーズ鉄道の蒸気機関車のまぎれもない墓場だ。他方、隣接した鉄道博物館はこの鉄道の文化遺産とモデルを収蔵している。さらに、この単線の路線を南に進むと、途中の停車場は、今ではその多くが屋根をなくした2階建ての石造りの駅舎、退避線、ときどき見られる貯水タンクが特徴となっている。デラはボスラへの支線への乗り換え駅であるが、ここにはより実質的な駅があり、貨物駅と2線路の機関車庫がある。つぎの遺棄された駅はネーシブにあり、そのあと鉄道はヨルダンに入り、マフラク、サムラ、ザルカを通り、アンマンに終着する。この町のマハッタ駅に近づくと、列車は古代ローマ水道に似た2層の10アーチからなる高架橋を渡る。

マアン行きのこの鉄道が、アンマンの南で閉鎖されて久しい。もっとも、駅舎のわずかのもの、つまりトルコの小要塞と要塞が、この不毛の準砂漠の風景の中に錆びた線路とならんで、今でも残っている。マアンでは、この鉄道は復活している。今日では、リン酸塩を土地の鉱山からアカバ港まで運んでいるディーゼル機関車牽引の長い貨物列車によって使用されている。マアンの南53km行ったところには、放置されたバトン・アル＝グール駅があり、かつてここではこの鉄道が砂漠に下り、壮観な砕岩場を通り、ループ状のルートをたどって、ほぼ元の場所に戻ってきていた。

クハーラト・アマルのヨルダン／サウジ国境からマディーナにかけてのヒジャーズ鉄道最後の区間は、鉄道の墓場である。この荒れ果てた地域の不毛な砂漠の風景の中に、駅、トルコの小要塞、機関車庫、井戸、一部が流砂に隠れた臨時用の線路がある。いくつかの場所では、とりわけハディヤーと

ブワイラの駅では、ほぼ100年前にアラビアのロレンスと彼のゲリラ集団に脱線させられた蒸気機関車と車両の残骸が、最後の断末魔にとったグロテスクな角度で、今でも存在している。マダイン・サーレハの以前は機関車庫であったところに設置された鉄道博物館には、未修復のヒジャーズ鉄道の機関車のいくつかが収蔵されている。マディーナでは、かつてこの鉄道の南の終点であったが、駅と機関車庫が、2006年に博物館として再公開され、1本の線路上にいくつかの蒸気機関車と車両とがある。

神経質になった羊の群れをコントロールしようとしている羊飼い。ハートマン 2-8-2 No.262 が、北に向かう貸切客車列車を牽引して、シリアのイズラーに近づいている。2004年4月29日。

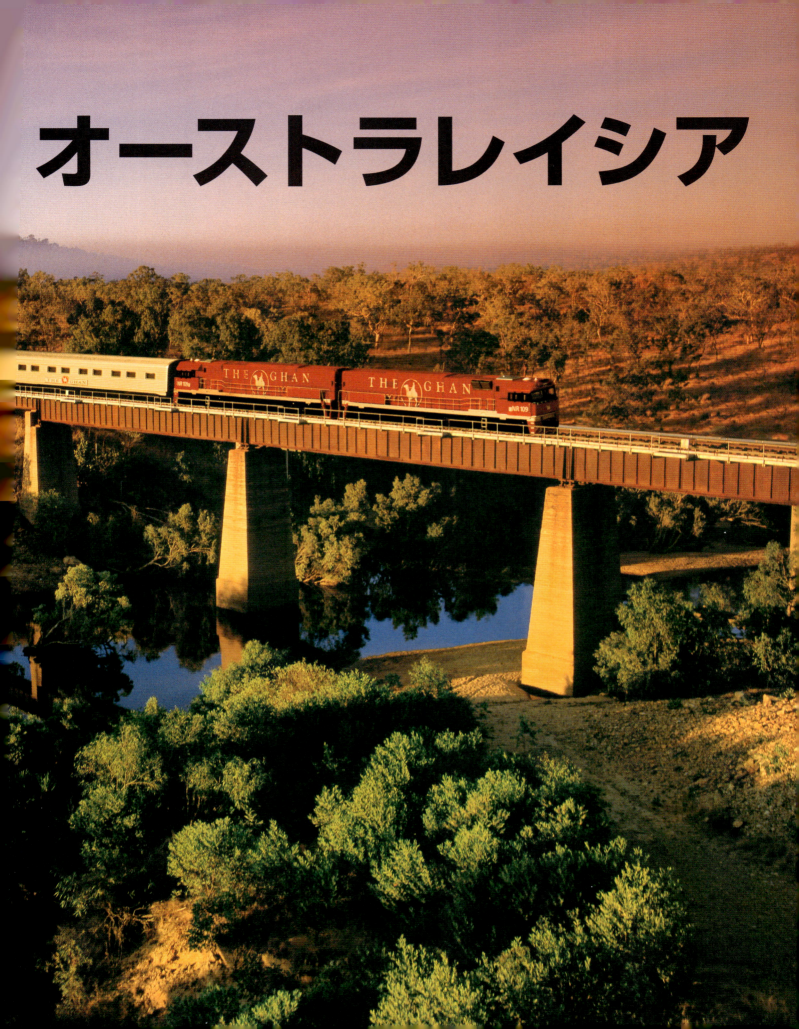

オーストラレイシア

〈ガン号〉
オーストラリア

ゲージ：4フィート 8½インチ
全　長：2,980キロ
ルート：アデレード（サウス・オーストラリア州）～ダーウィン（ノーザン・テリトリー準州）間

ポート・オーガスタからアリス・スプリングズまでオーストラリア内陸部を縦断する3フィート6インチ・ゲージの鉄道は、1929年に完成した。さらに、1980年には、スタンダード・ゲージの鉄道としてて西方へルート変更がなされ、また2004年には北方のダーウィンまでの延長路線が開通した。今日、旅客列車〈ガン号〉は全行程をわずか2日あまりで走破する。

オーストラリア内陸の広大な未開の地は、19世紀半ばになっても、ヨーロッパからの移住者にはまったく知られていなかった。1860年、ロバート・バークとウィリアム・ウィルズが初めて南北縦断に乗り出したが、カーペンタリア湾からメルボルンへの帰途、ふたりとも命を落とした。

オーストラリア初の鉄道は、初めはニュー・サウス・ウェールズ州、ヴィクトリア州、サウス・オーストラリア州の植民地など、東南の地域に限られていた。しかし、1860年代、鉄道網が拡張しはじめたときには、ゲージが不統一で、相互接続についてはほとんど考慮されなかった。使用されていたのは3種類のゲージだった。3フィート6インチのナロー・ゲージ、4フィート8½インチのスタンダード・ゲージ、そしてアイルランドの5フィート3インチのブロード・ゲージである。このことは、後年、鉄道網が拡大し、ゲージの異なる路線が出会ったとき、多大な困難を引き起こした。

バークとウィルズの不運な探検の1年後、スコットランドの探検家ジョン・マクドウアル・スチュアートが、南北縦断ルートを地図に記すため、探検に乗り出して成功した。そのルートはサウス・オーストラリア州とイギリスとを結ぶ陸上電信ケーブル設営のためだった。電信ケーブルは、1865年、アデレード～ポート・オーガスタ間に建設され、さらに1872年には、広大な未開の地を縦断して北方のダーウィンにまで延長された。ここから海底ケーブルでジャワ島とつなげられ、そこから西に向かいイギリスに達した。この電信線建設は植民者のためにノーザン・テリトリー準州を開発しただけでなく、金鉱発見により間接的にゴールド・ラッシュを招来した。

一方、ポート・オーガスタからダーウィンまで北上する大陸縦断鉄道の建設計画は、1869年、サウス・オーストラリア州のグレート・ノーザン鉄道会社の設立につながった。しかし、このこと自体には何の成果もなかった。1878年になってようやく、サウス・オーストラリア州政府は、ポート・オーガスタ＆ガバメント・ガムズ鉄道（ゲージ：3フィート6インチ）の建設に着手した。南の終着駅はスペンサー湾の入り江奥の港町ポート・オーガスタだが、そこへは、さらに280kmほど南方のアデレードから、すでに鉄道が開通していた。新たな建設工事は、陸上の電信ケーブルのルートに沿って北上し、ピッチリッチ峠を通り、ホーカーとベルターナ経由でフリンダーズ山脈の西へと進み、1883年、マーリーに達した。その後、工事は1891年にエア湖の南へ、またさらに北方のウードナダッタへと拡張された。しかし、そこで工事はストップした。さらに北へと旅を続けたい乗客は、アフガンのラクダに乗るよりほかなかったのである。

ノーザン・テリトリー準州では、1889年にパーマストン＆パイン・クリーク鉄道（ゲージ：3フィート6インチ）が開業した。何千人もの中国人労働者によって建設されたこの鉄道は、スタート平原とマクドネル山脈を縦断して235km南方へ延長され、アリス・スプリングズに達し、その先、ウードナダッタでポート・オーガスタからの路線と接続する計画だったが、これは実現しなかった。1926年、連邦政府はふたつの鉄道を管理下に置き、南部ではウードナダッタからアリス・スプリングズまで、北部ではパイン・クリークからバーダム（ダーウィンから510km）まで延長した。両路線とも1929年に開業したが、バーダム～アリス・スプリングズ間の欠けた965kmの区間は資金不足で白紙撤回となった。

ポート・オーガスタ～アリス・スプリングズ間の路線が開通したとき、旅客列車が導入され、〈アフガン急行〉と呼ばれるようになった。この列車は〈ガン号〉と略称されるが、19世紀にオーストラリアの植民地開拓者に同伴したアフガン・ラクダの御者にちなんだ名である。この鉄道は豪雨時には土砂流失に見まわれることが多く、そんな時には乾いた川床が突然奔流となり、しばしば基幹施設に甚大な被害を与えた。列車は予備の寝台車と修理用具を備えていたが、線路を修理する乗務員を考えてのことであった。また、この乾いた土地では蒸気機関車への給水は絶えず問題となるところで、そのため、どの列車にも機関車のうしろに給水タンカーが連結されていた。さらに路線沿いの重要ポイントには、掘り抜き井戸の井戸水が供給される給水塔が設置されていた。そうした重要な給水ポイントのひとつがアリス・スプリングズだった。この駅名は1871年に水源を発見した陸上の電信技師の妻アリスに由来している。

1957年、ポート・オーガスタ～マーリー間の鉄道は、ピッチリッチ峠の西へ向かう新ルートに改変され、リー・クリークの炭鉱からポート・オーガスタ発電所まで、もっと大量の貨物輸送が可能になるようにスタンダード・ゲージで建設された。マーリーでは当時からゲージの断絶が生じたため、マーリーがアリス・スプリングズへ向かう〈ガン号〉の新しい出発点となった。そのときには、すでに蒸気機関車はディーゼル機関車に取って代わられていた。

北部のナロー・ゲージのノース・オーストラリア鉄道は第2次世界大戦中、ずっと列車の往来が激しかった。そのため、大戦中に新しい鉄道がバーダム北方のラリマーを始点と

222ページ：〈ガン号〉。アデレードとダーウィンのあいだの2,978kmの旅の途上。2両のオーストラリア製'NR'型4,000馬力のディーゼル電気機関車を先頭にアリス・スプリングズに接近。

してスチュアート・ハイウェー沿いに設けられた。この鉄道は1976年に閉鎖されたが、それまではずっとフランシス・クリークからダーウィンの港まで鉄鉱石の運搬を続けていた。

ポート・オーガスタ～アリス・スプリングズ間の元のルートは、1980年10月、新しいスタンダード・ゲージの鉄道に取って代わられ、それまでより西の方に開通した。それ以降、マーリー～アリス・スプリングズ間のナロー・ゲージの路線は閉鎖された。新しい路線はオーストラリア横断鉄道のパース（228～233ページ参照）への乗換駅から北に向かう。この乗換駅はポート・オーガスタの西北370kmにあり、なかば見捨てられたタークーラ（人口38人）の町にある。この路線は、冷戦中、英・豪共同のロケット試射場の本拠地だったウーメラ立入制限区域を迂回して、カーネスとマングリを通って北上し、それから大陸を横断するスチュアート・ハイウェーと平行して160km以上を走行する。ハイウェーを後にしてからは、さらに400km北上しつづけ、ノーザン・テリトリー準州の未開地に入り、やがてアリス・スプリングズに到着する。元の路線上のリー・クリーク～マーリー間のスタンダード・ゲージ区間は1986年に閉鎖されたが、ポート・オーガスタ～クオーン間の39kmは、ピッチリッチ鉄道という保存鉄道として復活した。

アリス・スプリングズ～ダーウィン間の欠けた区間は、ようやく2000年になって事態が動きはじめた。この年、サウス・オーストラリア州とノーザン・テリトリー準州の政府が、アジア・パシフィック・トランスポート共同事業体と、1,420kmの鉄道を建設する契約を交わしたのである。2001年には、アリス・スプリングズから北へ向かって建設工事が始まり、2003年にはすでにダーウィンに達していた。このルートはスチュアート・ハイウェーからそれほど遠く離れていなかったが、この鉄道技術の大プロジェクトには6つの大河に橋を架ける工事が含まれていた。じっさいに貨物列車と旅客列車の運行が始まったのは2004年のことだった。

アデレード～ダーウィン間の貨物便は、ジェネシー＆ワイオミング会社が運行している。週6便あり、毎年、このルートで約80万トンの複合一貫輸送貨物と7万トンの液体容量が運搬される。一貫輸送の列車の長さは1.8km以上、重さ約4,500トンまで運行可能である。北部では、会社が鉱山の所在地とダーウィンの港の間を週に24便もの列車を走らせ、マンガン鉱、鉄鉱石、銅鉱石などを運んでいる。

グレート・サザン鉄道はこのルートに、旅客列車〈ガン号〉とモートレール車を走らせている。〈ガン号〉は隔週1便になる12月から1月までは別として、一年中週1便あり、6月から9月までは余分に週1便が追加される。走行時間は北上するのに53時間10分から54時間10分、南下するのに50時間30分から51時間30分である。途中、列車はアリス・スプリングズとキャサリンに停車し、乗客たちは下車して観光に向かう。列車は16両から20両のエアコン付きの客車で編成されているが、それには食堂車、ラウンジ車、寝台車も含まれる。これらを牽引するのは2両のオーストラリア製'NR'型Co-Co 4,000馬力のディーゼル電気機関車である。

ウッドナダッタを通りアリス・スプリングズまで行った元のナロー・ゲージ鉄道の区間は1980年に閉鎖されたが、現在では保存鉄道となっている。橋や閉鎖された駅、給水塔、また、砂漠に放置されたディーゼル機関車までがこの開拓期の鉄道の記念物となっている。

226～227ページ：〈ガン号〉。広大なオーストラリアの内陸を走り抜ける長い旅の途上。16両から20両のステンレス製エアコン付きの客車から成る。ここに見られるように2両のモートレール車で乗客の車両が運ばれている。

ピッチリッチ鉄道

3フィート6インチ・ゲージのピッチリッチ鉄道は、1974年から2001年の間に順次運行を開始。アリス・スプリングズまでの元のルートをたどり、ポート・オーガスタとクオーンの間の38.6kmを走行する。鉄道の名前は列車が通過するピッチリッチ峠にちなむ〈アフガン急行〉は復元された1920年代の〈ガン号〉の客車で編成され、唯一現存するオリジナルの蒸気機関車1925年製4-8-0 NM25に牽引されている。かつてアリス・スプリングズまで列車を牽引していたのは、この蒸気機関車であった。また、クオーンとウールシェド平原の間の峠を走行する〈ピッチリッチ探検号〉は、蒸気機関車が牽引する19世紀初頭のサウス・オーストラリア鉄道の客車、または初期のディーゼル気動車から成っている。この鉄道はまた、第2次世界大戦中、ダグラス・マッカーサー将軍によって利用された歴史的な車両を復元しようとしている。彼が日本軍のフィリピン侵略から逃れて、アリス・スプリングズにやって来た時の車両である。

オーストラリア横断鉄道
オーストラリア

ゲージ：4フィート8 1/2 インチ
全　長：2,658 キロ
ルート：アデレード（サウス・オーストラリア州）～パース（ウェスタン・オーストラリア州）間

　オーストラリア横断鉄道は、ウェスタン・オーストラリア州と東部の都市を結ぶスタンダード・ゲージの鉄道で、1917年に開業した。乾燥したナラボー平原を横切る世界最長の一直線の線路を特色としている。今日、このルートを走る〈インディアン・パシフィック号〉を利用すれば、遠く離れた開拓地に行くことができる。

ウェスタン・オーストラリア州の州都パースは、20世紀初頭まで東部の州から孤立したままだった。途中には人を寄せつけない1,600kmもの砂漠があり、ナラボー（木のない）平原として知られていた。この砂漠を横断するオーストラリア横断鉄道の建設は20世紀になってからだ。建設以前、西海岸と東部都市とを結ぶ唯一の輸送手段はグレート・オーストラリア湾を横切る船旅で、時間がかかり海も荒れることが多かった。一方、ナラボー平原の最初の東西横断は、イギリスの探検家エドワード・エアとアボリジニのガイドのウィリーによって、1841年に成し遂げられた。1877年には砂漠横断の電信ケーブルが建設され、また1896年には、アーサー・リチャードソンがこの電信ケーブルのルートを自転車でたどった。

　東の方では、ポート・オーガスタ～アリス・スプリングズ間の鉄道（222～227ページ参照）が、1891年にはすでにウードナダッタにまで拡張されていた。西の方では、1871年までにウェスタン・オーストラリア州初の鉄道が開通しており、1896年までに、ノーサムから東方のカルグーリーまで、人の住めない荒地を抜ける504kmのイースタン・ゴールドフィールズ鉄道が開通していた。ノーサムはすでにイースタン鉄道によってパースと接続していた。ノーサム～カルグーリー間の路線は、ゴールドフィールズ給水計画——カルグーリーとクールガーディー周辺の乾燥した金鉱地へ飲料水を運ぶパイプライン——のルートに沿っていた。このパイプラインは今日でもまだ使用されている。東西に向かうこれらの鉄道はすべて3フィート6インチのナロー・ゲージで建設されたことは注目に値する。

　1901年、クィーンズランド、ニュー・サウス・ウェールズ、ヴィクトリア、タスマニア、サウス・オーストラリア、ウェスタン・オーストラリアなど、オーストラリアの各州の自治植民地は連邦制をしき、オーストラリア連邦となった。ウェスタン・オーストラリアが連邦に参加したのは、州都パースと東部の都市を結ぶ大陸横断鉄道を建設するという約束があったからだ。ポート・オーガスタ～カルグーリー間の単調なナラボー平原横断ルートについての調査は1909年に完了し、1912年に両端から建設工事が始まった。第1次世界大戦の勃発にもかかわらず工事は進捗し、1917年、ついに両端からの路線が砂漠で接続した。この鉄道が有名なのにはしかるべき理由があった。このルートには、ナラボー平原を横断する478kmもの世界最長の一直線の軌道が含まれているからである。現存する鉄道の両端は3フィート6インチのゲージで造られていたが、新しい1,693kmの鉄道は4フィート8½インチのスタンダード・ゲージで建設された。ゲージの断絶が2カ所あることを思えば、1970年までは、この鉄道が本当の意味で大陸横断の役目を果たしたとは言いがたい。

　この鉄道は路線全体にわたり枯れない水路がなく、路線上には蒸気機関車への給水設備はなかった。最初の鉄道主任技師はこの点を克服するため、ディーゼル機関車の導入を求めたが、徒労に終わった。そのため、蒸気機関車は牽引する各列車に予備の給水タンク車を連結し、給水を受けなければならなかった。蒸気機関車に代わってオーストラリア製'GM'型ディーゼル電気機関車が登場したのは、1951年だった。

　この新しい路線は重要な貨物輸送ルートだっただけでな

228ページ：'NR'型ディーゼル電気機関車を先頭と後尾に配置した空調付きの25両の客車〈インディアン・パシフィック号〉。シドニー～パース間の4,350kmの旅の途中、水もなく人も住めないナラボー平原を横断する。

く、また、〈オーストラリア横断急行〉も導入されて、1917年にポート・オーガスタ～カルグーリー間で運行開始となった。この列車の長い運行期間のほとんどは、毎週2回の寝台車の運行だった。座席付き車両が加わったのは1981年から1991年の運行終了までのほんの短い期間だけである。この列車のルートは、東では1937年にポート・ピリーまで、西では1969年にパースまで延長された。これはナロー・ゲージからスタンダード・ゲージへの転換後のことである。ポート・ピリーからアデレードまでの区間もまた1982年にゲージ転換がおこなわれ、さらにルートが延長されたが、航空便との競争が激化して、1991年6月の運行を最後として廃止になった。

この鉄道に関して長いこと人びとの関心の的だったのは「ティー＆シュガー列車」である。この列車はルート沿いの孤立した町や村、植民地などに茶や砂糖を供給するために、1917年に運行を開始した。さらに、こうした日常生活の必需品だけでなく、肉屋、銀行、医療施設、映画館、そしてクリスマスには洞窟のサンタクロースまでも運んだが、1996年にその運行を終えた。

1991年、アデレード～パース間を走る〈オーストラリア横断急行〉は撤退したが、1970年以来、〈インディアン・パシフィック号〉がシドニー～パース間を走行するようになった。それはこの大陸横断ルートが完全にスタンダード・ゲージに転換された年だった。この列車を運行しているのはグレート・サザン鉄道であるが、この会社はアデレードからダーウィンまで、〈ガン号〉（222～227ページ参照）もまた走らせている。〈インディアン・パシフィック号〉は、シドニーからバサースト、ブロークン・ヒル、アデレード、ポート・オーガスタを経由し、ナラボー平原を横断して、カルグーリーとイースト・パースへと向かう。列車はアデレード～パース間を週2便、シドニー～パース間を週1便走行する。4,350kmの旅の走行時間は、西に行くのに66時間15分、東に行くのに71時間15分である。

列車はポート・オーガスタ～カルグーリー間の途上で、内陸部の孤立した入植地（求めに応じて停車）、たとえばピンバ（人口50人）、キングーニャ（ホテル以外は無人）、タークーラ（人口38人で、〈ガン号〉でダーウィンに行く路線への乗換駅）、クック（人口4人で、交差する列車のための指定停車駅）などに立ち寄る。それから一直線に478kmを走り、ナラボー砂漠を横断して、ルーンガーナ（人口ゼロで、求めに応じて停車）とローリナ（求めに応じて停車。キプロス島よりやや小さめのオーストラリア最大の羊牧場あり）に至る。その後、カルグーリーでようやく文明の地に達し、それから西のイースト・パース駅に向かって旅の最後の行程に入る。列車は4等級に分かれており、寝台車、食堂車、また、乗客の車を運ぶモートレール車両などが連結されている。動力は〈ガン号〉と同じように、2両の'NR'型ディーゼル機関車である。

232～233ページ：花盛りの内陸部。〈インディアン・パシフィック号〉が'NR'型4,000馬力ディーゼル電気機関車に牽引されて、オーストラリア南部を横断。この機関車はA.ゴニナン社製。A.ゴニナン社はイングランドのコーンウォール出身のふたりの兄弟によって、1899年にオーストラリアに設立された会社。

下：オーストラリアの象徴的イメージ。2両の機関車を先頭にサウス・オーストラリア州の乾いた風景の中を走る〈インディアン・パシフィック号〉と、それを見つめるアカカンガルー。

北アメリカ

クンブレス＆トルテック・シーニック鉄道
コロラド州とニューメキシコ州（アメリカ合衆国）

ゲージ：3フィート
全　長：103キロ
ルート：チャマ（ニューメキシコ州）～アントニト（コロラド州）間

この由緒正しい歴史的な蒸気機関車の路線は、かつてはデンヴァー＆リオグランデ鉄道が操業するナロー・ゲージの広い鉄道網の一部だった。乗客は、コロラドとニューメキシコの州境に沿ってロッキー山脈を抜ける103kmの旅で、すばらしい光景を目にして、畏敬の念を覚えずにはいられない。

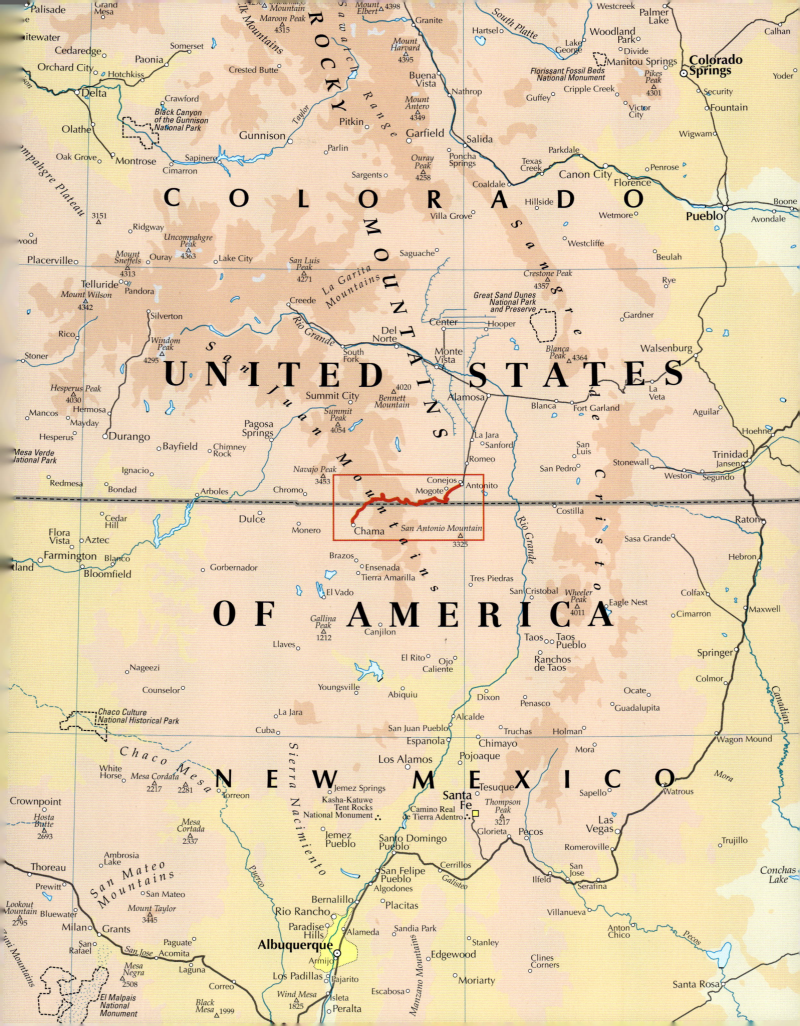

クンブレス＆トルテック・シーニック鉄道は、デンヴァー＆リオグランデ鉄道会社がふたりの共同創立者によって設立された1870年に開業した。そのふたりとは、軍人・土木技師・産業資本家のウィリアム・パーマーと、イギリスの内科医でアメリカ西部を撮る写真家でもあったウィリアム・ベルである。当時、コロラド州デンヴァーの町は急速に発展しようとしていたが、その西部・南西部にはロッキー山脈があり、そこには豊富な鉱床があった。この新しい鉄道はその鉱床活用のために計画されたものだった。アメリカの鉄道では、通常、3フィートのナロー・ゲージが採用され、蒸気機関車の燃料は薪ではなく石炭が使用されていた。パーマーは1870年、新婚旅行でイギリスを訪れたとき、燃料としての石炭の効率の良さと、ナロー・ゲージ鉄道における費用効果を目の当たりにした。ちょうどこの年、スコットランドの鉄道技師ロバート・フェアリーが、北ウェールズのナロー・ゲージのフェスティニオグ鉄道で、石炭を燃やして機関車を動かすことに成功していた。パーマーはイギリス訪問後、ナロー・ゲージの鉄道はまたコロラド州のように山の多い地形に向い

236ページ：'K36'型 2-8-2 No.488とNo.484。チャマからの上り坂を懸命に走り、ロバト・トレッスル橋に接近。2007年10月14日、チャマ午前10時発アントニト行きの便。

クンブレス＆トルテック・シーニック鉄道沿線の紅葉。クンブレス峠の頂上付近。ウィンディ・ポイントに向かって登る'K36'型 2-8-2 No.488とNo.484。2007年10月、チャマ午前10時発アントニト行きの便。

ていると確信した。急カーブや急勾配でも運行可能であることは、建設費用が安いこととあいまって決定的な要因となった。さらにコロラド州とユタ州で大量に埋蔵されている高品質の石炭が発見されていたことも追い風となった。

デンヴァーから南へ向かう建設工事は1871年に始まった。しかし、テキサス州エルパソ到達というパーマーの最終目的は、ライバル会社に妨げられた。アッチソン・トピカ&サンタフェ鉄道が、コロラド州とニューメキシコ州の境界沿いの重要な地点ラトン峠に先に到達していたのだ。この峠とコロラド州のロイヤル・ゴージのルートをめぐる闘いは2年にわたる鉄道戦争になったが、1880年、両会社が協定を結ぶに至り戦争は終わった。デンヴァー&リオグランデ鉄道（D&RG）は、代わりにロイヤル・ゴージ経由で、ユタ州ソルトレーク・シティに到達することを目指した。

その間、会社は1878年、クチャラ・ジャンクションとウォルセンバーグから、海抜2,900mのヴェタ峠経由で西方のアラモサまで路線を延長し、さらに南方のアントニトに進み、ニューメキシコ州に入り、ついにサンタフェにまで達していた。そしてアントニトからは、コロラドとニューメキシコの州境に沿って西へ進み、海抜3,045mのクンブレス峠を越え、チャマとデュランゴに至る路線が建設された。チャマとデュランゴに到着したのは1881年であった。アントニトからチャマまでの区間は、今日、クンブレス&トルテック・シーニック鉄道として運行されている。1年後、この路線はデュランゴから北へ向かってロッキー山脈の奥深くに入り、シルヴァートン周辺の豊かな鉱物資源の埋蔵地まで延長された。現在、この区間を運行しているのは、デュランゴ&シルヴァートン鉄道である（242～247ページ参照）。

コロラド州とユタ州におけるデンヴァー&リオグランデ鉄道の広大な鉄道網は、19世紀末には大部分がスタンダード・ゲージに転換されていたが、まだ残されていた区間は合衆国最大のナロー・ゲージの鉄道網を構成していた。

デンヴァー&リオグランデ鉄道は20世紀の初めにリオグランデ・ウェスタン鉄道と合併したが、この肥大化した鉄道帝国は投機家たちとの間に軋轢を招き、第1次世界大戦中に合衆国鉄道管理局によって引き継がれた。戦後、会社は財産管理下におかれたが、1920年にデンヴァー&リオグランデ・ウェスタン鉄道として再出発する。1935年には再び倒産しそうになったが、第2次大戦中もなんとか操業を続け、1947年にデンヴァー&ソルトレーク鉄道と合併した。後者は1928年にすでに、デンヴァー～ソルトレーク・シティ間に、はるかに直接的なルートを開通させていた。それは「モファット鉄道」として知られ、両都市間の走行時間をかなり短縮していた。このルートの主要な鉄道技術的特徴は、海抜2,806mの高さでロッキー山脈の分水嶺を通り抜ける9,976mのモファット・トンネルである。

1950年代になるとデンヴァー&リオグランデ・ウェスタン鉄道に大量のディーゼル機関車が導入され、1956年までにすべてのスタンダード・ゲージの蒸気機関車は廃棄された。蒸気機関車は会社の広大なナロー・ゲージの鉄道網ではまだ優勢を保っていたが、1950年代までにはこれらの路線の多くは使われなくなっていた。幸いにも、もっとも風光明媚なふたつの路線――チャマ～アントニト間とデュランゴ～シルヴァートン間――は操業を続けたが、その後、観光鉄道会社に売却された。また、この地域の採鉱場からの貨物輸送は1950年代後半までに大幅に減少し、閉鎖もやむなしと思われたが、ニューメキシコ州ファーミントン付近で石油ブームがあったおかげで、さらに10年間、賑わうこととなった。しかし、1960年代後半までには、この賑わいも収束し、廃線となることが決まった。デュランゴ～チャマ間で最後の列車が走ったのは1968年だった。しかし、チャマ～アントニト間の103kmの路線は、1970年にコロラド州とニューメキシコ州によって共同購入され、現在、クンブレス&トルテック・シーニック鉄道として運行されている。デュランゴ～シルヴァートン間の72kmの路線は、1980年まで操業が続けられ、翌年、デュランゴ&シルヴァートン狭軌鉄道として再開された（詳細は242～247ページ参照）。

1970年以来、クンブレス&トルテック・シーニック鉄道の所有者は、クンブレス&トルテック・シーニック鉄道委員会というふたつの州にまたがる法人で、日々の操業は契約による多くの経営者に委ねられてきた。この鉄道は1973年にアメリカ合衆国国家歴史登録財に登録され、「インディ・ジョーンズ――最後の聖戦」をはじめ数本の映画の中で重要な役目を果たしてきた。

ここで運行される列車は、1930年代の気動車〈ギャロッピング・グース〉No.5がときどき登場したことを除けば、すべて蒸気機関車で牽引された。それらの機関車は運行期間全体にわたって、以前のデンヴァー&リオグランデ・ウェスタン鉄道のために製造・運行されたもので、すべて、'ミカド'型2-8-2であり、中には本来スタンダード・ゲージの機関車として建造された大型の'K-37'型も含まれていた。定期的に使用されたのは、1925年にボールドウィン・ロコモーティヴ・ワークス社で製造された年代物の'K-36'の機関車である。この路線は、これらオリジナルの蒸気機関車とならび、チャマの操車場、路線の基幹施設、鉄道の所有車両などのおかげ

で、1960年以前の蒸気機関車マニアにとって、合衆国内でもっとも人気のある場所のひとつとなっている。

クンブレス&トルテック・シーニック鉄道は、最盛期には、毎朝、路線の両端のチャマとアントニトからそれぞれ列車が出発して中間のオシアで出会う。そこで乗客にランチが提供され、それから機関車はループ線を用いて方向転換し、それぞれの列車を元の出発駅まで牽引して戻って行く。その日のうちに路線の全行程を走りたい乗客は、オシアで列車を乗り換え、全行程を走破したのち、貸し切りバスで元の出発駅に戻る。座席はすべて予約制で、この生涯最良の列車の旅には切符の予約が不可欠である。

線路沿いには昔のデンヴァー&リオグランデ鉄道の里程標が設置されているが、それらはこの地域で操業されていた昔の鉄道網の設置時までさかのぼる。距離はデンヴァーから計測され、チャマの最終里程標では554kmになり、アントニトでは452kmになる。

この路線の西端に位置するニューメキシコ州リオアリバ郡チャマは、人口約1,200人の小さな村にすぎない。海抜2,393mの高みにある。列車はここから2両連結の蒸気機関車に牽引され、クンブレス峠の路線の最高地点まで、困難だが壮大な景色の登り坂の旅に出発する。そこは海抜3,045mもあり、アメリカでも一番の高みを走る鉄道ということになる。列車は22kmの距離を走る間に652mも上昇する。

クンブレスの直後で列車はタングルフット・カーブにやってくる。ループの環があまりにもきついので、前部のエンジンが後部の車掌車にくっつきそうに見えるほどだ。山々を通り抜ける曲がりくねった旅を続け、列車は42mの高さのトレッスル橋でカスケード・クリークを渡る。この橋はこのルートで一番高い橋である。それから中間地点の鄙びた鉄道集落オシアに入り、昼食休憩の停車となる。

路線の東端に位置するコネホス郡アントニトは昔の交易路オールド・スパニッシュ・トレイルのルート上にある。ここはクンブレス&トルテック・シーニック鉄道の東の終着駅であり、アラモサから遊覧列車を走らせているスタンダード・ゲージのサンルイス&リオグランデ鉄道の南の終着駅でもある。この鉄道の町はかつてサン・アントニオ・ジャンクションとして知られた羊飼いの野営地で、シカゴの受賞詩人アーロン・A・アベイタの生誕地でもある。現在の人口は約900人である。

右：州境を越えてコロラド州に入る'K36'型 2-8-2 No.487。2007年10月、チャマ午前10時発アントニト行きの列車。

デュランゴ&
シルヴァートン狭軌鉄道
コロラド州（アメリカ合衆国）

ゲージ：3フィート
全　長：72キロ
ルート：デュランゴ～シルヴァートン間

デュランゴ&シルヴァートン狭軌鉄道は、ハリウッドの西部劇に登場することと、100パーセント石炭を燃料とする蒸気機関車を走らせていることで世界的に有名である。この鉄道を利用すれば、乗客はアニマス・キャニオン経由で山岳に入り、昔の銀採掘の町シルヴァートンまでのスリリングな旅が味わえる。

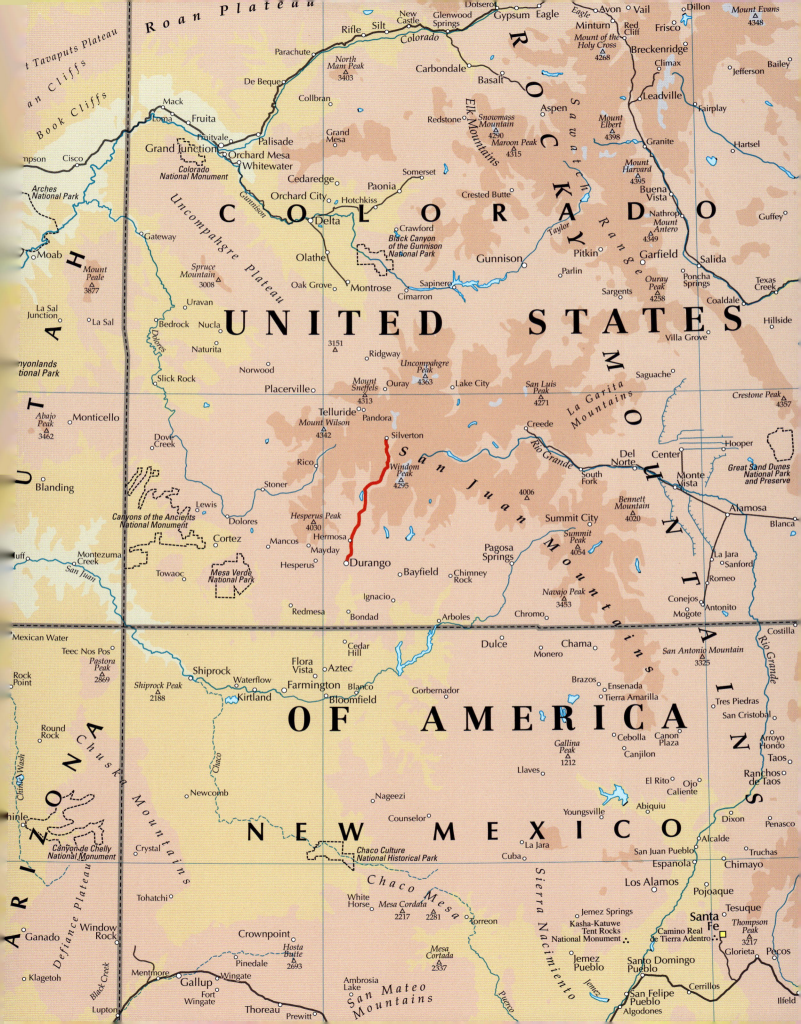

デュランゴ&シルヴァートン鉄道会社は、クンブレス&トルテック・シーニック鉄道会社（236〜241ページ参照）と同様に、ふたりの共同設立者がデンヴァー&リオグランデ鉄道会社（D&RGR）を立ち上げた1870年に運行を開始した。そのふたりとは、軍人・土木技師・産業資本家のウィリアム・パーマー将軍と、イギリスの内科医でアメリカ西部を撮る写真家でもあったウィリアム・ベルである。当時、コロラド州のデンヴァーの町は急速に発展しようとしていたが、その西部・南西部にはロッキー山脈があり、そこには豊富な鉱床があった。この新しい鉄道はその鉱床を開発するために計画されたものである。アメリカの初期の鉄道では、通常、3フィートのナロー・ゲージが採用され、蒸気機関車の燃料としては薪ではなく石炭が使用されていた。

デンヴァー&リオグランデ鉄道は、1881年8月、クンブレス峠（海抜3,045m）経由で、新しい鉄道の町デュランゴに達した。その直後、アニマス川の谷間からシルヴァートンまでの路線工事が始まった。そこにはアニマス川や山の支流に12もの橋を架ける工事も含まれていた。しかし、これらの天然の障害物にもかかわらず、工事は迅速に進み、1882年7月10日には乗客と貨物の輸送が開始された。そして地元で採掘された銀鉱石は、この路線でデュランゴの精錬所に運ばれるようになった。海抜2,830mに位置するシルヴァートンはこの鉄道の開通と共に、しばらくの間、にわか景気に沸く鉱山町となった。しかし、1893年には経済不況というか〈恐慌〉に陥り、鉄道建設のバブルがはじけてしまった。銀の価格は急落し、いくつかの重要な鉄道会社、また600もの銀行をはじめ、15,000以上のアメリカ企業が破綻した。その多くは西部の企業だった。失業者やホームレスの数が急増し、多くの人びとが飢餓状態に見舞われた。それでもシルヴァートン線は20世紀になっても奮闘を続け、近隣地域の鉱山の衰微、道路輸送との競争、乗客数の減少、洪水、冬の豪雪など、数々の不利な条件にもかかわらず、なんとか生き延びることができた。

デュランゴの昔の銀の精錬所は、第2次世界大戦中、地元で採掘されたウラニウムをマンハッタン計画用に処理する施設として息を吹き返し、冷戦中の1940年代後半まで操業を続けた。戦後になると、この鉄道は国内の観光旅行の増加によって危ういところを救われた。また、1950年代の数本のハリウッド映画に登場したことによって、この鉄道に対する興味がかきたてられたのも幸いだった。そうした映画の中には、マリリン・モンローが端役で登場する「彼女は二挺拳銃」、「80日間世界一周」、ジェームズ・ステュアート主演の「夜間飛行」などがある。しかし、この鉄道がさらに重要な役割を演じて注目されたのは、1969年の「明日に向かって撃て」と1971年の「地平線から来た男」であった。

1950年代初頭には、貨物輸送は減少して細々と続いている程度であり、夏の数カ月間だけ、主として観光客のために貨客混合列車のかたちで運行するといった状態だった。デンヴァー&リオグランデ鉄道は1956年までに蒸気機関車の全車両を標準軌に換えたが、シルヴァートン支社は、1920年代にシェネクタディ・ロコモーティヴ・ワークス社とボールドウィン・ロコモーティヴ・ワークス社が製造した機関車'ミカド'型2-8-2を使いつづけた——現在の路線の所有者もまだこの'ミカド'型を使っていることから、100パーセント石炭を燃料とする機関車を走らせていると言ってよい。

デンヴァー&リオグランデ鉄道は1960年代までに、残っているナロー・ゲージの路線を時代遅れとみなし、廃線にしようと努めた。しかしながら、会社が出した申請は、観光客の増加を理由に、州際通商委員会によって却下された。クンブレス峠を経由するアントニト〜デュランゴ間の路線は、石油ブームで建設資材の運搬が頻繁になり、一時的に活況を呈した。東部からデュランゴに入る列車が最後に走ったのは1968年で、その2年後には、アントニトからチャマまでの区間は、観光鉄道としてコロラドとニューメキシコのふたつの州によって購入された（236〜241ページ参照）。

デンヴァー&リオグランデ鉄道は、シルヴァートンの路線を廃止する試みに失敗したのち、基幹設備と所有車両の改良のために投資するだけでなく、デュランゴの終着駅と周囲の環境を観光客にとって快適なものにすることにもしぶしぶ同意した。こうした改良や乗客数の増加、またアメリカ合衆国国定歴史建造物への登録にもかかわらず、会社はなおも孤立した古めかしい路線の廃止を見据えていた。そして1979年、柑橘類の栽培で財を成したフロリダの大富豪チャールズ・ブラッドショーが現れた。彼はデンヴァー&リオグランデ鉄道が拒否できない申し出をして、1981年、この72kmの鉄道の一切合財を買い取った。

風光明媚なデュランゴ&シルヴァートン狭軌鉄道は、新しい所有者のもと、まもなく観光客の間で大人気となった。愛すべき昔の蒸気機関車と全車両が復元され、また新しい車両も製造され、さらに軌道と基幹設備はグレードアップされて、機関車2両を連結した列車が導入された。乗客数は増加の一途をたどり、従業員数も増加した。この鉄道の成功は、世界中から観光客を呼び寄せた。列車は増便となり、1986年までに、毎日、全路線にわたって4便の往復列車が走るように

242ページ：アニマス川沿いにデュランゴに戻る'K36'型2-8-2No.486。2007年10月15日午後2時30分発デュランゴ行き。

なった。ブラッドショーは1997年にこの鉄道を売却したが、翌1998年には再度アメリカン・ヘリテージ鉄道に売却された。今日、この鉄道を所有し、操業しているのはこの鉄道会社で、ここはまたふたつの博物館を運営している。デュランゴ＆シルヴァートン狭軌鉄道博物館はデュランゴの扇形格納庫にあり、フレート・ヤード博物館はシルヴァートン貨物車庫にある。

デュランゴ＆シルヴァートン狭軌鉄道の本社は、コロラド州の以前の鉄道町デュランゴにある。この町は人口およそ17,000人、海抜1,980mの高さに位置しており、1880年代の初頭にデンヴァー＆リオグランデ鉄道会社によって開発された。当時、ナロー・ゲージ鉄道による運行が開始されたのは、地元の鉱山採掘事業に役立てるためであった。この終着駅の隣には、路線の設立者パーマー将軍の名を冠した鉄道ホテルが当時のまま残っており、今も営業を続けている。一年中（冬期の運行はカスケード・キャニオンまで）蒸気機関車に牽引された列車が運行しており、アニマス・キャニオンを経由してシルヴァートンに行く72kmの行程を3時間30分かけて走行する。シルヴァートンでは2時間15分の下車時間があり、乗客はフレート・ヤード博物館を見学したり、ランチをとったりして、それからデュランゴまでの帰途につく。

この鉄道はデュランゴからシルヴァートンまで、曲がりくねったカーブを回ったり、山腹の岩棚に沿って走ったり、壮大なアニマス・キャニオンを通ったりして、850mの高さまで登る。アニマス川は水力発電用にダムで水を堰き止められた

ボールドウィン社製 'K28' 型 No.473。コロラド州デュランゴ北のハイウェー550号線沿いに走行し、トリンブルに接近。2008年9月8日のシルヴァートン行きの第一便。

ことがなく、合衆国内で水が自由に流れる最後の川のひとつとなっている。水位がもっとも高くなるのは6月の雪解けの時期である。蒸気機関車に牽引された列車はデュランゴ駅から出発して、ゆっくりと町を通過し、数カ所のハイウェーとの交差点を慎重に渡り、峡谷を登り、最初の給水ポイントのハーモサで停車する。ここから機関車は奮闘し、峡谷を抜け、カーブした岸壁を急角度で曲がりながら、ロックウッドまで30分ほど登りつづける。途中には第1回目のアニマス川の横断がある。

ロックウッドから列車はスリリングなアニマス・キャニオンに入り、〈ハイライン〉へとゆっくりと進んでいく。ここはタコマまで高い崖に沿って這うように進む区間である。その後、機関車に水を補給するタンク・クリークに達し、さらに狭い岩棚をたどって、まもなくトール・ティンバー・リゾートに着く。次に現れるカスケード・キャニオンでは、冬期の列車はデルタ線を利用して折り返す。谷の上方で雪崩の危険があるために、11月から5月の初旬までは、ここまでの運行が限界なのである。

列車は3度目のアニマス川横断のあと、左右に向きを変える急カーブを登りつづけ、ニードルトンに到着。そこで、さらに水を補給する。ここからも登りが続き、コロラド・トレールと交差するエルク・パークまで、勾配はさらにきつくなる。エルク・パークは冬の間、もっとも雪崩の起こりやすい場所のひとつであるが、周囲は4,250mを超える峰々に囲まれており、猟期には人気のある狩猟場ともなる。ここを過ぎると勾配は前よりゆるやかになり、やがてアニマス・キャニオンの渓谷の幅がもっとも狭いカタラクトの急カーブに達する。それから最後のアニマス川横断のあと、スピードを落としてシルヴァートンに接近する。列車はシルヴァートンでデュランゴまでの帰途につくため、デルタ線を使って折り返す。

シルヴァートンは人口が600人強で、かつては銀の採掘の町だった。人里離れた海抜2,833mの山の谷間に位置し、アメリカ合衆国国定歴史建造物地域に登録されている。現在、採掘はおこなわれておらず、町は生き残りをかけ主として観光業に取り組んでいる――19世紀末の建築、博物館、牢獄、旧百金鉱ツアー、アニマル・フォークのゴーストタウン訪問など、すべてが開拓時代の西部の趣きをたたえている。

右：アニマス川上方の〈ハイライン〉沿いに減速して進む'K36'型2-8-2 No.488。2007年10月15日8時45分デュランゴ発シルヴァートン行きの列車。

〈エンパイア・ビルダー号〉
アメリカ合衆国

ゲージ：4フィート8½インチ
全　長：3,550キロ／3,632キロ
ルート：シカゴ～シアトル／ポートランド間

〈エンパイア・ビルダー号〉（帝国建設者の意。J.J.ヒルの通称）はアメリカでもっとも長い歴史を誇る列車のひとつで、1893年、グレート・ノーザン鉄道（GNR）によって開設された北部ルートを走り、大平原や北米大陸分水界（ほぼロッキー山脈に相当）を横断している。この路線はロッキー山脈の壮大な光景ばかりでなく、峠を通過するふたつの合衆国最長のトンネルを呼び物としている。

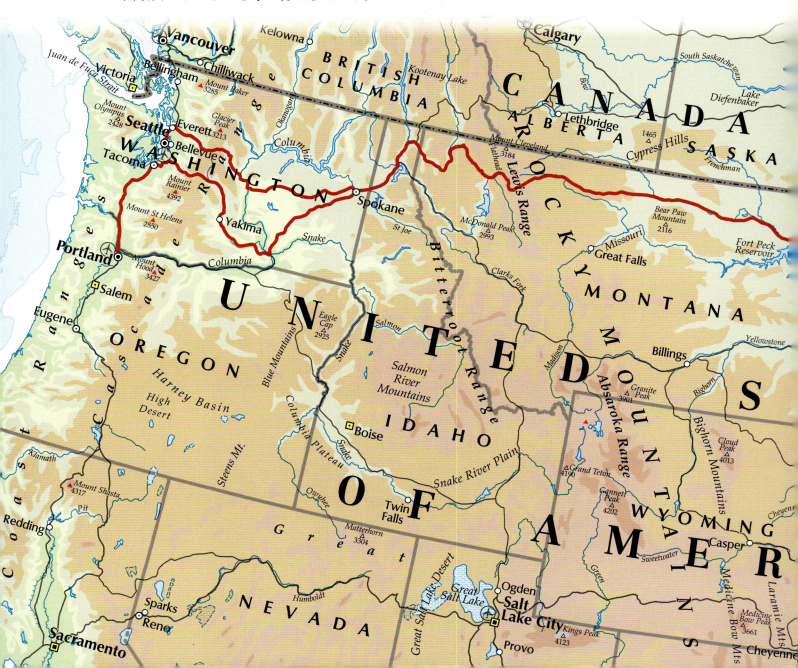

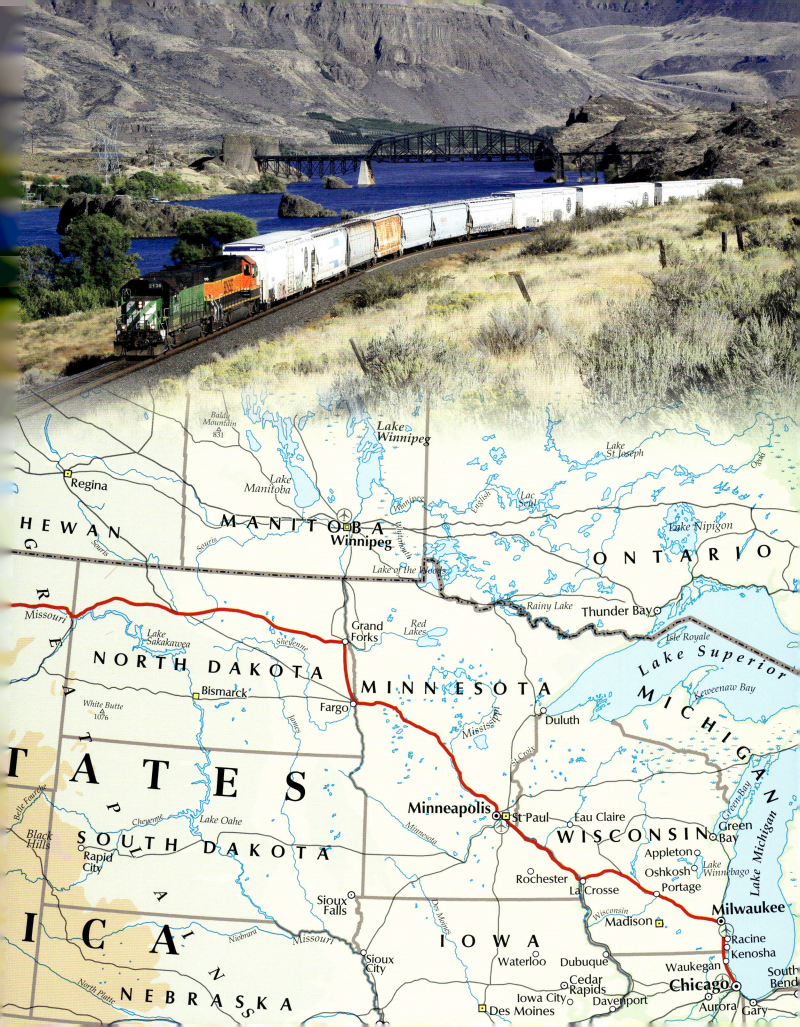

〈エンパイア・ビルダー号〉は1929年、グレート・ノーザン鉄道（GNR）によって導入された。世界中の列車の中でも、もっとも歴史ある有名な列車のひとつである。シカゴからシアトルやポートランドへと走るそのルートは、19世紀末に開設された合衆国最北の大陸横断鉄道であり、大平原や大陸分水界を横断して太平洋沿岸へと到達する。

このルートの大半は今の合衆国西部を横断した最初のアメリカ人探検家メリウェザー・ルイスとウィリアム・クラークの足跡をたどっている。彼らは大統領トーマス・ジェファーソンに委嘱され、1804年から1806年まで2年間の探検をおこなった。彼らはミズーリ川沿いに西に進み、大陸分水界を横断して、さらにコロンビア川をたどり、やがて太平洋沿岸へと到達するルートを切り開いたのである。

グレート・ノーザン鉄道を経営したのは、企業家・事業主として成功したジェームズ・J・ヒルだった。彼は1870年代から80年代にかけて、倒産した企業の買収・売却をくり返し、億万長者になった。1873年の大恐慌後にはアメリカの多くの鉄道会社が倒産したが、そうした会社のひとつにセントポール＆パシフィック鉄道があり、1878年、ヒルはこれを買収した。ヒルはまた1879年、セントポール・ミネアポリス＆マニトバ鉄道を創設し、徐々にグランド・フォークスへと拡張して、1885年にはさらに西のノースダコタ州デヴィルズ・レークにまで到達した。この鉄道は1889年までには、遠くモンタナ州北部のアシニボイン砦（今日のハヴァ市近郊）まで貫通していた。1890年、ヒルの鉄道帝国はすでにモンタナ・セントラル鉄道を吸収しており、グレート・ノーザン鉄道として知られるようになった。

アシニボイン砦から西方の山脈へと進入する鉄道建設が始まったのは1890年である。それは海抜1,585mのマライアス峠を経由してルイス山脈を越えるルートをとった。このルートは前年に鉄道の測量技師ジョン・スティーヴンズが発見したルートであり、1910年、鉄道会社はマライアス峠が位置するグレーシャー国立公園を開設する義務を負った。ここから西に進むルートはフラットヘッド川のミドル・フォークをたどり、ワシントン州のカスケード山脈に到達した。この山脈を横断するには当初は急激なジグザグの山岳鉄道が必要で、それは鉄道技師の名にちなむ海抜1,235mのスティーヴンズ峠を越えてシアトルに下った。全額個人資金によって建設されたこの路線は、1893年、セントポール〜シアトル間の全線が開通し、結果的に北ヨーロッパから何千人もの植民者を呼び込むことになった。彼らは、鉄道会社によって売り出された低価格の土地を目当てにやってきたのである。

ヒルの鉄道帝国は拡大しつづけ、1901年にはシカゴ・バーリントン＆クインシー鉄道の買収によって、これまで欠けていたセントポール〜シカゴ間が結ばれた。また1909年、コロンビア渓谷を通るスポカン・ポートランド＆オレゴン鉄道によって、オレゴン州ポートランドまで繋がった。これはグレート・ノーザン鉄道の主たる競合会社ノーザン・パシフィック鉄道との合同事業だった。

スティーヴンズ峠を越える急激なジグザグの山岳鉄道は、たびたび多量の降雪によって不通となるため評判が悪く、1900年にはトンネルに取って代わられた。これはカスケード山脈を抜ける最初のトンネルで、わずか4kmほどしかなかったが、東まわりの斜面を登るとき、乗客や機関手は蒸気機関車の吐き出す煙にしばしば辟易させられた。こうした問題を解決するために、トンネルを抜ける鉄道は1909年に電化され、最大4両の電気機関車が6.5kmにわたって重量のある列車を牽引することになった。おかげで噴煙からは解放されたが、トンネル進入路が冬季に多量の降雪に苦しめられるという問題は依然として解決されなかった。そして1910年、最悪の事故に見舞われた。列車が雪崩に襲われ、100人もの乗客が命を落としたのである。

1929年、最初のトンネルの代わりに、より低いカスケード・トンネルが開通した。それは全長12.5kmに及び、合衆国最長のトンネルとなった。おかげで走行時間が劇的に短縮され、また電化もされて、しばらくそうした状態が続いたが、1956年には強力な換気装置が設置され、ディーゼル機関車の運行が可能になった。

1970年、モンタナ州ホワイトフィッシュ西部へと向かう路線上に、合衆国第二の長さを誇るトンネルが開通した。この11kmに及ぶフラットヘッド・トンネルは、リビー・ダム建設に伴う97kmの迂回路線の一部として建設された。このダム建設によって、クートネー川から溢れ出た水は、長さ145kmのクーカヌサ湖（ダム湖）を形成し、その半分ほどは、合衆国とカナダの国境を越えてブリティッシュ・コロンビアにまで侵入している。

グレート・ノーザン鉄道が1905年に導入した〈オリエンタル・リミテッド号〉は、当初、セントポール〜シアトル間を走行し、シアトルで、太平洋を横断して極東へ向かう蒸気船と接続していた。1909年には、このルートはシカゴにまで延

249ページ：壮観な光景の中を走る〈エンパイア・ビルダー号〉。2010年9月、バーリントン・ノーザン・サンタフェ鉄道2726号と2136号がクインシーからの貨物列車を牽引して、ワシントン州ウェナチーに接近。

長され、1929年に〈エンパイア・ビルダー号〉が導入されるまで、ずっと主要な大陸横断列車でありつづけた。〈エンパイア・ビルダー号〉は第2次世界大戦中、陸軍の人員輸送に多量に使用され、しばしば車両を倍増しなければならないほどだったが、1947年、蒸気機関車は流線型のディーゼル電気機関車に取って代わられた。一方、〈オリエンタル・リミテッド号〉は1951年、〈ウェスタン・スター号〉へと改称された。こちらはより多くの駅に停車し、ルートも多少長かったが、走行時間は〈エンパイア・ビルダー号〉が45時間であるのに対して、58時間もあり、かなり遅い列車と言えた。その後、〈ウェスタン・スター号〉は安価な空の旅との競争の激化に直面し、1971年、撤退した。

かつてシカゴからシアトルやポートランドへと向かったグレート・ノーザン鉄道ルートの大半は、現在ではバーリントン・ノーザン・サンタフェ鉄道（BNSF）の操業となっている。これは数十年にわたってグレート・ノーザン鉄道、ノーザン・パシフィック鉄道、バーリントン・ノーザン鉄道、アッチソン・トピカ＆サンタフェ鉄道などが融合した結果、1996年に設立された鉄道会社である。唯一、BNSF鉄道の操業となっていない区間は、シカゴ〜ミネアポリス間だけである。

BNSF鉄道は約51,500kmのルートを持っており、北アメリカでは2番目に大きな貨物鉄道網である。その大陸北部横断部門の中にはシカゴとシアトルとを結ぶアメリカ最北の横断ルートが含まれる。それは〈エンパイア・ビルダー号〉のルートであるだけでなく、長い陸上一貫輸送の列車によってひんぱんに使用されている。

〈エンパイア・ビルダー号〉はグレート・ノーザン鉄道の創設者を称えて名づけられたが、今日、操業しているのはアムトラック、すなわち、全米鉄道旅客公社である。これはアメリカ合衆国で、利益が上がらず存続が危ぶまれる旅客輸送ルートが廃線となるのを防ぐために、1971年、公共の基金によって設立された組織である。

〈エンパイア・ビルダー号〉はアムトラックの中でももっとも多く利用されている長距離列車で、シカゴからシアトルまで3,550kmを45時間で走行する。12両の車両がゼネラル・エレクトリック社の'P42'型Genesisのディーゼル機関車2両によって牽引され、そのうち、オレゴン州ポートランドに向かう列車は、スポカンで接続されたり切り離されたりする。2階建客車スーパーライナーの乗客たちは、荷物車、寝台車、食堂車、ラウンジ車などが利用できる。

〈エンパイア・ビルダー号〉が長旅に出発するシカゴの伝統あるユニオン・ストリート駅は1925年に建てられ、現在、アメリカ合衆国で3番目に混雑する駅である。この駅を利用するアムトラックの有名な列車は他に15列車もある。〈エンパイア・ビルダー号〉はミシガン湖の西岸沿いに北に進み、グレンヴューに停車してウィスコンシン州へと進入する。さらにミルウォーキーに停車後、北西のコースをたどり、コロンバス、ポーテッジ、ウィスコンシン・デルズ、トマ、ラクロスへと進んで、ミシシッピ川を横断する。ミネソタ州に入ってからは樹林風景の中を抜けて、セントポールの新装なったミッドウェイ駅に停車し、さらに広大な平原の中、デトロイト・レークスをめざす。そこからレッド・リバーを横断してノースダコタ州に入り、ファーゴ駅に到着する。

列車はファーゴの重要なジャンクションから北のグランド・フォークスに向かい、西の大平原を横断してデヴィルズ・レークに到着する。ここではよく水が溢れ、路線が浸水したが、最近、3mほど線路を高くすることによって問題は解決した。列車はさらにデヴィルズ・レークから西に進み、ウィリストンのほんの少し西側、イェローストーン川とミズーリ川の合流点近くでモンタナ州に入る。

大平原を後にした列車は長い坂を登り、グレーシャー国立公園に入って、まずマルタ、ハヴァ、シェルビーへと進み、マライアス峠でルイス山脈を横断する。途中、伝統的様式のツー・メディスン構脚橋を渡り、季節によってはスキーのリゾート地に停車して、ルート上でもっとも混雑する駅のひとつ、チューダー朝様式を模したホワイトフィッシュ駅に到着する。ここからまもなく11kmのフラットヘッド・トンネルに入り、ほんの少しアイダホ州を走り、ワシントン州に入ってスポカンに到着する。ポートランド行きの列車はここで切り離され、さらにコロンビア渓谷を抜ける旅を続けることになる。

シアトル行きの列車はスポカンからルート上を進み、12.5kmのカスケード・トンネル経由でカスケード山脈を抜け、エヴェレット市のすばらしい新駅舎に到着する。次にエドモンズ駅に停車し、シカゴからの長い列車の旅はシアトルのキング・ストリート駅で終わりとなる。堂々たる時計台のあるこの最終駅は1906年、グレート・ノーザン鉄道とノーザン・パシフィック鉄道が共同で建設したものだが、最近、大規模な修復工事がなされている。

252〜253ページ：'P42'型ディーゼル電気機関車No.19とNo.85がツー・メディスン構脚橋を横断。2010年9月、モンタナ州グレーシャー国立公園を通過中の東行きの〈エンパイア・ビルダー号〉。

ホワイト・パス
＆ユーコン鉄道
アラスカ州（合衆国）とユーコン準州（カナダ）

ゲージ：3フィート
全　長：109キロ
ルート：スカグウェイ（アラスカ州）〜カークロス（ユーコン準州）間

ナロー・ゲージのホワイト・パス＆ユーコン鉄道はクロンダイク・ゴールドラッシュがきっかけとなって敷設された。これはカナダ北部の遠隔地ユーコン準州からアラスカの港町スカグウェイまで、鉱物資源を輸送する財政的に恵まれた鉄道であった。1982年に廃線となったが、その後、一部は観光用の鉄道として再開され、スカグウェイでクルーズ客船と連絡している。

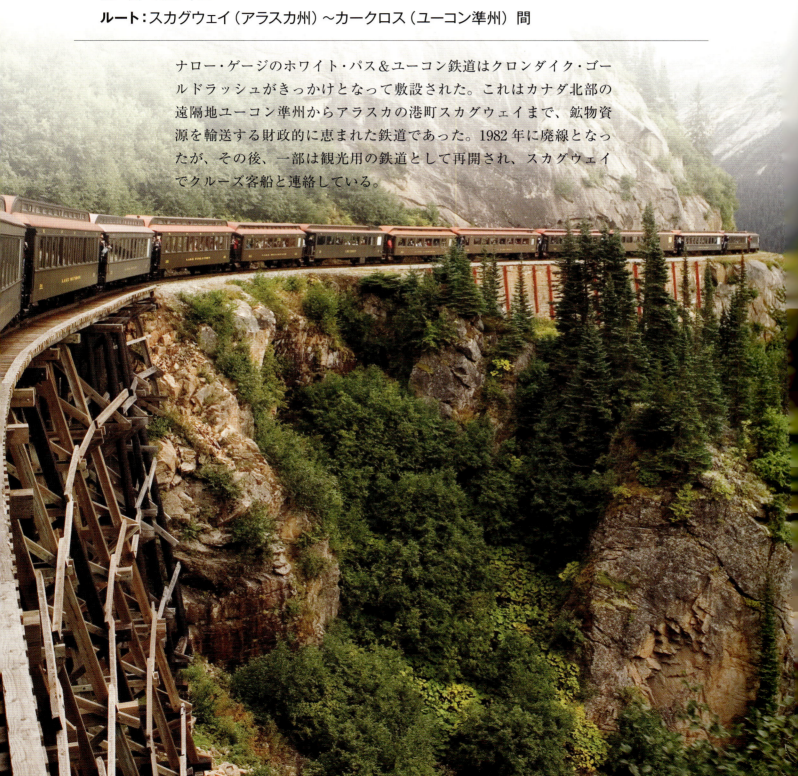

この遠隔地の鉄道の歴史は1896年、有名なクロンダイク・ゴールドラッシュと共に始まる。この年、カナダ北西部に位置するユーコン準州のクロンダイク川流域で金が発見され、1897年から1899年の間に、およそ10万人もの採鉱者が鉱脈を掘り当てようと押し寄せた。しかし、この荒れ果てた不便な地域で金鉱地までたどり着くのは、道路や鉄道がなかった時代のこととて並大抵のことではなかった。唯一のルートはアラスカ南東部のスカグウェイやダイイーの港を経由するというものだった。いわゆるクロンダイカー［クロンダイク探金者の意］は、そこからホワイト峠やチルクート山道を経てカナダに入り、ユーコン川に下りて、さらにボートでクロンダイクまで行かなければならなかった。しかし、山岳地帯、厳しい冬の寒さ、さらに採鉱者はすべて1年分の食糧を携行すべしというカナダ政府の命令などによって、多くの者が途中で挫折した。クロンダイクに到着したのはわずか3万人で、そのうち、実際に金を発見したのは4,000人にすぎなかった。ルート上にはドーソン・シティのような新興の町が誕生し、採鉱者たちに宿を提供したが、1899年にはすでに多くの人がアラスカ西部で新たな金鉱地を発見するべく、この地を立ち去っていた。金の採掘はより洗練された装置で20世紀初頭まで続けられたが、1903年までにはピークに達し、やがてゴールドラッシュは収束した。その後、銀・銅・鉛など他の貴重な鉱物を採掘する会社に取って代わられた。

1897年、こうした鉱物に恵まれた広大な地域を開発しようとした3つの会社が、鉄道建設に乗り出した。アラスカの港町スカグウェイから山岳地帯を横断して、カナダのユーコン準州のフォート・セルカークに至る523kmの鉄道だった。鉄道には3フィートのゲージが選ばれ、それによって山の輪郭線に沿って急曲線を採用できるようになり、建設費を削減することができた。建設工事は1898年5月に始まったが、まもなくスカグウェイの地元マフィアとのトラブルが発生し、7月、この始動したプロジェクトはロンドンに本部をもつホワイト・パス＆ユーコン鉄道会社（WP&YR）に引き継がれた。

新しい所有者がプロジェクトを請け負ってから、建設工事は急ピッチで進められ、1899年2月には標高877mのホワイト峠の頂上にまで達した。さらに7月にはベネット湖の南端の町ベネットに達し、1900年8月にはスカグウェイからホワイトホースに至る全長177kmの鉄道が開通した。しかし残念ながら、その時にはすでにクロンダイク・ゴールドラッシュは終わっており、当初予定されていたフォート・セルカークまでの346kmの延長工事の代わりに、鉄道会社所有の定期船がユーコン川でホワイトホースとドーソン・シティの間を往復することになった。

1900年には、すでにほとんどの採鉱者はユーコンから姿を消したが、まもなく代わりに他の鉱物を採掘する企業がやってきた。これらの貴重な鉱石を運び出す唯一のルートは、ホワイト・パス＆ユーコン鉄道でスカグウェイを経由し、そこから船で輸送するというものだった。この鉄道は第1次世界大戦中も利益を生み、1930年代の大恐慌も乗り切ることができたが、第2次世界大戦の勃発によって衰退しはじめ、廃線が危ぶまれる深刻な事態となった。しかし、1941年12月7日、日本の真珠湾攻撃によって鉄道に新たな生命が吹き込まれた。日本のアラスカ侵略を恐れたアメリカ政府は、戦略的に2,735kmのアラスカ・ハイウェーの建設を決断した。その計画ルート上にあったのがホワイトホースだった。アメリカ陸軍はハイウェー建設に必要となる多量の資材や人員を運搬するため、廃れかけた鉄道を引き継ぎ、新たに蒸気機関車を導入したり、また合衆国のデンヴァー＆リオグランデ・ウェスタン鉄道（236〜241ページ参照）など、他の3フィートのナロー・ゲージ・システムの鉄道から所有車両を徴用したりした。この頃、厳しい冬の寒さにもかかわらず、運行量の増加はめざましく、1943年にはすでに驚くべきことに10倍の運行量に跳ね上がっていた。8月のある1日だけでも、ほとんど40便もの列車の運行があるほどだった。

合衆国の他のナロー・ゲージ鉄道がつぶれかかっていた1950年代、ホワイト・パス＆ユーコン鉄道だけはディーゼル機関車やコンテナ輸送を導入し、近代化の最前線にあった。また1969年にはもうひとつ、鉄道に生命を吹き込む事態が発生した。ユーコン準州のファロに世界最大の亜鉛の鉱山が開かれたのである。鉱石は道路でホワイトホースまで運ばれ、船で出荷するため、鉄道でスカグウェイまで輸送された。乗客の往来もまたスカグウェイに入港するクルーズ客船のおかげで増加していた。観光客はここで直接、船から列車に乗り換え、ホワイト峠を抜ける絶景の旅に出かけることができた（現在も同様）のである。

1982年の夏、世界市場において金属の価格が暴落し、亜鉛の鉱山が閉鎖されると、鉄道もついに幸運に見放される時が来た。主要な収入源が途絶えた鉄道は乗客の輸送でなんとか持ちこたえていたが、10月には廃線にせざるをえなくなった。

しかし、ホワイト・パス＆ユーコン鉄道にとって幸運なことに、それでまったく鉄道の命運が尽きたわけではなかった。スカグウェイに入港するクルーズ客船の運航事業者にとって、

254ページ：ホワイト・パス＆ユーコン鉄道。乗客はスカグウェイ〜カークロス間の山岳地帯を走行中、すばらしい光景を目にする。

路線の絶景の魅力が失せることはなかった。彼らの慫慂と支援のおかげで、夏だけの観光列車として一部の鉄道が再開されることになり、1989年にはフレイザーまで、1992年にはベネットまで、最終的には2007年にカークロスまでの路線が開通した。そこから先のホワイトホースまでの廃線部分も将来は再開されるかもしれない。

ホワイト・パス&ユーコン鉄道の列車は、大きなクルーズ客船が停泊するスカグウェイの波止場から出発する。そのため、クルーズ客船の乗客はその場ですぐ列車に乗り込むことができる。こうしてなだれ込んでくる乗客を乗せるためには、4両の列車が必要となり、それらがホワイト峠まで次々と列をなして進む。通常、牽引するのは1950年代と1960年代のアルコ&ゼネラル・エレクトリック社製のディーゼル機関車だが、また、1908年製の2-8-0や1947年製の2-8-2で復元された蒸気機関車も運行されている（両者ともボールドウィン・ロコモーティヴ・ワークス社製）。

スカグウェイはクロンダイク・ゴールドラッシュ当時、人口が1万人にふくれ上がり（現在は920人）無法の町となっ

ホワイト・パス&ユーコン鉄道。ディーゼル機関車に牽引された山頂周遊列車は、24kmのトンネルを通過してすぐ木製のトレッスル橋を渡る。近くにはスリッパリー・ロックと呼ばれる駅がある。

たが、今また、夏の間は多くのクルーズ船がやって来て活気づいている。ホワイト・パス＆ユーコン鉄道は波止場から海抜871mのホワイト峠まで32kmほど登坂する。町中を通る最初の3.2kmはかなり平坦だが、鉄道の整備工場を通過後、上り坂となり、スカグウェイ川の東岸沿いに走行し、東方にカーブしてイーストフォークを横断する。ここには古い車掌車があり、アメリカ林野局から宿泊所として借り出すことができる。鉄道はさらに登りつづけ、再びスカグウェイ川の東岸に出る。ここではハーディング山とハーディング氷河のすばらしい展望が得られる。ヘネイ駅では進路を東にとり、グレーシャー駅近くで川を横断。それから西にカーブし、グレーシャー渓谷を横断して、トンネル・マウンテンの中に姿を消す。次に鉄道は北に向かい、インスピレーション・ポイントとデッド・ホース峡谷を通過して、トンネルにやってくる。このトンネルは1969年、近くにある鉄橋の代わりとして開通した。この年、ホワイトホース近くに亜鉛の鉱山が開かれ、重い鉱物を運ぶ列車を導入するにあたって、この鉄橋は危険だと判断されたのである。まもなくホワイト・パス・サミット、さらに合衆国とカナダの国境を通過し、平坦なコースの中、山の澄みきった湖の間を抜けて、ブリティッシュ・コロンビアのフレイザーに到着する。ここにはカナダの税関があって、職員が旅行者のパスポート・チェックに当たっている。

　鉄道はフレイザーから一連の湖に沿って北東に進み、さらに山々の周囲を西にカーブし、ベネット湖南端のベネットに到着する。アラスカのダイイーからのチルクート山道とはここで出会う。ベネットはかつて金の採鉱者たちにとって重要な準備地域で、彼らはここから筏やボートで湖岸に沿ってカークロスに出かけた。しかし1900年、鉄道の開通によってこの町は終焉を迎えた。鉄道はベネットから湖畔沿いに進み、ユーコン準州に入り、今日の終着駅カークロスに到着する。カークロスは古くはカリブー・クロッシングと呼ばれた小さな町で、人口は300人足らず。ほとんど、夏の間、列車でやってくる観光客を頼りとしている。

　ホワイトホースまでの残り72kmの鉄道は、1982年以来ずっと廃線となっている。しかし、線路は残っていて、現在、再開案も出ている。ユーコン準州の首都でカナダ北部最大の都市でもあるホワイトホース（人口2万3,000人）では、1.6kmほどの線路を観光用市外電車が運行している。

右：ボールドウィン社製2-8-2 No.73機関車は、通風窓付きの車両を牽引して24kmのトンネルを通過。木製のトレッスル橋を渡る。この区間は1898〜99年の極寒の冬のあいだに切り開かれた。

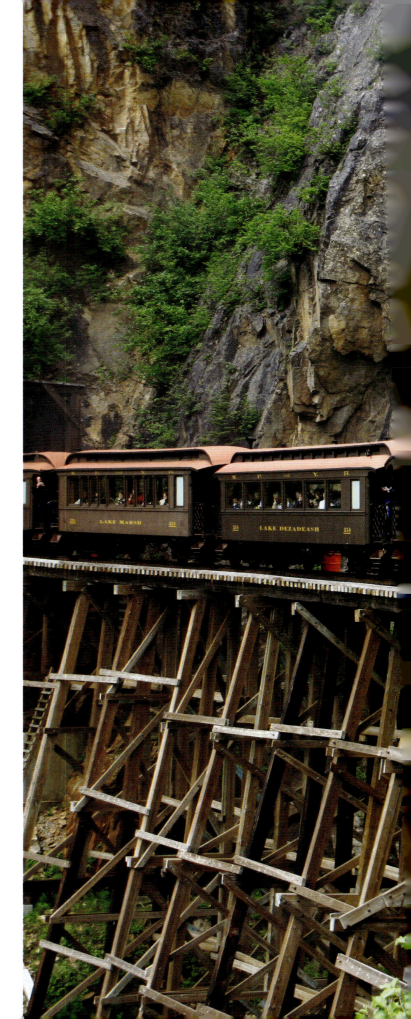

カナディアン・ロッキー横断

カナダ

ゲージ：4フィート8½インチ
全　長：2,372キロ（カルガリー経由）　2,502キロ（エドモントン経由）
ルート：ウィニペグ～ヴァンクーヴァー間

カナダには、カナディアン・ロッキーを横断し東海岸と西海岸をつなぐ路線は、1885年開業のカナディアン・パシフィック鉄道の路線、1912年に開通したカナディアン・ノーザン鉄道の路線、さらに、1917年、ナショナル・トランスコンチネンタル鉄道の西部支部グランド・トランク・パシフィック鉄道とが開通させた路線がある。今日、カナダの鉄道は貨物輸送が主体となり、各鉄道会社は旅客部門を分離し、国が出資するVIA鉄道へ旅客部門を統合している。

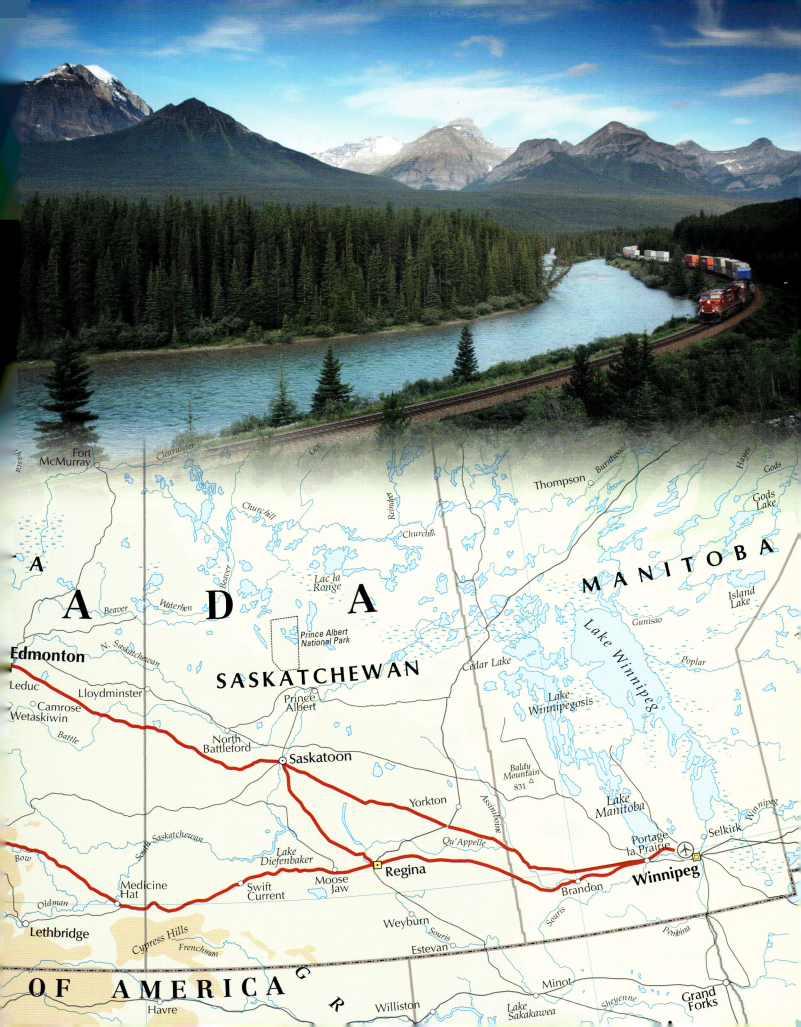

カナディアン・パシフィック鉄道

1867年、3つのイギリス植民地からカナダ自治領が形成されたとき、西方のブリティッシュ・コロンビアは孤立状態だったが、1871年、カナダ政府が10年以内にロッキー山脈を横断する鉄道を敷設すると公約したのを機に、自治領加入の方向に転じた。

しかし、カナダ政府の傘下にあった当初は工事の進行は遅く、1880年までにわずか483kmの鉄道が開設されたにすぎなかった。同年、スコットランド系カナダ人の企業家グループが大陸横断鉄道を完成させるために企業連合を設立したことから、政府の経済的支援と土地提供が得られるようになり、1881年、カナディアン・パシフィック鉄道会社（CPR）が設立された。設立契約の中には、政府がすでに建設した、あるいは建設中である鉄道区間も含まれていた。たとえば、ブリティッシュ・コロンビアのフレーザー川とトンプソン川の東岸沿いにポート・ムーディからカムループスまで行く路線や、東部のスペリオル湖北岸のサンダー・ベイからウィニペグまでの支線などである。

東部で、カナダ楯状地の湖が点在する不毛な風景を横断して西へと向かう鉄道建設がスタートしたのは、オンタリオ州ボンフィールドからだった。カナディアン・パシフィック鉄道はここからさらに東方のトロント、オタワ、モントリオールへ行けるように、1884年、カナディアン・セントラル鉄道、オンタリオ＆ケベック鉄道とリース契約を結んだ。カナディアン・パシフィック鉄道のルートは、マニトバ州ウィニペグを経て、大草原を南ルートで横断し、サスカチェワン州レジャイナやアルバータ州カルガリーへ行くというものだった。カルガリーの西方では、鉄道技師は急勾配のルートでロッキー山脈を越えるという問題に直面した。鉄道は主として低い賃金で過重労働を強いられた中国人工夫によって建設され、1884年、通過点である海抜1,639mのキッキング・ホース峠に到達した。その後、峠の西側では23対1の傾度でビッグ・ヒルの急斜面を下り、それからフィールド・ヒルを登り、海抜1,325mのロジャーズ峠を抜けてセルカーク山脈を横断した。

また一方で、カムループスから東方へ向かい、モナシー山脈のイーグル峠を抜ける鉄道建設もまた続けられていた。この区間を最後としてカナディアン・パシフィック鉄道が完成し、1885年11月7日、クラゲラチーで最後の犬釘を打ち込む儀式がおこなわれた。この時までに、カナディアン・パシフィック鉄道は極度の経済的困窮に陥り、（以前にもあったことだが）政府の資金援助を受けなければならなかった。

最初の大陸横断の列車は、1886年7月にモントリオール〜ポート・ムーディ間を走行した。要した時間は5日と16時間だったが、1年以内に西の終着駅はガスタウン（当時すでにヴァンクーヴァーとして知られていた）に変更になった。

北アメリカでとは言わないまでも、カナディアン・パシフィック鉄道全体でもっとも走行が困難な区間はビッグ・ヒルの急勾配だったが、1909年にはスパイラル・トンネルが開通して迂回できるようになった。また、ロジャーズ峠を登る路線は、1916年、8kmのコンノート・トンネルが開通して負担が軽減された。さらに後者は1988年、14.5kmのマウント・マクドナルド・トンネルが追加され、アメリカ大陸で最長の鉄道トンネルとなった。

カナディアン・パシフィック鉄道は、従来のように大草原に新天地を求めてやってくる大勢のヨーロッパからの植民者を輸送しただけでなく、五大湖における蒸気船の運航や大きな国際的な海運事業の経営にも手を染めた。また、1930年代の大恐慌を切り抜けただけでなく、ふたつの世界大戦では連合国側の戦闘活動を積極的に支援した。第2次世界大戦終結後は、貨物輸送の操業を続けて繁盛したが、道路や空路による旅客輸送との競合では苦戦を強いられた。1942年から1987年には国内線や国際線の空の便を操業し、ある意味では空路の競争に参加したともいえるが、その頃にはすでに鉄道網の旅客輸送は大幅に減少し、VIA鉄道に営業を委ねていた。

カナディアン・パシフィック鉄道で運行した客車でもっとも有名な列車は1955年に導入された〈カナディアン号〉で、トロント〜ヴァンクーヴァー間、およびモントリオールを出発してサドベリーで合流する別区間を走行した。列車は流線形のディーゼル機関車の牽引する展望車をはじめ、新しいステンレス・スティール製の車両から成っていたが、1978年、〈カナディアン号〉は新しい国営のVIA鉄道に引き継がれた。そして、1990年の初めにはルート変更がなされ、カナディアン・ナショナル鉄道の看板列車〈スーパー・コンティネンタル号〉に代わって、エドモントンを経由する北よりのルートを走るようになった（次ページ参照）。かくて、カナディアン・パシフィック鉄道のカルガリー経由のルートを走る旅客列車定期便の100年以上もの歴史に終止符が打たれた。ただしヴァンクーヴァー〜カムループス間では、フレーザー川とトンプソン川に沿って走るカナディアン・パシフィック鉄道の路線は、まだ東に向かう列車によって使用されている。

261ページ：カナディアン・パシフィック鉄道の貨物列車。バンフ国立公園内のボウ川に沿って走行。

次ページ：トンプソン川渓谷の奥深く、カナディアン・ナショナル鉄道のディーゼル機関車に牽引された長い石炭列車が、長々と続く岩陰をうねりながら通過。

カナディアン・ナショナル鉄道

　カナディアン・ロッキーを横断する第2の大陸横断鉄道はグランド・トランク・パシフィック鉄道（GTPR）で、この会社はナショナル・トランスコンチネンタル鉄道の西部支部だった。ちなみに東部支部はニュー・ブランズウィックからケベック、北オンタリオを経てウィニペグに至る2,880kmの路線で、こちらは連邦政府によって建設された。ウィニペグから2,848kmの西の路線はヴァンクーヴァーを終着駅とするのではなく、カナダとアラスカ州の国境近くに位置するプリンス・ルパートの、外洋船が寄港できる港の便宜を考慮して計画された。建設工事は1905年にウィニペグから開始され、1907年にサスカトゥーン、1909年にエドモントン、1911年に大陸分水界を横断して海抜1,128mのイェローヘッド峠に達した。さらにフレーザー川沿いに北西方向に進んでプリンス・ジョージに達し、そこから西の困難な地域を横断して、1914年にプリンス・ルパートまでの路線が開通した。

　ロッキー山脈を横断する第3の鉄道は1899年のカナディアン・ノーザン鉄道（CNoR）の設立によって誕生した。この新会社の設立は、大草原を横断してウィニペグとオンタリオ州やアメリカのサウス・ダコタ州とを結ぶ鉄道網の合併によるものだった。この新会社はカナディアン・パシフィック鉄道の直接のライバル会社として、東方へ拡大しただけでなく、グランド・トランク・パシフィック鉄道と並び、サスカチェワン州サスカトゥーンやアルバータ州エドモントンを経由する北のルートで、ヴァンクーヴァーに達することをめざしていた。そして1905年にはウィニペグ～エドモントン間が開通したが、ここから先のロッキー山脈を越えて西方へ向かう工事は、ブリティッシュ・コロンビア政府から資金が提供されるまでの5年間、中断しなければならなかった。1910年に開始されたロッキー山脈を通るルートは、グランド・トランク・パシフィック鉄道と並行してイェローヘッド峠を経由し、ノース・トンプソン川を南下してカムループスに到達し

た。カムループスではキッキング・ホース峠経由のカナディアン・パシフィック鉄道の路線が合流した。ここで鉄道技師たちはトンプソン川とフレーザー川の困難な西岸を通ってヴァンクーヴァーに向かうという問題に直面した。容易な東岸を通るルートはすでにライバル会社のカナディアン・パシフィック鉄道のルートとなっていたからである。この路線は1915年にようやく開通したが、すでにカナディアン・ノーザン鉄道は東のノヴァ・スコシアから西のヴァンクーヴァー島まで鉄道網を拡大しており、きわめて劣悪な財政状態に陥っていたため、1918年に国有化され、新しく設立されたカナディアン・ナショナル鉄道（CNR）に吸収された。

グランド・トランク・パシフィック鉄道は1914年にはプリンス・ルパートまで開通していたが、この会社もまたひどい財政難に見舞われ、1919年にはカナディアン・ガヴァメント鉄道に操業が委ねられ、結局1923年にカナディアン・ノーザン鉄道の一部となった。

カナディアン・ノーザン鉄道の大陸横断の看板列車〈スーパー・コンティネンタル号〉は1955年に導入され、モントリオール～ヴァンクーヴァー間を走行した。この新しい列車はカナディアン・パシフィック鉄道の近代的な〈カナディアン号〉と直接競合したが、こちらは一新された客車を使用し、また遅ればせながら1964年、当初はなかった展望車が追加された。その後、1978年にVIA鉄道に引き継がれ、1981年には撤退したが、1985年にウィニペグ～ヴァンクーヴァー間で再び導入された。これが廃止されたのは、1990年、〈カナディアン号〉に代替されたときである。カナディアン・パシフィック鉄道の〈カナディアン号〉は今でもトロント～ヴァンクーヴァー間で、カナディアン・ノーザン鉄道の路線上を

北のカナディアン・ノーザン鉄道の路線を走るVIA鉄道の西行きの〈カナディアン号〉。ヘンリー・ハウスを通過してアルバータ州ジャスパーに接近中。2005年2月。

運行している。

　カナディアン・ナショナル鉄道（CNR）は1995年に民営化され、現在、カナダとアメリカ合衆国で32,824kmの鉄道を所有している。一方、カナディアン・パシフィック鉄道（CPR）が両国において所有している鉄道は22,530kmである。カナダにおける他の旅客列車は主としてVIA鉄道によって操業されている。VIA鉄道は1978年、独立した連邦公共企業体として設立されたもので、路線はまったく所有していないため、CPRやCNRに使用料を支払わなくてはならない。この企業体がカナダ西部で運行している客車の便はふたつだけである。〈カナディアン号〉は5月から10月まで週3回、10月から4月まで週2回、イェローヘッド峠とジャスパーを経由して、CNRのルート沿いにトロント〜ヴァンクーヴァー間を走行する。また、6月から9月まで週3回運転される観光列車は、プリンス・ジョージでの一晩の途中下車をはさんで、ジャスパー〜プリンス・ジョージ間を結んでいる。

　ふたつのVIA鉄道の便に加え、ロッキー・マウンテニア観光鉄道会社がカナダ西部で5月から9月の間、3つの路線で観光列車を運行している。CPRの路線でヴァンクーヴァー〜バンフあるいはカルガリー間。CNRの路線でヴァンクーヴァー〜ジャスパー間。それにノース・ヴァンクーヴァーからウィスラーやケネルを経由してプリンス・ジョージやジャスパーに行くCNRの操業区間の3つである。

　ロッキー山脈を経由してヴァンクーヴァーへ行くCNRとCPRの路線は重要な貨物幹線で、大陸横断の荷物だけでなく、石炭や木材など地方の産物の運搬にも利用される。ヴァンクーヴァーの船着場、ロバーツ・バンク近くの港、さらに北方のプリンス・ルパートのすべてが、輸出入のコンテナを扱い、鉄道会社は海運会社に、これらの場所を北アメリカの最初の寄航港として利用するよう説得に努めている。それはアジアからの輸送回数を減らすことにもなり、また、シカゴまでの距離はシアトルやロング・ビーチからの距離とほとんど変わらないこともある。最大4両のディーゼル電気機関車によって牽引される東行きの長い列車は、輸入自動車を車運車両に載せて、また、複合一貫輸送のコンテナを固定編成貨物列車両に積んで、合衆国北東部に向かう。一方、一般的な商品は混成列車で運ばれる。最大150両から成る極端に長い西行きの固定編成貨物列車（長さ約2.8km）は、輸出用の石炭・硫黄・炭酸カリウム・穀物などを運送する。小麦は大草原のいたるところから集められ、輸出用に各列車に1万2,000トン以上もの穀物が積まれて西へ搬送される。

カナディアン・ナショナル鉄道のディーゼル電気機関車No.5710、No.5435、No.2555がスワン・ランディングに停車。大草原への移動に向けて、操車場で車両を切り離すために戻る準備をする。2001年6月。

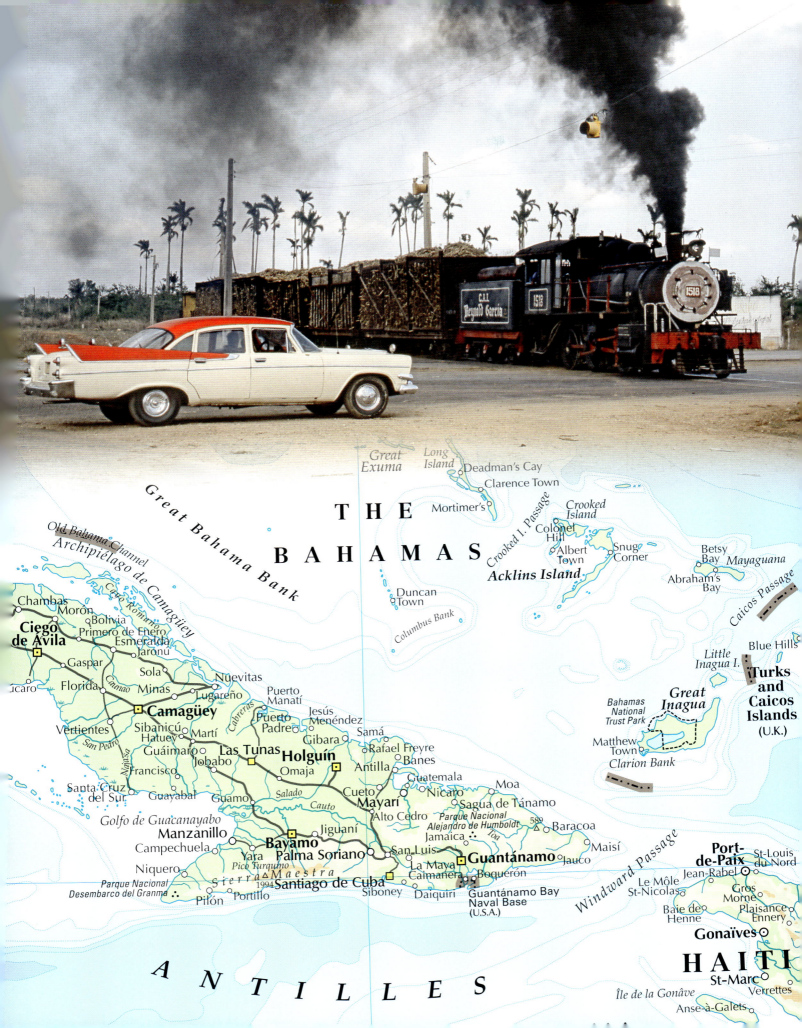

キューバは長さ約1,290kmのカリブ海最大の島である。一番近いところでは合衆国のフロリダからわずか145kmの距離にある。1492年、クリストファー・コロンブスによって発見されてから400年以上にわたりスペインに統治されてきた。先住民たちはその間に外来の疫病によってほとんど死滅してしまった。1898年にはスペインとアメリカの間で短い戦争が勃発。スペインによる統治が終わり、1902年、キューバは独立をかち取った。しかし、確固たるアメリカ合衆国の影響下に置かれ、そうした状況は、1959年のキューバ革命後のバチスタ体制でも変わらなかった。それが変わったのは、腐敗した体制に代わってフィデル・カストロの社会主義政府になってからである。キューバは1965年以降、一党独裁の共産主義国家となり、1989年のソビエト連邦崩壊まで全面的にモスクワからの支援に依存してきた。合衆国が冷戦時代の1960年に導入したキューバとの貿易禁止は今日まで続いており、キューバの経済的成長を著しく阻害してきた。キューバでは今日でも食糧と燃料の配給制度が続いている。

キューバはタバコや葉巻の産業だけでなく砂糖の生産でも知られている。合衆国が貿易を禁止するまでは世界最大の砂糖輸出国だった。合衆国との貿易が途絶えてからは、ソビエト連邦が暴騰した価格で砂糖を買い取り、キューバの砂糖産業を支えていた。しかし、そうした特恵市場も1990年代に崩壊する。フランスからの移民がキューバ東部にサトウキビの栽培を導入したのは18世紀末だったが、19世紀には奴隷労働に助けられて、すでに世界でもっとも重要な砂糖産出国となっていた。肥沃な土壌、青々とした低い丘、完璧な気候などがサトウキビの栽培にうってつけだった。さらに工場で砂糖を精製するのに蒸気の動力技術を導入したおかげで、19世紀の間、サトウキビ・ブームが途絶えることはなかった。さらに有効だったのは、運搬手段が蒸気機関車による鉄道輸送になったことだった。

鉄道がキューバに出来たのは早く、最初に開通したのは1837年、ハバナからベフカルまでの区間だった。これはただラテンアメリカの鉄道として最初だっただけでなく、スペインの最初の鉄道敷設よりも早かった。この鉄道網のほとんどは4フィート8½インチのスタンダード・ゲージで、20世紀初頭、アメリカの鉄道経営者ウィリアム・ヴァン・ホーンによって、とくにキューバ東部で大幅に拡張された。ホーンは1886年、カナダ初の大陸横断鉄道カナディアン・パシフィック鉄道（260～267ページ参照）を開設して成功を収めた人物である。ブームとなったキューバのサトウキビ産業は、また何百kmもの鉄道建設を促した（ほとんどはスタンダード・ゲージだったが、中には2フィート6インチのナロー・ゲージ鉄道もあった）。腐敗しやすい生のサトウキビを農園から製糖工場へと、さらに精製された砂糖を輸出するために港湾へと輸送するのに鉄道は欠かせなかった。1959年のキューバ革命までは製糖会社の多くはアメリカ人が所有しており、これらの鉄道で使用される蒸気機関車の大多数は、ボールドウィン社、バルカン・アイアン・ワークス社、アルコ社などの合衆国企業によって製造されていたが、革命後は、こうした外資系企業は国有化された。

269ページ：2002年3月、蒸気機関車2-8-0 No.1518が、オーストラリア製糖工場にサトウキビを積んだ列車を牽引して幹線道路を横断。これは地元の蒸気機関車に不具合があり、レイノルド・ガルシア製糖工場から投入されたもの。

キューバの外資系サトウキビ産業や鉄道網は革命後に国有化され、製糖産業省（MINAZ）の監督下におかれた。世界の鉄道の大部分は、1970年代にはすでにキューバ等の少数の例外を除き、蒸気に代わってディーゼル電気によって牽引されるようになっていた。しかし、経済的に孤立していたキューバでは、事情はまったく違った。サトウキビ鉄道は新しい設備や燃料を購入できず、時の流れが止まったかのように、20世紀末までずっと時代遅れの蒸気機関車によって牽引されてきた。しかもそれらが運行するのは（下の写真のように）、毎年、サトウキビの収穫時期、すなわち〈サフラ〉（Zafra）と呼ばれる1月初旬から5月末までの間だけだった。21世紀初頭には、砂糖の需要と価格が世界的に下落し、キューバの製糖工場の多くが閉鎖された。また、蒸気機関車の運行も中止となり、2005年までには実質的に姿を消した。今日では、ハバナ東方のマタンサス州オーストラリア製糖工場の鉄道のように、2、3の観光用蒸気機関車が運行されているだけである。

1998年4月12日、ラファエル・フレイレの美しい機関車ボールドウィン2-8-0 No.1388（1907年製 No.31375）が、サトウキビを満載した長い列車を牽引して製糖工場に向かう途中、ホルグィンのバルハイ村郊外を通過する。

ラ・トロチータ
パタゴニア（アルゼンチン）

ゲージ：2フィート5.5インチ
全　長：402キロ
ルート：エスケル（チュブ州）〜インヘニエロ・ハコバクシ（リオ・ネグロ州）間

1945年に完成したばかりのこのナロー・ゲージの鉄道は、アンデス山脈の山影となっているアルゼンチンの「ワイルド・ウェスト」を横断する。1990年代、廃線の憂き目に遭いそうになったが、南部のセクションには、観光列車となった初代の石油燃料の蒸気機関車が走り、いまだに命脈を保っている。

パタゴニアとして知られるこの地域は、南アメリカの南端に位置し、アルゼンチンとチリにまたがっている。西部では、アンデス山脈の南端によって分断される。パタゴニアのアルゼンチン側のおもな特徴は、ほとんど植生のない、風が吹きさらすステップのような平原である。そこは湖が点在し、またアンデス山脈に源を発し、西から東へ流れ大西洋に注ぐリオ・ネグロ川のような川が横切っている。アンデスの麓に近づくにつれ、植生は増え、湖は著しく大きくなる。

20世紀初期、アルゼンチン政府は、パタゴニア横断の鉄道網建設計画をたてていた。石油・炭坑・農業、そしてエネルギーなどの産業の便宜をはかり、サン・アントニオ・オエステとプエルト・デセアドという大西洋に面した港を介した出口を提供するためであった。結果的には、第1次世界大戦がこの国の経済に与えた衝撃のため、多くの路線は敷設されず、また南部で敷設された路線は互いに、あるいは首都であるブエノスアイレスへとつながる主要な北部路線網とは接続されなかった。

この国の病んだ経済にもかかわらず、大西洋沿岸にあるサン・アントニオ・オエステからインヘニエロ・ハコバクシに至るブロード・ゲージの幹線が、1916年に完成した。この辺鄙な居留地は、この鉄道を監督したグィド・ハコバクシにちなんで名付けられた。さらに18年かけ、この路線は西方に伸び、ナウエル・ウアピ湖の南岸のアンデスの麓に位置するサン・カルロス・デ・バリローチェに至った。1934年、路線が完成したことで、この町はスキー、トレッキング、そして登山のできる主要な観光の中心となった。今日、人口13万を擁する町になったバリローチェには週3便が、都市ビエドマからサン・アントニオ・オエステ経由でやってくる。

一方、インヘニエロ・ハコバクシに戻り、アンデスの麓にあるエスケルへと南西に向かう、402kmのナロー・ゲージの鉄道建設が1922年に始まった。この計画は、大西洋に面した港ローソンからチュブ渓谷を登り建設中であったメートル・ゲージ路線と接続し、軽量鉄道網を作りパタゴニアに役立てようとするものであった。しかし、インヘニエロ・ハコバクシからエスケルにいたる路線は、余った750mmゲージ線路を使って作られることになっていた。その線路は、以前、第1次世界大戦中にフランスやベルギーの西部戦線で軍用鉄道として用いられていたので、もしこのふたつの鉄道がつながっていたら、混合型ゲージ線路を敷く必要があっただろう。

結局、この2路線がつながることはなく、チュブ渓谷線は1961年に廃線となった。車両はベルギーから取り寄せたもので、一緒に石油燃料式蒸気機関車50'ミカド'型2-8-2をドイツのヘンシェル社に発注し、その後、25両が合衆国のボールドウィン・ロコモーティヴ・ワークス社に注文された。

荒れ果てた大地に線路を敷く作業は遅々として進まず、1930年代初期には、洪水でこの路線の多くが破壊されたりした。まがりくねったスイッチバックのルートには、海抜1,219mを超えるふたつの山頂があり、1941年にようやく、インヘニエロ・ハコバクシから240km行ったエル・マイテンまで開通した。ここに、この鉄道は整備基地をおいた。エスケルにこの線が最終的に到達したのは1945年であるが、乗客を載せるようになったのは1950年のことである。それまでこの線では、沿岸に大量の羊毛を輸送する北に向かう貨物運行のみをおこなっていた。乗客の快適性は、いくら控えめにいっても必要最小限で、アルゼンチンの西部を横断する20時間の旅で暖を提供するのは、客車に設置されたひとつの薪ストーブにすぎなかった。おまけに、荒涼としたパタゴニアの冬、雪の吹きだまりのせいで旅路はしばしば何日間かかることがあった。〈ラ・トロチータ〉（「小さなナロー・ゲージ」の意）という仇名をもつこの鉄道は、1960年代から70年代初めにかけて主要な貨物輸送路線であり、この地域開発に一役買っていた。そのころになると新たな道路建設がなされ、道路輸送との競争が増大し、直後から鉄道は徐々に下降線をたどった。もっとも1970年代後半、パタゴニアでバックパッカー旅行が成長したので、新たに延命できた。1979年には、アメリカ人作家ポール・セローの『古きパタゴニアの急行列車』が出版され、〈ラ・トロチータ〉が世界に紹介された。

アルゼンチン国有鉄道フェルロカルリエス・アルジェンティノスが分割され民営化されるまでの準備期間、1933年、赤字で使い古され、旧型で辺鄙な場所を走る〈ラ・トロチータ〉は残す価値のないものとされ、閉鎖が発表された。しかし、国内外からの抗議の声が異常に大きかったので、1994年、この線はリオ・ネグロ州とチュブ州という地方行政の手によって救出された。1995年、リオ・ネグロ州政府はインヘニエロ・ハコバクシ～エスケル間を閉鎖し、2003年、この区間は部分的に再開されたものの、依然として閉鎖されている。1997年、〈ラ・トロチータ〉はアルゼンチン政府によって国定歴史記念物に制定された。

274ページ：〈ラ・トロチータ〉は、世界最南端を走る鉄道で、蒸気機関車牽引の客車便を運行させている。1922年のヘンシェル社製2-8-2 No.135が、エスケル～ナウエル・パン間で混成列車を牽引しているところ。

この路線の南端にあるエスケル（人口32,000）は、1865年ウェールズ人移民によって創建され、ロス・アレルセス国立公園やスキー・リゾート地ラ・ホヤに近い。当然のことながら、この町は、ウェールズのアベリストウィスと姉妹都市になっている。この都市の北部居留地には、それより小さな町エル・マイテン（人口3,700）があるが、それができたのも、第2次世界大戦中、この鉄道が通ったからである。

　この鉄道は、現在、運転可能な6両の蒸気機関車を所有している。3両はドイツのヘンシェル社製、3両はアメリカのボールドウィン社製であり、すべて石油を燃料とし、開通以来運行してきた。6両すべてが、エル・マイテン本部で整備され、ここには小さな鉄道博物館もある。その他16両の機関車は、これら運行中の6両に予備の部品を提供するために用いられている。薪ストーブが備えられている1922年製造のベルギー製客車に加え、1950年代製造のより近代的な車両が使用されている。

　最近まで、繁忙期にはエル・マイテン～エスケル間で週1便、9時間に及ぶ旅客運行がなされていたが、この便は休止された。現在、景観の良い南部の区間を観光列車が2両走っている。1両はエル・マイテンのこの鉄道の拠点からデスビオ・トーメへと南方に向かい、もう1両は、エスケルからナウエル・パンへと北方に向かっている。時おり、熱狂的なファンがチャーターした特別列車がさらに遠方へと向かい、過去にはリオ・ネグロ州政府も、インヘニエロ・ハコバクシ～オホス・デ・アグア間で断続的に便を運行させていた。

　この魅力的な鉄道が直面している経済的な問題は途方もなく大きく、アルゼンチン経済の苦境のさなか、これからもこの鉄道が存続し続けることは、当然のことだというわけにはいかない。

278～279ページ：1922年製造のボールドウィン・ロコモーティヴ・ワークス社製で、石油燃料の2-8-2 No.16が、エル・マイテン～エスケル間の南行き路線で、ラ・カンチャ～ナウエル・パン間を走行している。

下：ポール・セロー『古きパタゴニアの急行列車』によって有名になった〈ラ・トロチータ〉の蒸気機関車牽引列車は、今もアンデスの山影で命脈を保っている。ここに見られるボールドウィン社製2-8-2は、短い客車を牽引している。1996年4月、ニョルキンコ～エル・マイテン間。

グアヤキル＆キト鉄道
エクアドル（南アメリカ）

ゲージ：3フィート6インチ
全　長：446キロ
ルート：グアヤキル〜キト間

　何千人ものジャマイカの労働者によって建設されたグアヤキル＆キト鉄道は、合衆国の土木工事のノウハウ、資金、そして器材を使用した、じつにアメリカによる事業である。エクアドル領のアンデス山脈まで登るこの鉄道は、20世紀末、洪水と地滑りで実質的に破壊されたが、2013年に再開され、世界で最も風光明媚な鉄道の旅のひとつに戻っている。

かつてインカ文明の拠点であった南アメリカの国エクアドルは、300年間スペイン支配を受けてきたが、ついに1830年に独立し、共和国になった。西は太平洋に接し、北はコロンビア、東と南はペルーに国境を接する。西の低地平原はすぐアンデス山脈になり、この山脈は中央部を南北に走る。そこには、世界最高度の火山のいくつかがある。コトパクシ山（標高6,005m）やチンボラソ山（標高6,310m）などだ。エクアドルの首都キト（海抜約2,850m）と第3位の大都市クエンカは、ユネスコ世界遺産に登録されている。西海岸にある港グアヤキルはこの国最大の都市であり、エクアドル領ガラパゴス諸島への出発点である。

エクアドル初の鉄道は、ドゥラン～ミラグロ間で1873年に開通した。今日、前者はエロイ・アルファロと名づけられているが、当時は、グアヤキルからフェリーでグアヤス川を横断して到達していた。海岸平地に位置しているミラグロの町は、重要な農業の中心で、サトウキビとパイナップルの栽培で有名である。3フィート6インチ・ゲージのこの路線は、1888年、アンデス山脈の麓にあるブカイにいたった。アンデス山脈を横断し首都キトへ行くこの鉄道の建設は、大がかりな土木工事事業であり、アメリカ人技師と資本家たち（ハーマン兄弟が有名）、さらに4千人のジャマイカ労働者の援助を受け、建設作業は1897年に開始された。この鉄道がさらに高く前進し山脈に入ると、シバンベにつく。ここにある「悪魔の鼻（ナリス・デル・ディアブロ）」で、連続したジグザグ線路が1902年に建設された。列車はより高いところへ登るために、傾度18対1もの急勾配の山腹を行ったり来たりして登らなくてはならなかった。古代の町アラウシに着いたあと、この鉄道は北に向きを変え、さらに高いところにある都市リオバンバまで行く。ここは海抜2,780mで、チンボラソ火山に近い。

リオバンバから鉄道はさらに登りをつづけ、この鉄道の最高地点ウルビナ（海抜3,609m）に着く。それから「火山街道」を下り、首都キトに到着する。この路線は最終的に1908年に開通し、盛大な式典が催された。旅程時間は、海岸へ行くのに1週間以上かかっていたのが、たった2日に短縮された。

さらに2本の鉄道が、その後エクアドルで開通した。アラウシの南のチュンチからエクアドル第3の都市クエンカへの145kmの支線が、1915年から1965年に建設され、また370kmの鉄道が、1957年、キトから太平洋北部海岸の港サン・ロレンソ間で開通した。この3本の鉄道はその後国有化され、エクアドル国営鉄道（FEEP）の傘下に入った。

アメリカ人から土木技術と経費が出されたことに加え、グアヤキル＆キト鉄道は、ペンシルベニア州にあるボールドウィン社製の2-6-0と2-8-0の強力な蒸気機関車を運行させた。最後のものは、1950年代初期に引き渡された。フランスのアルストム社製ディーゼル車は1957年に初めて導入されたが、最後の一式は1992年にやってきた。路面バスから転用・製造された自走式の車両、つまり「アウトフェロス」も、また短距離の乗客輸送便のいくつかに導入されたり、あるいは観光

280ページ：世界で最も劇的な鉄道旅行のひとつである、1935年にボールドウィン社が製造したグアヤキル＆キト鉄道の2-8-0 No.17は、2両の客車をともないロアー・リヴァースのスイッチバックを通りぬける。2003年8月。

用車両として使用されたりした。

　グアヤキル〜キト間のこの鉄道は、初めのうちは大成功であった。1980年代になっても、蒸気機関車牽引の観光用列車が、依然としてルート全域に沿って運行していた。しかし、その頃になると、ほとんどすべての貨物輸送と定期的な乗客輸送は、道路輸送に負け、1980年代初期と1990年代末期に起ったエルニーニョが原因となり、驚愕的な洪水と地滑りにみまわれ、この鉄道は実質的に閉鎖せざるをえなくなった。2008年の百年祭の頃は、接続のない短い区間のわずかのものだけが、観光用列車に使用されつづけていた。

ゆっくりミラグロの街路を混成列車とともに進むグアヤキル＆キト鉄道のボールドウィン社製 2-6-0 No.7。交通は全面的に停止する。1990年11月。

2008年以来、エクアドル国営鉄道（FEEP）の運は変わった。以前閉鎖していた区域が再建され、徐々に運行が再開され、駅も以前の栄光をとり戻した。その年、路線再開に向けた野心的な2億4,500万ドルの企画がなされ、エクアドル大統領ラファエル・ビセンテ・コレアから許可がおり、この鉄道は2013年6月4日、完全に再開した。今日、観光用列車の「クルーズ列車」を運行している。この風光明媚なルートに沿って、復元されたもとのボールドウィン社製蒸気機関車6両と、もっと現代的なアルストム社製ディーゼル車が、いろいろな区間で使用されている。乗客54人制の各列車は、スペイン製の4両の近代的で空調設備のある赤い客車からなっている。

　どの方角のルートも、全旅程は今日では4日かかる。伝統的な牧場に夜通し停車したり、コトパクシ国立公園や土地の市場などの興味ある場所へバスで出かけたりする。2、3日の小旅行もある。7つの気候帯を横断する、世界で最も風光明媚な列車旅行のひとつ「クルーズ列車」は、毎年1月～2月、6月～8月、そして12月の選ばれた日に運行されている。復元された「アウトフェロス」や機関車牽引の木製採光窓の客車を使ったもっと短期の観光列車も、このルート沿いの各駅間で運行されていて、似たような便も、南部クエンカ支線のエル・タンボ～コヨクトール間と、北部サン・ロレンソ線のイバラ～サリナス間で運行されている。

次ページ：アンデス山脈で高度をかせごうと、グアヤキル＆キト鉄道2-8-0 No.17が、とても用心深く、有名な悪魔の鼻のスイッチバックを通りぬけようとしている。2006年11月7日。

ラマの土地――グアヤキル＆キト鉄道のボールドウィン社製2-8-0 No.17がウルビナ(海抜3,618m)で、短い客車とともに停車している。2006年11月。

286～287ページ：グアヤキル＆キト鉄道のディーゼル車牽引の列車が、悪魔の鼻のスイッチバックに向かっているところ。この風光明媚なエクアドルの鉄道は、ひどい洪水と地滑りの被害をこうむったが、2013年に再開した。

アンデス中央鉄道
ペルー

ゲージ：4フィート8½インチ
全　長：534キロ
ルート：カヤオとリマ〜ワンカヨ／セロ・デ・パスコ間

アメリカ人企業家ヘンリー・メイグズとポーランド人技師エルネスト・マリノウスキーによって建設されたペルー中央鉄道は、鉄道工事の大偉業であった。多数のトンネル、ジグザグのスイッチバックや高架橋によってアンデス山脈を征服した。この鉄道は、2006年に中国の青蔵鉄道が開通するまで、世界で最も高地の鉄道でありつづけた。

ペルー中央鉄道は、世界でもっとも注目すべき鉄道のひとつである。4フィート8½インチのスタンダード・ゲージにあわせて建設されたこの鉄道は、1851年に産声をあげ、まず太平洋の港カヤオからこの国の首都リマ間の14kmの区間が開通した。本書296ページにあるように、アメリカ人企業家・慈善家にして鉄道建設業者のヘンリー・メイグズは、チリの鉄道建設を完成させたあと、1868年、ペルーに移動してきた。ペルー政府とイギリスの投資家の金銭的後押しがあったので、メイグズはつづけて南部鉄道と中央鉄道の建設にとりかかった。このふたつの鉄道は、土木工事の大勝利であった。なにしろ、ふたつの鉄道を高く登らせ、アンデス山脈に入らせたのだから。その目的は、埋蔵された貴重な鉱物の開発であった。

1851年のもとの路線の拡張として、カヤオ・リマ&オロヤ鉄道（のちにアンデス中央鉄道になる）が、著名なポーランド人鉄道技師エルネスト・マリノウスキーとともにメイグズに委託された。もとの路線を拡張し、リマから東にアンデス山脈に入る建設作業が1870年にはじまり、1873年の春には、海抜4,818mのチクリオ峠にいたり、世界最高度の鉄道となった。これをなしとげるために、鉄道建設作業員は全長4,828mの62カ所のトンネルを岩盤に掘り、30の橋と高架橋をつくらなくてはならなかった。ところどころで、この鉄道は高度をあげるため、連続するジグザグ線路、つまりスイッチバックをもうけ、急峻な山腹を登った。転車台を11カ所の地点に設置し、機関車が方向転換できるようにした。

1877年にメイグズは他界し、1879年にはペルーとチリの戦争が勃発したために、やむなく建設作業は一時停止した。1883年に戦争が終わり、ペルー政府は莫大な負債をかかえた。とくに、この鉄道に投資したイギリス人にたいしてである。この問題は1889年に解決した。ペルーの新会社がロンドンに設立され、この国の鉄道を引き受けることになったからだ（296ページ参照）。

ついに1893年、この鉄道はラ・オロヤに到達し、マリノウスキーの死後、1899年に南へとワンカヨまで延長され、1908年に開通した。ラ・オロヤの西でこの路線は、ガレラ山頂のトンネルを通過する。このトンネルは、うまい具合にメイグズ山の下に掘られたもので、海抜4,783mの世界でもっとも高いところにある鉄道トンネルであった。それからガレラ駅を通過する。この駅は当時、海抜4,781mの世界最高所の駅であった。この鉄道は、2006年に青蔵鉄道が開通するまで、こうした記録を保持していた。

他方、もうひとつのスタンダード・ゲージの北方へ向かう路線が、すでに1904年にラ・オロヤからセロ・デ・パスコとゴイリャリスキスガの炭鉱へと開通していた。そのためラ・オロヤは、世界最高所の乗り換え駅となった。ワンカヨから全長148kmの3フィート・ゲージの鉄道が、1926年にワンカベリカの鉱業地域まで完成された。近年この路線はスタンダード・ゲージに代えられ、2010年に営業を再開した。

この苛酷なルートを走る蒸気機関車は、ボールドウィン社とアルコ社製の強力なアメリカ製 2-8-0、4-8-0と4-6-0と、イングランドのマンチェスターにあるベイヤー・ピーコック社が供給した'Andes'型の石油燃料の機関車 2-8-0であった。1963年に初めて導入されたアルコ社製ディーゼル車は、しだいに仕事を肩代わりしていた。もっとも'Andes'型の1両は、以来、運転できる状態に修復されている。

ペルーの鉄道は、1972年に国有化され、「ペルー国営鉄道（エムプレサ・ナショナル・デ・フェロカリレス・デル・ペルー）」と名乗っているが、国家管理は1999年に終わった。この時、再度私有化され、カヤオとリマからワンカヨ、セロ・デ・パスコとワンカベリカ間の中央区間は、アメリカ指導のアンデス中央鉄道に引きつがれた。

アンデス中央鉄道は主として貨物輸送路線であり、ペルーの冶金の中心都市ラ・オロヤから製錬された鉱物を海岸へ、建材、燃料、食料品を逆方向へ輸送している。亜鉛棒、銅板、鉛棒が、巨大な貨物車両に乗せられカヤオに輸送されている。この車両は、最大80両のボギー車からなり、各車両は70トン運ぶことができる。海抜3,745mにあるラ・オラヤの製錬所のおかげで、この町は世界で最も汚れた場所のひとつという不幸な評判を頂戴した。

数年間、この鉄道では定期的乗客輸送はおこなっていないが、その一方で、月2回の観光用車両が首都リマ〜ワンカヨ間で運行されている。この風光明媚なルートの所要時間は12時間で、サン・バルトロメ、マトゥカナ、そしてガレラに停車する。この便に使用される普通車両は、座席数68の1950年のイギリス製と1982年のルーマニア製「クラシック・カーズ」の車両からなり、さらに2006年にこの鉄道が製造した48席の「トゥーリスティック・カーズ」も加わった。

288ページ：アンデス山脈高く、2両の客車がメイグズのループを通過している。近くのメイグズ山は、アメリカ人鉄道技師ヘンリー・メイグズにちなんでつけられたもので、この鉄道はガレラ・トンネル（海抜4,768m）を通り、山の下を走っている。

1535年にスペイン人征服者フランシスコ・ピサロによって基礎がつくられたリマは、近くのカヤオ港から便宜を受けている。この港は、南アメリカでもっとも活気のある最大の商業港であり、ここを通じて、鉄道で運ばれたアンデス山脈の鉱物、たとえば銀、亜鉛、石炭などが輸出されている。この歴史的町の中心（1988年、スペイン植民地時代の建築が集中的に建っているのでユネスコ世界遺産になった）にある、リマのデサンパラドス駅は1912年に完成され、多くの最高無比のものを備えた駅にふさわしく、大きな3階建ての建物は古典的なファサードをもち、中央ホール上のアール・ヌーヴォーのステンドグラスのアーチ型屋根がその特徴となっている。リマから列車は東に、平坦な海岸平原からガレラ・トンネルの中にある海抜4,764mの頂点に登る。この間、274kmの距離である。この登りは急であるため、観光客用列車には酸素ボンベが装備され、乗客が高山病にかからないよう配慮がなされている。

　リマ～ワンカヨ間で、列車は69カ所のトンネルを通過し、6カ所のスイッチバックに沿って逆戻りし、58カ所の橋を渡る。この橋で最も風光明媚なものは、鋼鉄製で2重のカンチレバー（片持ち梁）のヴェルガス橋である。峡谷から最高ポイントは77mあり、長さは175mである。この最高ポイントのガレラで止まったあと、列車はラ・オロヤに下って行き、その後、肥沃なマンタロ渓谷沿いに南下してハウハ、コンセプシオン、ワンカヨへと向かう。最後の80kmほどの旅程は、全域が海抜3,048mから3,353mの間であるが、ペルーで最も重要な小麦生産地域を通過する。歴史的な町ハウハは、スペイン人征服者たちが膨大な量のインカの倉庫とそこに隠された富を発見したあと、1534年に短期間ペルーの州都となったが、この町の重要性は、その後、南の都市ワンカヨのために失われた。リマからの観光列車用路線の終点であったが、ワンカヨは、最近ゲージを代えた路線をワンカベリカまで行く週3便の旅客便の出発点となっている。ワンカヨ～ワンカベリカ間、アンデス鉄道に乗り、マンタロ渓谷の峡谷をゆっくりと進むこの6時間の旅行は、風光明媚な山の景色が満喫できる。

アンデス中央鉄道は、主として貨物輸送路線であり、アンデス山脈の高地にあるラ・オロヤから鉱物を運び、太平洋岸まで下る。この写真では、鉱物列車が2両のゼネラル・エレクトリック社製C30-7型ディーゼル車に牽引され、リオ・ブランコ川とサン・マテオ間の鋼鉄構脚橋を通過しているところ。

292～293ページ：アンデス山脈の稀薄な空気での困難な運転。アンデス鉄道のゼネラル・エレクトリック社製C30-7型No.1001が、空の鉱物列車の先頭を走る。ガレラにあるこの鉄道の最高地点（海抜4,781m）の近く。

ペルー南部鉄道
ペルー

ゲージ：4 フィート 8½ インチ
全　長：863 キロ
ルート：マタラニとアレキパ～クスコとプーノ間

太平洋岸のマタラニから、ペルー南部鉄道は高く登り、巨大なアンデス山脈に入り、チチカカ湖にいたる。建設はアメリカ人企業家であり鉄道技師ヘンリー・メイグズがはじめたが、この鉄道は彼の死後、イギリス企業が引き継ぎ完成させた。今日、この路線は、鉄道世界の驚異のひとつでありつづけている。

かつてインカ帝国の一部であった南アメリカのペルーは、ほぼ300年間、スペイン人の植民地にされてきた。そして、ついに1821年に独立を果たす。西は太平洋に接しており、北はエクアドルとコロンビアに、東はブラジルとボリビア、そして南はチリと接しているので、この国は地理的に3つの大きな区域にわけることができる。西部の狭い海岸平原は、すぐにアンデス山脈になり、東にはアマゾン熱帯雨林がつらなっている。ペルー側のアンデス山脈は、海抜6,768mのワスカラン山を含む南米最高峰のいくつかがあると同時に、豊かな鉱物資源の埋蔵に恵まれている。

ペルーで建設された最初の鉄道は、1851年、太平洋の港カヤオと首都リマ間で開通した。この路線は、その後、中央鉄道（288～293ページ参照）によって、アンデス山脈のワンカヨとワンカベリカまで延長された。この国の南部で、南部鉄道の建設がモエンド港から内陸へと開始されたのは1869年のことで、1871年には、アンデス山脈の麓にある標高2,286mのアレキパの町に到達した。4フィート8$\frac{1}{2}$インチのスタンダード・ゲージにあわせて建設された中央鉄道と南部鉄道は、アメリカ人の企業家で慈善家、そして鉄道建設技師ヘンリー・メイグズによって案出されたものであった。1811年にニューヨーク州で生まれたメイグズは、注目すべき鉄道建設技師であり、最初に1858年から1867年にかけてチリのサンチャゴ～バルパライソ間の路線を建設した。1年後、彼はペルーに移動し、そこで銀採掘に関心をもち、政府とイギリスの投資家たちを説得して、さらに鉄道建設をする巨額の金を出させた。ある人によれば、メイグズは政治家たちに賄賂をおくり、この鉄道建設の許可をとりつけたという。

メイグズが陣頭指揮をとっていたことで、アレキパから東に向かいアンデス山脈に入る南部鉄道の建設は、山地を横断しなくてはならなかったことを考えると、驚くほど早かった。いくつもの高い鋼鉄の構脚をもつ橋、数多くのトンネル、そして高く進むために山腹をいったりきたりジグザグの線路を建設しなくてはならなかったが、この鉄道は1876年にチチカカ湖西岸にある、海岸から525kmのプーノに到達した。この鉄道の最高点は、海抜4,470mのクルセロ・アルトのフリアカの西にあった。鉄道会社所有の鉄道連絡蒸気船の便も、海抜3,812mのこの湖を横断し、143km離れたグアキのボリビアの鉄道起点に行くのに導入された。その頃には、モエンド港からマタラニ間の短い延長線が開通していた。もうひとつの路線建設が、1872年、プーノの北にあるフリアカの乗り換え駅からクスコの町へと開始されたが、完成は30年以上も遅れた。

メイグズは、1877年に他界した。ペルー政府は、ヨーロッパ、とりわけイギリスの鉄道公債証書保有者に多額の負債を背負うことになった。ペルーは破産に直面していたので、すべての国内鉄道建設は停止を余儀なくされた。それから、1879年に、この国は南部の近隣国チリと戦争をおこして衰弱した。この戦争は、1883年に終結したが、ペルーの財政はずたずたになった。イギリスの公債保有者をなだめるために、政府は1889年に「恩寵契約（グレース・コントラクト）」として知られる同意をとりつけた。これにより、新たにロンドンにペルーの会社が設立され、負債を帳消しにする見返りとして、66年間にわたりこの国の鉄道のほとんどを引きついだ。今度は、この新会社が同意して、フリアカからクスコ間の未完の路線を含む、いろいろな鉄道の延長を完成することになった。

海抜4,313mのラ・ラヤに達する、クスコ行きの338kmのこの路線は、1908年、最終的に完成された。ボールドウィン社とアルコ社製の強力な2-8-0、4-8-0や4-6-0の蒸気機関車が、この苛酷な鉄道で業務の大黒柱となり、1980年代まで使用され、1956年から1963年にかけて導入されたアルコ社製ディーゼル機関車に徐々にとってかわられた。ペルーの鉄道は1972年に「ペルー国営鉄道（エムプレサ・ナショナル・デ・フェロカリレス・デル・ペルー）」として国有化されたが、国家管理は1999年までしかつづかなかった。その後、再度私有化され、マタラニからクスコとプーノ間の南の区間は名が「ペルー・レール」になった。

1999年に設立されたペルー・レール社は、オリエンタル・エクスプレス・ホテルとペルーの持ち株会社による共同経営である。乗客便は、クスコからアグアス・カリエンテス（次ページ参照）間の3フィート・ゲージの路線と、ラ・ラヤの4,313mの頂上とフリアカの乗り継ぎ駅を経由する、クスコからチチカカ湖西岸のプーノ間のスタンダード・ゲージ・ルートだけである。後者のルートを使って、週3回、贅沢な「アンデス探索」列車が388kmで10時間の旅程を提供し、この高度にくると、乗客は酸素を利用できる。この会社は、またマタラニ港、アレキパ、フリアカ、クスコ、そしてプーノの間で定期貨物便も運行している。

294ページ：チチカカ湖岸のプーノと都市クスコ間を列車で旅をすると、乗客はアンデス高地のみごとな光景でもてなされる。

クスコからアグアス・カリエンテスへ
（マチュピチュ行き）

ゲージ：3フィート
全　長：110キロ

　別の3フィート・ゲージの鉄道が、1928年にクスコ〜サンタ・アナ間で開通した。その後、1978年には、キリャバンバまで延長された。1990年代に洪水と地滑りが起き、この路線はアグアス・カリエンテスまで削減されて、いまでは、マチュピチュにある15世紀のインカ遺跡を訪れる者にとって、主要な交通手段となっている。ここは、1911年、アメリカ人歴史家のハイラム・ビンガムによって発見された。クスコを出るとすぐ、この鉄道は短い距離で高度をあげ、連続して5回のジグザグ走行をし、聖なる谷に降りて行き、マチュピチュ行きの駅アグアス・カリエンテスにいたる。現在、この最初の区間は、洪水と地滑りのために閉鎖されていて、運行便は、いまはクスコからタクシーで13km行ったところのポロイ駅から出ている。蒸気列車が、クスコの混雑した歴史的通りをゆっくりと道を拾うように進む姿は、悲しいことに、いまでは昔の記憶となった。このルートで営業している〈ベルモンド ハイラム・ビンガム〉豪華列車は、2011年、雑誌『コンデ・ナスト・トラベラー』のイギリス人読者よる投票で、世界最高の列車という評価をえた。

下：マチュピチュを訪れる者にとって、クスコ近くのポロイから3フィート・ゲージの鉄道を走る〈ベルモンド ハイラム・ビンガム〉列車は、とてつもなく贅沢な旅行手段である。

次ページ：マチュピチュを発見したアメリカ人探検家にちなんで名づけられたディーゼル牽引の〈ベルモンド ハイラム・ビンガム〉豪華列車には、展望兼バー車両とキッチン車両の2両の食堂車がついていて、乗客数は84名である。

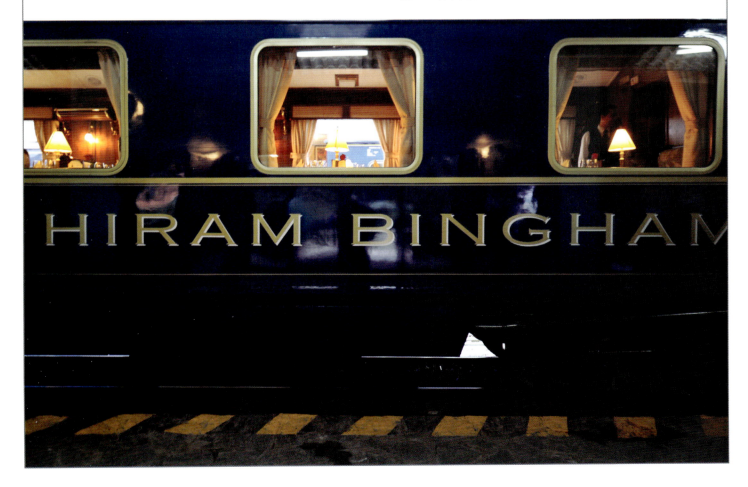

索 引

中国関連漢字表記項目（画数順）

大同電力機車工場, 中国 158
大板, 中国 161
大峡谷, 中国 167
大栗子, 中国 167
大興安嶺, 中国 152
万家採炭序, 中国 153
三道嶺, 中国 167
天山山脈, 中国 167
天地湖, 中国 167
双鴨山市, 中国 153
双鴨山市石炭鉄道, 中国 152, 153
白山, 中国 164, 166, 167
白河, 中国 166, 167
北京, 中国 146, 158
可明電大桟橋, 中国 9
平頂山市, 中国 153
吉安, 中国 166, 167
吉林省, 中国 152, 156, 164〜169
成都, 中国 146
安達山, 中国 152
西寧, 中国 144, 146, 147
牡丹港, 中国 167
佳木斯, 中国 153
長白山地域, 中国 64〜169
長白山, 中国 167
林西, 中国 59
長江, 中国 147
松江河, 中国 164, 166, 167
沱沱河, 中国 147
長春, 中国 152
河南省, 中国 153
青海湖, 中国 146, 147
和竜, 中国 167
青蔵鉄道（チベット鉄道）, 中国 8, 144〜149, 288, 290
松樹鎮, 中国 164, 166, 167
通化, 中国 164, 166, 167
風火山トンネル, 中国
南注営, 中国 159
通遼, 中国 156, 158
重慶, 中国 146
梅河口, 中国 166, 167
黒竜江省, 中国 152, 153
清朝, 中国 167
経棚峠, 中国 158, 161
渾江, 中国 166
渾江川, 中国 166, 167
満州, 中国 152, 164, 166
満州国, 中国 152
満州里, 内モンゴル 152
湛江川, 中国 153
雲南省, 中国 173
集通鉄道, 中国 8, 9, 156〜163
集寧, 中国 156, 158
崑崙関, 中国 146, 147
愛新覚羅・溥儀, 中国 152
樺甸, 中国 152, 153
樺南森林鉄道, 中国 152, 153
察爾汗塩湖, 中国 147
舞鋼, 中国 153
穆棱河, 中国 153
瀋陽市鉄道局, 中国 166
鶏西, 中国 153
蘭州, 中国 146
蘭西線, 中国 146
鶏西鉱務局, 中国 153

ア 行

アイガーヴァント駅, スイス 55
アイガーグレッチャー駅, スイス 54, 55
「アイガー・サンクション」（映画）55
アイガー山, スイス 54
IGE アイゼナハ, ドイツ 21
アイス・ギル, イングランド 95
アイスフェルダー・タールミューレ, ドイツ 12, 14, 15
アイスフェルト, ドイツ 21
アイスメーア駅, スイス 55
アイゼナハ, ドイツ 18, 20, 21, 22
アイベン森林地帯, ドイツ 20
アイリッシュ海 100
アイルサ侯爵 100
アイルランド・ブロード・ゲージ 224
アイルランド共和国 104〜109
アイルランド輸送システム, アイルランド（CIE）106
アヴォカ川, アイルランド 109

アヴォン・ウェン, ウェールズ 88
アウルランのハイキング道, ノルウェー 72
アウルランフィヨルド, ノルウェー 74, 76
青ナイル, スーダン 138
アガト, エリトリア 114
アカバ, ヨルダン 216, 219
アグアス・カリエンテス, ペルー 296, 297
「悪魔の鼻」, エクアドル 282, 284
アークロー, アイルランド 109
アゴニー・ポイント・ループ, インド 190
アゴルダト, エリトリア 114, 115, 117
アジア 142〜219
アジア・パシフィック・トランスポート共同事業体 225
アシニボイン砦, USA 250
アジャクシオ, コルシカ島 30, 32, 33
アジャクシオ湾, コルシカ島 33
「明日に向かって撃て」（映画）244
アスマラ, エリトリア 6, 112, 114, 115, 117
アスワン, エジプト 138
阿蘇山, 日本 176, 178, 179
アダレー, インド 200
アッチソン・トピカ＆サンタフェ鉄道, USA 239, 251
アッパー・ティンドラム, スコットランド 83
アップルビー, イングランド 95
アデレード, オーストラリア 222, 224, 225, 228, 231
アーテン・ギル高架橋, イングランド 95
アド・ダマジン, スーダン 138
アトバラ, スーダン 138, 139
アードレー, スコットランド 3
アニマス川, USA 244, 246
アニマス・キャニオン, USA 242, 245, 246
アバーグラスリン峠, ウェールズ 88, 89
アフガニスタン 8, 208〜211
〈アフガン急行〉, オーストラリア 224, 225
アブドゥッラー・イブン＝ムハンマド 138
アブドゥル・ハミド, スルタン 216
アブー・ナアム, サウジアラビア 216
アブー・ハメド, スーダン 138
アフリカ 110〜141
アフリカの角 6
アベイタ, アーロン・A. 240
アベリストウィス, ウェールズ 277
アムトラック, USA 251
アムール川, ロシア／中国 152
アムレクガンジ, ネパール 182
アメリカ合衆国 234〜259
アメリカ合衆国鉄道管理局 239
アメリカ合衆国林野局 258
アメリカ軍 256
アラウシ, アクアドル 282
アラスカ高速道路, USA 256
アラデイバ・ジャンクション 138
アラビア海 210
アラビア砂漠 216
アラビアのロレンス 214, 216, 219
アラビア半島 216
アラモサ, USA 240
アリス・スプリングズ, オーストラリア 222, 224, 225, 230
アルゲーロ, サルデーニャ島 38
アルコ, USA 148, 172, 186〜203, 210
アルストム社, フランス 124, 282, 284
アルゼンチン 274〜279
アルゼンチン国鉄 276
アルツァナ, サルデーニャ島 40
アルバタクス, サルデーニャ島 36, 38, 39, 40
アルバロバ, エリトリア 115, 117
アルバニカ・ドイツ, インド 200
アルファビ山地, マヨルカ島 42, 44
アルブラ・アルプス, スイス 60
アルブラ渓谷, スイス 60
アルブラ鉄道, スイス 58〜63
アルブラ峠, スイス 58, 61
アルブラ・トンネル, スイス 60, 61

アルンシュタット, ドイツ 18, 20, 21
アレキパ, ペルー 294, 296
アレクシオポルスカ, ドイツ 15
アーレス, サルデーニャ島 38
アレッチ氷河, スイス 52, 55
アロカー＆ターベット駅, スコットランド 82
アンゴラ 129
アンサルド・マレー・ロコモーティブ社 114, 115, 117
アンダシベ, マダガスカル 122
アンタナナリボ, マダガスカル 120, 122, 123, 124, 125
アンデス山脈, アルゼンチン 274, 276, 277
アンデス山脈, エクアドル 280, 282
アンデス山脈, ペルー 288, 290, 291, 294
「アンデス探索」列車, ペルー 296
アンデス中央鉄道, ペルー 146, 288〜293, 296
アントシラベ, マダガスカル 120
アントニト, USA 236, 239, 240
アンドリアムビラニー, マダガスカル 125
アンバシマノロトラ, マダガスカル 122
アンバトンドラザカ, マダガスカル 120, 122
アンマン, ヨルダン 214, 216, 218, 219
アンマン・マハッタ駅, ヨルダン 218
イェービー線, ノルウェー 72
イェー, ミャンマー 172
イェルツ, サルデーニャ島 38, 40
イェローストーン川, USA 251
イェローヘッド峠, カナダ 264, 265, 267
イギリス東インド会社 200
イギリス陸軍 182
イギリス領インド軍 210
イギリス領ソマリランド 115
イーグル峠, カナダ 262
イグレシアス, サルデーニャ島 38
イジーリ, サルデーニャ島 40
イースタン・ゴールドフィールズ鉄道, オーストラリア 230
イースタン鉄道, オーストラリア 230
イースト・コースト本線, UK 94
イズラ, シリア 219
イタリア 32, 115
イタリア王国 38
イタリア領ソマリランド 114
イタリア領東アフリカ 114, 115
イバラ, エクアドル 284
イベリア半島 48
イラク 216
イラワジ川, ミャンマー 172, 173
イラワジ峡谷国有鉄道, ミャンマー 172
イラワジ峡谷, ミャンマー 172, 173
インヴァネス, スコットランド 82
インヴァネス＆パース・ジャンクション鉄道, スコットランド 82
インカ帝国 282, 296
インカ, マリョルカ島 44
イングランド, UK 92〜97
イングリッシュ・エレクトロニック社 48, 138
インスピレーション・ポイント, USA 258
インターシティ急行, ドイツ 21
インダス渓谷, パキスタン 210
〈インディアン・パシフィック号〉, オーストラリア 228, 231
インド 140, 172, 186〜203, 210
インド国有鉄道会社 188
インド人民戦線 190
インド独立 190
インドネシア 204〜207
インド洋 122
インヘニエロ・ハコバクシ, アルゼンチン 274, 276, 277
インメルボルン, ドイツ 22
インレー湖, ミャンマー 173
ヴァルタ川, ポーランド 27
ヴァルトブルク, ドイツ 21
ヴァンクーヴァー, カナダ 260, 262, 264, 265, 267
ヴァンクーヴァー島, カナダ 265
ヴァン・ホーン, ウィリアム 270

VIA 鉄道, カナダ 262, 265, 267
ヴィヴァリオ, コルシカ島 33
ヴィエルコポルスカ, ポーランド 26
ヴィエルコポルスカ国立公園, ポーランド 24, 27
ヴィエルコポルスカ鉄道, ポーランド 27
ヴィエルコポルスカ反乱, ポーランド 26
ヴィクトリア, 英女王 100
ヴィジャ・ダサミ祭り, ネパール 182
ヴィシュヌ神 182
ウィスラー, カナダ 267
ウィックロー, アイルランド 106, 109
ウィックロー山地, アイルランド 109
ヴィッツァヴォナ, コルシカ島 32, 33
ヴィッラグランデ, サルデーニャ島 40
ヴィッラチードロ, サルデーニャ島 38, 40
ヴィッラノーヴァトゥーロ, サルデーニャ島 40
ウィニペグ, カナダ 260, 262, 264
ヴィニョールズ, チャールズ 106
ヴィニョールズ, ヘンリー 100
ウィリス, ウィリアム 224
ウィリストン, USA 251
ヴィルフランシュ・ド・コンフラン, フランス 64, 66, 67
ウィンディ・ポイント, USA 238
ウィントフック, ナミビア 126, 128, 129
ウィーン会議 26
〈ウェイヴァリー号〉, UK 94
ウェイヴァリー線, UK 94
ウェクスフォード, アイルランド 106, 109
ウェスタン・オーストラリア 230
〈ウェスタン・スター号〉, USA 251
ウェスト・コースト本線, UK 94, 95
ウェスト・ハイランド・ウェー, スコットランド 83
ウェスト・ハイランド線, スコットランド 80〜85
ウェスト・ハイランド鉄道, スコットランド 82
ヴェラ川, ドイツ 21
ヴェラ峡谷, ドイツ 20
ヴェラ線, ドイツ 21
ウェリントン, 南アフリカ 132
ウェリントン, インド 200
ヴェルガス橋, ペルー 291
ヴェルサイユ条約 26
ヴェルシュ・ハイランド鉄道 86〜91
ウェールズ, UK 86〜91, 188, 238
ヴェルニゲローデ, ドイツ 12, 14
ヴェルニゲローデ＝ハッセローデ, ドイツ 15
ヴェンゲルンアルプ鉄道, スイス 54, 55
ヴォス, ノルウェー 72
ヴォス線, ノルウェー 72
ウォーターフォード, アイルランド 106, 109
ウォーターフォード, ミクロウ＆ダブリン線, アイルランド 106
ヴォーバン, セバスティアン・ル・ブレストル・ド 67
ヴォルシュティン, ポーランド 24, 26, 27
ヴォルシュティン＝グロジスク・ヴィエルコポルスキ線, ポーランド 27
ヴォルシュティン＝レジノ線, ポーランド 26
「ヴォルシュティン体験」, ポーランド 27
ウォルセンバーグ, USA 239
ウォルビスベイ, ナミビア 128, 129
ウカシャ, スーダン 138
ウースター, 南アフリカ 132
ウスーリ川, ロシア／中国 152
ウダガマンダラム →ウーティ
内モンゴル自治区, 中国 8, 152, 156〜163
ウッパタサンティ・パゴダ, ミャンマー 173
ウーティ, インド 198, 200, 201
ウーティ湖, インド 201
ウー・ティン, ミャンマーの建築家 173
ウードナダッタ, オーストラリア 224, 225, 230

ウーメラ立入り禁止区域, オーストラリア 225
ウラジヴォストーク, ロシア 152
ウランバートル, モンゴル 158
ウルビナ, エクアドル 282, 284
ウルリケン・トンネル, ノルウェー 72, 73
ヴロツワフ, ポーランド 27
エア, エドワード 230
エア湖, オーストラリア 224
エアフルト, ドイツ 21
エイボンサイド・エンジン社 182
エヴェレスト 146
エヴェレット, USA 251
エクアドル 280〜287
エクアドル国営鉄道（FEEP）282, 284
エジプト 138
エスケル, アルゼンチン 274, 276, 277
エチオピア 114, 115
エッフェル, ギュスターブ 32, 33, 48
エデン渓谷, イングランド 95
エドモンズ, USA 251
エドモンソン式乗車券 200
エドモントン, カナダ 260, 262, 264
エニスコーシー, アイルランド 106, 109
エリザベート城, ドイツ 21
エリトリア 112〜119, 138
エリトリア独立戦争 112, 115
エル・オベイド, スーダン 138
エルク・パーク, USA 246
エル・タンボ, エクアドル 284
エルパソ, USA 239
エル・マイテン, アルゼンチン 276, 277
エルメジンデ, ポルトガル 46
エルニーニョ 283
エロイ・アルファオ, エクアドル 282
エンガディン線, スイス 61
〈エンパイア・ビルダー号〉, USA 248〜253
欧州投資銀行 122
欧州連合（EU）6, 38, 39
大分, 日本 176, 179
大阪, 日本 178, 179
オシア, USA 240
オシアン湖, スコットランド 83
オーストラリア 220〜233
〈オーストラリア横断急行〉231
オーストラリア横断鉄道 8, 225, 228〜233
オーストラリア製糖工場, キューバ 271
オーストラリア連邦 230
オスマン帝国 216
オスロ, ノルウェー 70, 72, 73, 76
オスロ中央駅, ノルウェー 72
オスロ・トンネル, ノルウェー 72
オスロ東駅, ノルウェー 72
オタヴィ, ナミビア 128, 129
オタヴィ鉱山鉄道会社, ナミビア 128, 129
オタワ, カナダ 262
オツィエーリ, サルデーニャ島 38
オッローリ, サルデーニャ島 40
オーバーヴァイスバッハ・ケーブル鉄道, ドイツ 21
オーバーヴァイスバッハ・ベルク・ウント・シュヴァルツァタール鉄道（OPS）, ドイツ 22
オーバン, スコットランド 82, 83
オホス・デ・アグア, アルゼンチン 277
オムドゥルマンの戦い 138
オランダ東インド会社 206
オリアン, ジャワ島 206
オリアーン砂糖工場, ジャワ島 206
〈オリエンタル・リミテッド号〉, USA 250, 251
オリエント急行ホテル 296
オリスターノ, サルデーニャ島 38
オルビア, サルデーニャ島 38
オーレンシュタイン＆ケッペル, ドイツ 206
オンタリオ・ケベック鉄道, カナダ 262
オンダングア, ナミビア 129
恩寵契約（グレース・コントラクト）296

カ 行

〈カイバル蒸気機関車サファリ〉, パキスタン 210
カイバル峠, パキスタン 8, 208, 210, 211
カイバル峠鉄道, パキスタン 208〜213
カイバル・ライフル銃隊, パキスタン 210
カイロ, エジプト 216
ガーイロ, サルデーニャ島 38, 40
カウドレー, コリン 201
カウンティ・マーチ・サミット, スコットランド 83
カークロス, カナダ 254, 257, 258
鹿児島, 日本 176, 178, 179
カザモッツァ, コルシカ島 33
「火山街道」, エクアドル 282
カジリ, ネパール 182
カスケード・キャニオン, USA 245, 246
カスケード・クリーク, USA 240
カスケード山脈, USA 250
カスケード・トンネル, USA 250, 251
ガーズデール, イングランド 95
カストロ, フィデル 270
カースルタウン, マン島 100, 101
カスル, ヨルダン 216
カタロニア, フランス／スペイン 66
カッサラ, スーダン 138
カッツヒュッテ, ドイツ 18, 21
ガッルーラ山地, サルデーニャ島 38, 39
カディーブ, エジプトの 216
カデム, ダマスカス, シリア 218
カトマンズ, ネパール 182
カナーヴォン, ウェールズ 86, 88, 89
カナダ 254〜267
カナダ自治領 260, 262
カナダ楯状地 262
カナダ・ガヴァメント鉄道 265
〈カナディアン号〉, カナダ 262, 265, 267
カナディアン・セントラル鉄道 262
カナディアン・ノーザン鉄道 264
カナディアン・ナショナル鉄道 262, 264, 265, 267
カナディアン・パシフィック鉄道 262, 267, 270
「彼女は二丁拳銃」（映画）244
カブール川, パキスタン 210
カーペンタリア湾, オーストラリア 224
上ビルマ, ミャンマー 172
ガム, インド 188, 189, 190
カムラ川, ネパール 182
カムループス, カナダ 262, 265
ガーメス, ノルウェー 73
カヤオ, ペルー 288, 290, 291, 296
カヤオ・リマ＆オロヤ鉄道, ペルー 290
ガヤバリ, インド 190
カーライル, イングランド 92, 94, 95
カラゼッタ, サルデーニャ島 38
カラチ, パキスタン 210
ガラット社, イングランド 89
ガラパゴス, エクアドル 282
カラハリ砂漠, ナミビア 128, 129
カラル, インド 200
カランダー＆オーバン鉄道, スコットランド 82
カリビブ, ナミビア 128, 129
カリブ海 270
カリマ, スーダン 138
カリャリ, サルデーニャ島 38, 40
カルヴィ, コルシカ島 30, 33, 33
カルヴィ湾, コルシカ島 33
カルカ, インド 192, 194, 195
カルカ＝シムラ鉄道, インド 192〜197, 200
カルカッタ, インド 190
カルガリー, カナダ 260, 262, 267
カルグーリー, オーストラリア 230, 231
カルー砂漠, 南アフリカ 130, 132, 133
カルボーニア, サルデーニャ島 38
カール・マルクス社（機関車工場）, 東ドイツ 14
カレドニア鉄道, スコットランド 82
ガレラ, ペルー 290, 291
ガレラ・トンネル, ペルー 290, 291
〈ガン号〉, オーストラリア 222〜227
韓国 178
カンブリア線, ウェールズ 89
ギーロ, インド 188
キシャンガンジ, インド 188
北朝鮮（朝鮮民主主義人民共和国）164, 167

キッキング・ホース峠, カナダ 262, 265
キッチナー卿 138
キト, エクアドル 280, 282
キャサリン, オーストラリア 225
九州, 日本 176〜179
九州新幹線, 日本 178
九州鉄道, 日本 178
九州鉄道会社, 日本 178
九州鉄道歴史博物館, 日本 179
九大本線, 九州 178
旧フォス線, ノルウェー 73
キューバ 268〜271
キューバ革命 270
キリヴァーニ, サルデーニャ島 38
キルクール, アイルランド 109
キングズタウン, アイルランド 106
キングニャ, オーストラリア 231
ギンダ, エリトリア 117
キンバリー, 南アフリカ 130, 132, 133
金鱗湖, 日本 179
グアキ, ボリビア 296
グアヤキル, エクアドル 280, 282
グアヤキル＆キト鉄道, エクアドル 6, 280〜287
グアヤス川, エクアドル 282
グイヤー＝ツェラー, アドルフ 52, 54, 55
グイヤー＝ツェラー銀行, スイス 54
クウェイ川, タイ 172
クエドリンブルク, ドイツ 12, 14, 15
クエンカ, エクアドル 282, 284
クオーン, オーストラリア 225
クーカヌサ湖, USA 250
クスコ, ペルー 294, 296, 297
クーステイ, スーダン 138
クチャラ・ジャンクション, USA 239
クック, オーストラリア 231
クトドー・パゴダ, ミャンマー 173
クートニー川, USA 250
クーヌール, インド 200
熊本, 日本 179
クマラティ, インド 195
グマン, インド 195
クライド川, スコットランド 83
クライネ・シャイデック, スイス 52, 54, 55
グラーヴェンハルゼン・トンネル, ノルウェー 72
グラヴォナ渓谷, コルシカ島 33
クラーク, ウィリアム 250
クラゲラチ, カナダ 262
グラスゴー, スコットランド 80, 82, 83, 94
グラスゴー＆ノース・ウェスタン鉄道, スコットランド 82
グラスゴー・クイーン・ストリート駅, スコットランド 82, 83
クランツベルク, ナミビア 128
グランド・トランク・パシフィック鉄道, カナダ 264, 265
グランド・フォークス, USA 250, 251
クリアンラッリッヒ, スコットランド 82, 83
クリスリー・ジョン 94
グリンデルヴァルト, スイス 54, 55
クルアック切通し, スコットランド 83
グルカ・イギリス戦争 182
グルカ人 182, 190
グルカランド独立運動, インド 191
クール, スイス 58, 60
「クルーズ列車」, エクアドル 284
クルセロ・アルト, ペルー 296
グルートフォンテイン, ナミビア 128
クレイゲンドーラン, スコットランド 82
グレイストーンズ, アイルランド 106, 109
グレーシャー渓谷, USA 258
グレーシャー国立公園 USA 250, 251
グレート・インド鉄道, UK 106
グレート・オーストラリア湾 230
グレート・グレン, スコットランド 82, 83
グレート・サザン鉄道, アイルランド 106
グレート・サザン鉄道, オーストラリア 225, 231
グレート・ノーザン鉄道, USA 248, 250, 251
グレート・ノーザン鉄道会社, サウス・オーストラリア州 224
グレンズ, インド／ネパール 182
グレン・ダグラス 82, 83

グレン・ファロック, スコットランド 82, 83
グレンフィナン高架橋, スコットランド 83
クロイソル・トラムウェー, ウェールズ 88
グロジスク, ポーランド 27
グロジスク・ヴィエルコポルスカ, ポーランド 26
クロスビー・ガーレット・トンネル, イングランド 95
クロスターズ, スイス 60
クロンダイク・ゴールド・ラッシュ, カナダ 254, 256, 257
クワイ川 →クウェイ川, タイ
クンブレス峠, USA 239, 240, 244
クンブレス＆トルテック・シーニック鉄道 USA 7, 236〜241, 244
ゲダレフ, スーダン 138
ケッティ村, インド 201
ケニヤ 115
ケネル, カナダ 267
ケープ〜カイロ間鉄道 130
ケープ・クロス, ナミビア 128
「ケープ・ゲージ」, 南アフリカ 132
ケープ褶曲山脈, 南アフリカ 132
ケープ植民地 130, 132
ケープ政府鉄道 132
ケープタウン, 南アフリカ 130, 132, 133
ケブ・フォレスト, ジャワ島 206
ゲラ川, ドイツ 21
ケリスタル, マン島 101
ゲルシュトゥンゲン, ドイツ 21
ゲルンローデ, ドイツ 14, 15
ゲルンローデ＝ハルツゲローデ鉄道, ドイツ 14
ゲーレ湾, スコットランド 82, 83
ケレン, エリトリア 117
ゴイリャリスキスガ, ペルー 290
紅海 112, 114, 115, 117, 138
公共交通事業体（ARST）, サルデーニャ島 39
コギーナス川, サルデーニャ島 39
国定歴史記念物, アルゼンチン 276
国定歴史建造物, USA 244, 246
五大湖, カナダ／USA 262
コティ, インド 195
ゴーテック高架橋, ミャンマー 172
コトパクシ国立公園, エクアドル 284
コトパクシ山, エクアドル 282
コトブス, ポーランド 27
ゴードン将軍 138
コニニン社, A., オーストラリア 231
ゴビ砂漠, 中国 167
〈子豚タクシー〉, ドイツ 22
コマス高原台地, ナミビア 128
コーヤンブットゥール, インド 200
コヨクトール, エクアドル 284
ゴリ, アイルランド 109
コールダル, ノルウェー 77
コルテ, コルシカ島 32, 33
コルシカ鉄道（CFC）30〜35
コルシカ島, フランス 30〜35
コールドフィールズ給水計画, オーストラリア 7
ゴルフォ・アランチ, サルデーニャ島 38
ゴルムド, 中国 146, 147
コルール, スコットランド 82, 83
コレア, ラファエル・ビセンテ, エクアドル大統領 284
ゴロ渓谷, コルシカ島 33
コロラド, USA 239, 240, 242
コロラド・トレイル, USA 246
コロンビア渓谷, USA 250, 251
コロンビア川, USA 250
コロンブス, クリストファー 33, 270
コンセプシオン, ペルー 291
コンスタンス湖, スイス 60
コンノート・トンネル, カナダ 262

サ行

サウス・オーストラリア 224, 225
サウス・スノードン, ウェールズ 88, 89
サウス・バルール丘陵, マン島 101
ザクセン＝マイニンゲン公 7
サザン・マハラーシュトラ鉄道, インド 200
サスカツーン, カナダ 264
サーダリ・セウーロ, サルデーニャ島 40
サッサリ, サルデーニャ島 38
サドベリー, カナダ 262
サハンビー, マダガスカル 125
〈サフラ〉, キューバ 271
サ・ポブラ, マヨルカ島 44

サメーダン, スイス 60
サラス, スーダン 138
サラマンカ, スペイン 48
サリナス, エクアドル 284
サルカー・トンネル, サルデーニャ島 40
サルチダーノ, サルデーニャ島 40
サルチダーノ渓谷, サルデーニャ島 40
サルデーニャ国有鉄道（FS）39
サルデーニャ鉄道（FdS）38
サルデーニャ島, イタリア 6, 32, 36〜41
サン・アントニオ・オエステ, アルゼンチン 276
サン・カルロス・デ・バリローチェ, アルゼンチン 276
サン・ジョアン・ダ・ペスケイラ, ポルトガル 48
サン・セバスティアン高架橋, サルデーニャ島 38
サンタ・アナ, ペルー 297
サンダー・ベイ, カナダ 262
サントン, マン島 101
サン・バルトロメ, ペルー 290
サンベント駅, ポルトガル 48
サンモリッツ, スイス 6, 58, 61
山陽新幹線, 日本 178, 179
サンルイス＆リオグランデ鉄道, USA 240
サン・ロレンソ, エクアドル 282, 284
シアトル, USA 248, 250, 251, 267
シアトル・キングストリート駅, USA 251
シェゲリーニ, エリトリア 6, 114
シェネクタディ・ロコモーティヴ・ワークス社, USA 244
ジェネシー＆ワイオミング社 225
ジェファーソン, トマス, 米国大統領 250
ジェンナルジェントゥ国立公園, サルデーニャ島 39, 40
ジェンナルジェントゥ山脈, サルデーニャ島 39, 40
シカゴ, USA 248, 250, 251
シカゴ・バーリントン＆クインシー鉄道, USA 250
シカゴ・ユニオン・ストリート駅, USA 251
シガツェ, 中国 146
シシヤ, ネパール 182
シタン渓谷, ミャンマー 173
シタン渓谷鉄道, ミャンマー 172
シトゥボンド, ジャワ島 206
シドニー, オーストラリア 231
シパンベ, エクアドル 282
ジブチ 114
シムラ, インド 192, 194, 195
ジャイナガル, インド 180, 182
シャー, イランの 216
ジャカルタ, ジャワ島 206
〈ジャコバイト〉, スコットランド 83
ジャスパー, カナダ 265, 267
ジャナーキー寺院, ネパール 182
ジャナクプル鉄道, インド／ネパール 180〜185
ジャナクプル, ネパール 180
シャープ・スチュアート社, イングランド 189, 194
ジャムルード, パキスタン 210, 211
ジャワ, インドネシア 204〜207, 224
シャン台地, ミャンマー 173
シャン・ディアン頂上トンネル, 中国 161
シュヴァルツァタール急行, ドイツ 22
シュヴァルツタールバーン, ドイツ 20, 21
州際通商委員会, USA 244
シュエサンドー・パゴダ, ミャンマー 173
シュティーゲ, ドイツ 14, 15
シュトラスベルク, ドイツ 15
シュミッテントーバル高架橋, スイス 60
シュリーランガパトナ条約, インド 200
ジョカン寺, 中国 147
ショーギ, インド 195
ジョグジャカルタ, ジャワ島 206
ショショローザ・メイル, 南アフリカ 133
ジョーンズ・フォッセン, ノルウェー 76
ジーラ州, スーダン 138
シリア 214〜219
シリア内戦 8, 214, 218
シリグリ, インド 188, 190
シリグリ・ジャンクション, インド

190
シリクワ, サルデーニャ島 38
シルバートン, USA 239, 242, 244, 246
シレイリー, アイルランド 106, 109
新幹線, 日本 178
シンク・センツ・トンネル, マヨルカ島 44
シンク・ポンツ高架橋, マヨルカ島 44
真珠湾, USA 256
新橋, 日本 178
スイス 52〜63
スイス・ロコモーティブ＆マシン・ワークス社, スイス 200
スエズ運河 114
スカグウェイ, USA 254, 256, 257
スカグウェイ川, USA 258
スクナ駅, インド 190
スケトルトン・コースト, ナミビア 128
スコットランド, UK 80〜85
スタート平原, オーストラリア 224
スーダン 8, 114, 115, 136〜141
スチュアート, ジェイムズ 244
スチュアート, ジョン・マクドゥアル 224
スチュアート高速道路, オーストラリア 225
スティーヴン・カークビー, イングランド 95
スティーヴンス大佐, ホルマン・F. 88
スティーヴンズ峠, USA 250
スティーヴンスン, ジョージ 82, 106
スタインホース・トンネル, イングランド 95
ステンシェフ, ポーランド 26
ストラス・フィラン, スコットランド 82, 83
スネフェル, マン島 100
スノードニア国立公園, ウェールズ 86, 89
スノードン・レンジャー駅, ウェールズ 89
スノードン山岳鉄道, ウェールズ 200
スパイラル・トンネル, カナダ 262
〈スーパー・コンティネンタル号〉, カナダ 262
スピン・ガール山脈, パキスタン／アフガニスタン 210
スピーン・ブリッジ駅, スコットランド 83
スフィンクス展望台, スイス 55
スプーナー, チャールズ 88
スペイン 46, 64, 66, 67, 296
スペイン国有鉄道会社（RENFE）48
スペイン内戦 45
スペリオル湖, カナダ 262
スペンサー湾, オーストラリア 224
スポーカン, USA 251
スポーカン・ポートランド＆オレゴン鉄道, USA 250
ズボンスネク, ポーランド 26
スマラン, ジャワ島 206
スモール, C.S. 6
スラバヤ, ジャワ島 206
スリム将軍, ウィリアム 172
スリー・パゴダ・パス（三仏峠）, ミャンマー／タイ 172
スワコプムント, ナミビア 126, 128, 129
スワン・ランディング, カナダ 267
製糖産業省（MINAZ）, キューバ 271
聖なる谷, ペルー 297
セウィ, サルデーニャ島 40
世界銀行 122
セジュルネ高架橋, フランス 66
セトル, イングランド 94, 95
セトル・カーライル線, イングランド 9, 92〜97
セトル・ジャンクション, イングランド 92, 94
ゼネラル・エレクトリック社, USA 138, 146, 251, 267, 291
ゼネラル・モーターズ社 106
セポイの反乱 201
セルカーク山脈, カナダ 262
ゼルケ渓谷, ドイツ 14, 15
ゼルケ渓谷鉄道, ドイツ 14, 15
セルダーニュ線, フランス 64〜69
セルダーニュ, フランス 66
セロ・デ・パスコ, ペルー 288, 290
セロー, ポール 276, 277
セント・ジョンズ, マン島 100
セントポール, USA 250
セントポール＆パシフィック鉄道, USA 250
セントポール・ミドウェー駅, USA 251
セントポール・ミネソタ＆マニトバ鉄道, USA 250

セナール・ジャンクション，スーダン 138
全米鉄道旅行公社，USA 251
ソヴィエト連邦 14, 26, 152, 270
ソグネフィヨルド，ノルウェー 72, 76
ソラン，インド 195
ソリェル，マヨルカ島 42, 44, 45
ソリェル渓谷，マヨルカ島 44
ソリェル港，マヨルカ島 44, 45
ソリェル市街電車，マヨルカ島 44, 45
ソリェル鉄道，マヨルカ島 8, 42〜45
ソリェル峠，マヨルカ島 44
ソリス高架橋，スイス 60
ソルゴノ，サルデーニャ島 36, 40
ソルトレーク・シティ，USA 239
ソン・アンジュラ・トンネル，マヨルカ島 44
ソンワラ，インド 195

タ行

ダイー，USA 256, 258
第1次世界大戦 26, 60, 66, 76, 100, 122, 126, 128, 129, 172, 206, 214, 216, 230, 239, 256, 276
大カルー砂漠，南アフリカ 132, 133
大恐慌 256, 262
大峡谷，中国 167
第2次イギリス・アフガニスタン戦争 210
第3次イギリス・アフガニスタン戦争 210
第3次イギリス・ビルマ戦争 172
大斜面，ナミビア 128
大草原，カナダ 267
〈タイタニック号〉 42, 44
第2次世界大戦 21, 26, 38, 48, 72, 76, 88, 100, 114, 115, 122, 152, 172, 173, 178, 188, 206, 210, 224, 225, 239, 244, 251, 256, 262, 267, 277
太平洋 250, 282, 296
「大陸橋」 152
ダーウィン，オーストラリア 222, 224, 225
ダヴォス，スイス 60
タウズ・リバー，南アフリカ 132, 133
タウングー，ミャンマー 172, 173
ダーガン，ウィリアム 106
タクシラ村，インド 195
タークーラ，オーストラリア 225, 231
ダグラス，マン島 98, 100, 101
タコマ，USA 246
ダージリン，インド 186, 188, 189, 190, 191
ダージリン蒸気路面電車会社，インド 188
ダージリン・ヒマラヤ鉄道，インド 7, 186〜191, 194, 200
ダージリン・ヒルズ，インド 190
タスマニア政府鉄道 89
タツィ，ミャンマー 173
タナナリヴ東海岸鉄道，マダガスカル 122
ダブリン，アイルランド 104, 106, 109
ダブリン・ウィックロー＆ウェクスフォード鉄道，アイルランド 106
ダブリン・ウィックロー鉄道，アイルランド 106
ダブリン・ウェストランド・ロー駅，アイルランド 106
ダブリン＆キングズタウン鉄道，アイルランド 106, 109
ダブリン近郊快速鉄道(DART)，アイルランド 106, 107, 109
ダブリン・コノリー駅，アイルランド 109
ダブリン・ハーコート・ストリート駅，アイルランド 106, 109
ダブリン＆サウス・イースタン鉄道，アイルランド 106
ダブリン＆ブレイ鉄道，アイルランド 106
ダマス，エリトリア 117
ダマスカス，シリア 214, 216, 218
タミル・ナードゥ州，インド 200
タメガ渓谷，ポルトガル 48
ダランプール，インド 195
タリスリン鉄道，ウェールズ 89
ダルスボトン，ノルウェー 77
タール・デア・シュヴァルツァ，ドイツ 21
ダルフール，スーダン 138
タロック，スコットランド 82, 83

「弾丸列車」，日本 178
タングラ，中国 7
タングラ山駅，中国 146, 147
タングラ峠，中国 7, 146, 147
タングルフット・カーブ，ペルー 294
タンビュザヤ，ミャンマー 172
ダン・レアリー，アイルランド 106, 109
チェコ共和国 27
チェンナイ（マドラス），インド 200
チクリオ峠，ペルー 290
チチカカ湖 294, 296
地中海 32, 38
チッタゴン，エリトリア 117
千曲川，日本 178
「地平線から来た男」（映画） 244
チベット高原，中国 146, 147
チベット自治区，中国 7, 144〜149
チベット政府 146
チベット鉄道（青蔵鉄道） 8, 144〜149, 288, 290
チベットの仏教徒 147
チャガイ，パキスタン 211
チャット祭り，ネパール 182
チャット・モス，イングランド 82
チャド 139
チャマ，USA 236, 239, 240
中華人民共和国 139, 144〜169, 172
中国 164, 166, 167
中国国営鉄道 166
中国鉄道 153, 158
チュブ渓谷，アルゼンチン 276
チューリンギア，中国 7, 20, 21
チューリンゲン鉄道会社，ドイツ 21
チューリンゲンの森，ドイツ 18〜23
チューリンゲンの森山脈，ドイツ 21
チュンチ，エクアドル 282
チリ 290
チルクート山道，USA／カナダ 256, 258
チンボラソ山，エクアドル 282
ツェルマット山，スイス 60
ツェレリーナ，スイス 60
ツー・メディスン構脚業，USA 251
ツメブ，ナミビア 128, 129
デ・アール，南アフリカ 132, 133
「ティー・アンド・シュガー列車」，オーストラリア 231
ディナス・ジャンクション，ウェールズ 88, 89
DBネッツェ 21
ティラーノ，イタリア 60, 61
ティルソ，サルデーニャ島 38
ティーワーリー，祭り，ネパール 182
ティンダーラ，インド 188〜191
テ川，フランス 64, 66, 67
〈デザート・エクスプレス号〉，ナミビア 6, 126, 128
デサンパラドス駅，リマ，ペルー 291
デシモマンヌ，サルデーニャ島 38
デスピオ・トーメ，アルゼンチン 277
テッセネイ，エリトリア 114, 138
鉄道省（JGR），日本
鉄道戦争，USA 239
デッド・ホース峡谷，USA 258
デ・ルーンズ，南アフリカ 132
デトロイト・レークス，USA 251
デビルズ・レーク，USA 250, 251
〈テムズ・クライド急行〉，UK 94
テモ渓谷，サルデーニャ島 39
デュランゴ，USA 239, 242, 244, 245, 246
デュランゴ＆シルヴァートン狭軌鉄道，USA 7, 239, 242〜247
デラ，シリア 218
デリー，インド 194, 195
テルフォード，トマス 106
デンヴァー，USA 238, 239, 240, 244
デンヴァー＆ソルトレーク鉄道，USA 239
デンヴァー＆リオグランデ・ウェスタン鉄道，USA 239, 256
デンヴァー＆リオグランデ鉄道，USA 236, 238, 244, 245
デント，イングランド 95
デント・ヘッド高架橋，イングランド 95
テンピオ・パウザーニア，サルデーニャ島 38, 39
ドイツ 12〜23, 26, 27
ドイツ国営鉄道，ドイツ 14, 22
ドイツ植民地当局 128
ドイツ鉄道地域急行，ドイツ 22
ドイツ鉄道レギオ社，ドイツ 20, 22
ドイツ，西 14

ドイツ，東 14
ドイツ民主共和国（東ドイツ） 26
ドイツ領南西アフリカ 128
トゥア，ポルトガル 48
トゥアマシナ，マダガスカル 120, 122
東京，日本 178
トゥムクーレンコブ・トンネル，ドイツ 14,
ドゥラン，エクアドル 282
ドウロ渓谷，ポルトガル 46〜51
ドウロ川，ポルトガル 48
「遠い車輪」（C.S.スモール著） 6
ドガリ，エリトリア 117
ドーソン・シティ，カナダ 256
トッド，チャールズ 224
ドライ・アンネ・ホーネ，ドイツ 12, 14, 106
トランスコンチネンタル鉄道，カナダ 264
トランスナミブ鉄道，ナミビア 129
トランスネット社 133
トランス・ハルツ鉄道，ドイツ 14, 15
トランス・モンゴリアン鉄道，中国／モンゴル 158
ドランメン，ノルウェー 72
トリプバン・ハイウェイ，ネパール 182
トリンブル，USA 245
トルカム，パキスタン 210
トルコ 158
トール・ティンバー・リゾート，USA 246
トルトリ，サルデーニャ島 40
トレイグ湖，スコットランド 82, 83
「トレインスポッティング」（映画） 83
「トレニーノ・ヴェルデ（緑の小さな列車）」，サルデーニャ島 6, 36〜41
トロント，カナダ 262
ドンゴラ州，スーダン 138
トンネル・マウンテン，USA 258
トンプソン川，カナダ 262, 265

ナ行

ナイル川，スーダン 138
ナウエル・ウアビ湖，アルゼンチン 276
ナウエル・パン，アルゼンチン 276, 277
「長いのろのろ登り」，イングランド 94
長崎，日本 178
長崎新幹線，日本 178
ナカブ絶壁，ヨルダン 216
ナポレオン・ボナパルト 32, 33
ナミビア 126〜129
ナミブ砂漠，ナミビア 126, 128
ナムツォ（納木錯）湖，中国 147
ナラボー平原，オーストラリア 228, 230, 231
ナリ・トンネル，ノルウェー 76
ナントモル，ウェールズ 89
ナントル，ウェールズ 88
ナントル・トラムウェー，ウェールズ 88
ニアラ，スーダン 138, 139
ニェンチェンタンラ山脈，中国 149
西ガーツ，インド 200
西ベンガル，インド 188
日豊本線，九州 178, 179
日本 172, 176〜179, 206
日本海 152
日本国有鉄道（JNR） 178
日本鉄道グループ 178
ニュ・ジャルパイグリ，インド 186, 189, 190
ニュー・ロス，アイルランド 106, 109
ニョルキンコ，アルゼンチン 277
ニルギリ急行，インド 200
ニルギリ山岳鉄道，インド 194, 198〜203
ニルギリ山地，インド 200
ヌーオロ，サルデーニャ島 38
ヌッリ，サルデーニャ島 40
ヌビア砂漠，スーダン 138
ヌルヴィ，サルデーニャ島 36, 39
ネーシブ，シリア 218
ネパール 146, 180〜185
ネパール・ガバメント鉄道 182
ネパール鉄道会社 182
ネファジット，エリトリア 115, 117
ノヴァスコシア，カナダ 265
ノーサム，オーストラリア 230
ノーザン・テリトリー，オーストラリア 224, 225

ノーザン・パシフィック鉄道，USA 250, 251
ノース・ヴァンクーヴァー，カナダ 267
ノース・ウェールズ狭軌鉄道 88
ノース・オーストラリア鉄道 224
ノース・ダコタ，USA 250
ノース・トンプソン川，カナダ 265
ノース・ブリティッシュ鉄道，スコットランド 82
ノース・ブリティッシュ・ロコモティブ社，スコットランド 133, 138, 189, 194
ノルウェー 70〜79
ノルウェー国有鉄道 72, 73, 76
ノルトハウゼン・ヴェルニゲローデ鉄道，ドイツ 14
ノルトハウゼン，ドイツ 12

ハ行

バイエルン，ドイツ 21
バイデビー，ネパール 182
ハイファ，イスラエル 218
ハイヤ，エリトリア 117
ハイランド・カレドニアン寝台車，スコットランド 83
ハイランド鉄道，スコットランド 82
バイン・クリーク，オーストラリア 224
ハヴァ市，USA 250
ハヴォッダスリン，ウェールズ 89
ハウハ，ペルー 291
「ハガス（サトウキビ搾りかす）」 206
パキスタン 208〜213
パキスタン鉄道 210
バーク，ロバート 224
ハコバクシ，ガイド 276
バゴ（ペグー），ミャンマー 173
ハッジ 216
ハッセルフェルド，ドイツ 14, 15
バットナーヘルセン・トンネル，ノルウェー 76
バットナーヘルセン，ノルウェー 76
バッハ，ヨハン・セバスチャン 21
ハッリングシェイ，ノルウェー 72
馬蹄形カーブ，スコットランド 83
ハディヤー，サウジアラビア 219
ハーディング博士，クリスチャン 132
ハーディング山，USA 258
バトン・アル=グール，ヨルダン 219
バーナード将軍，ウィリアム 132
ハバナ，キューバ 270
ババヌサ，スーダン 138
バーハバ，ネパール 182
バーマー将軍，ウィリアム 238, 244, 245
バーマストン＆パイン・クリーク鉄道，オーストラリア 224
ハーマン兄弟 238
ハーモサ，USA 246
バラウ，サルデーニャ島 36, 38, 39
バラケラ，マン島 98
ハーラト・アマル，ヨルダン／サウジアラビア 219
バーリントン・ノーザン鉄道，USA 251
バルカ・ダルヴァ，ポルトガル 48
バルカン・アイアン・ワークス社，USA 270
バルカン・ファウンダリー，イングランド 172, 211
ハルダンゲルヴィッダ台地，ノルウェー 70, 72, 76
「ハルツ＝エルベ急行」，ドイツ 14
ハルツ狭軌鉄道(HSB)，ドイツ 14
ハルツゲローデ，ドイツ 15
ハルツ国定公園 15
ハルツ山地，ドイツ 12, 14, 15
ハルツ山地狭軌鉄道 12〜17
ハルツム，スーダン 138, 139
バルパライソ，チリ 296
バルビダス，ネパール 182
バルマ，マヨルカ島 42, 44
バルマ地下鉄，マヨルカ島 44

パレスティナ 216
ハレ，ドイツ 21
バログ，インド 195
ハンスレット・ザ・ノース・ブリティッシュ・ロコモーティヴ社 194
ハーン大佐，サー・ゴードン 210
バンフ，カナダ 267
東シナ海 147
ピカソ，パブロ 44
肥薩線，九州 178, 179
ピサロ，フランシスコ 291
ビシア，エリトリア 114, 115
ヒジャーズ鉄道 8, 214〜219
ヒジャーズ・ヨルダン鉄道 218
ビジャルプラ，ネパール 182
「ビーチング・アックス」(「ビーチング報告書」) 83, 88, 94
ビッグ・ヒル，カナダ 262
ピッチリッチ鉄道，オーストラリア 225
ビッツ・ケッシュ，スイス 60
ビニャン，ポルトガル 48
ビハール州，インド 172, 180〜185
ヒマラヤ山脈 146, 182, 186, 188, 190, 194, 195
ビューフォート・ウェスト，南アフリカ 132, 133
ピュンサタ，ミャンマー 172
「氷河急行」，スイス 60, 61
ヒル・カート・ロード，インド 188, 190, 191
ヒルグローブ，インド 200
ヒル，ジェイムズ・J 250
ビルマ →ミャンマー
ビルマ鉄道会社 172
ピール，マン島 100
ピレネー山脈，フランス／スペイン 8, 64, 66, 67
ビンガム，ハイラム 297
ビンバ，オーストラリア 231
ピンマナ，ミャンマー 172
ファーゴ，USA 251
ファーミントン，USA 239
ファルコンワークス社，ラフバラー，UK 44
ファロ，カナダ 256
フィアット，イタリア 117
フィアナランツォア，マダガスカル 120, 122, 123, 124, 125
フィアナランツォア東海岸鉄道，マダガスカル 122, 124
フィッシュガード，ウェールズ 106, 109
フィッシュガード＆ロスレア鉄道・港湾会社，UK／アイルランド 106
フィリスール，スイス 60
フィリピン 225
風火山トンネル，中国 7, 146, 147
フェアリー，マン島 100
フェスティニオグ鉄道，ウェールズ 88, 89, 188, 238
ブエノスアイレス，アルゼンチン 276
プエルト・デサード，アルゼンチン 276
フォックスデール鉄道，マン島 100
フォート・ウィリアム，スコットランド 80, 82, 83
フォート・オーガスタス，スコットランド 83
フォート・セルカーク，カナダ 256
フォン=オム=オディオ=ヴィア，フランス 67
フォンペドルーズ，フランス 66
ブカイ，エクアドル 282
福岡，日本 176, 178, 179
フシャヌフ機関車工場，ポーランド 27
復活祭蜂起，1916年，アイルランド 109
仏陀 182
プーノ，ペルー 294, 296
ブノラ，マヨルカ島 44
フフシル国立自然保護区，中国 147
ブライナイ・フェスティニオグ，ウェールズ 88, 89
ブラサナント，ウェールズ 89
ブラッダ・ヘッド岬，マン島 101
ブラッドショー，チャールズ 244
フラットヘッド川，USA 250
フラットヘッド・トンネル，USA 250, 251
ブラネ，フランス 67
ブラネムル台地，サルデーニャ島 40
フラムダーレン渓谷，ノルウェー 76

302 世界鉄道大紀行

フランクフルト・アム・マイン，ドイツ 21
フランシス・クリーク，オーストラリア 225
フランス 64〜69
フランス国営鉄道会社（SNCF） 66, 67
ブランディ・ホール高架橋，アイルランド 106
ブランドライテ・トンネル，ドイツ 21
フリアカ，ペルー 296
ブリータ・リバー渓谷，南アフリカ 132
ブリッジ・オブ・オーチー，スコットランド 83
ブリティッシュ・コロンビア，カナダ 262, 265
フリードリヒ・ヴィルヘルム4世，プロイセン王 20
フリードリヒ・ヴィルヘルム・ノルトバーン鉄道，ドイツ 21
ブリー・ムーア，イングランド 95
ブリー・ムーア・トンネル，イングランド 94, 95
ブリングウィン村，ウェールズ 88
プリンス・ジョージ，カナダ 264, 267
プリンス・ルーパート，カナダ 264, 265, 267
フリンダース山脈，オーストラリア 224
『古きパタゴニアの急行列車』（ポール・セロー）276, 277
「ブルー・トレイン」，南アフリカ 133
ブルネル，イザムバード・キングダム 104, 106
プール＝マダム，フランス 67
フルメンドーサ湖，サルデーニャ島 40
ブレイ，アイルランド 106, 109
ブレイ・ヘッド，アイルランド 106, 109
ブレークヴァム，ノルウェー 76, 77
フレーザー，カナダ 258
フレーザー川，カナダ 262, 264, 265
ブレトリア，南アフリカ 133
フロイエン，ノルウェー 73
プロイセン 26
プロイセン国営鉄道 14, 21
ブロッケン，ドイツ 12, 14, 15
ブロッケン鉄道，ドイツ 14, 15
フロム，ノルウェー 72, 74, 76, 77
フロム鉄道，ノルウェー 8, 74〜79
フロムヘッラー・トンネル，ノルウェー 77
ブロム，ミャンマー 172
フロリダ 270
ブワイラ，サウジアラビア 219
米西戦争 270
ベイヤー・ピーコック社，イングランド 100, 101, 290
ベイン・ドレイン，スコットランド，82, 83
ベグー →バゴー，ミャンマー
ヘクス・リバー渓谷，南アフリカ 132
ヘクス・リバー山地，南アフリカ 130, 132, 133
ヘクス・リバー山トンネル，南アフリカ 133
ペシャワール，パキスタン 208, 210
ペシャワール・カントンメント駅，パキスタン 210
ペシャワール国際空港，パキスタン 211
ベズゲレト，ウェールズ 88, 89
ベーゾ・ダ・レーグア，ポルトガル 48
ベッキオ，コルシカ島 32, 33
ベナイン山脈，イングランド 92, 94, 95
ベネット，カナダ 256, 257, 258
ベネット湖，カナダ 256, 258
ヘーネフォス，ノルウェー 72
ベフカル，キューバ 270
ベーブラ，ドイツ 21
ペルー 288〜299
ベルヴィ・アリッツォ，サルデーニャ島 40
ベルヴィ村，サルデーニャ島 40
ベルギューン，スイス 61
ベルゲン，ノルウェー 70, 72, 73, 76
ベルゲン線，ノルウェー 70〜73, 76
ベルゲン国営鉄道 290, 296
ベルー中央鉄道 288〜293
ベルー南部鉄道，ペルー 294〜296
ベルターナ，オーストラリア 224
ベルピニャン，フランス 66
ベルフガス，サルデーニャ島 39

〈ベルモンド ハイラム・ビンガム〉 297
ベルリン，ドイツ 21, 27
ベルー・レール 296
「ベルニナ急行」，スイス 60
ベルニナ鉄道，スイス 60, 61
ベルン・アルプス，スイス 52, 54, 55
ヘレロ，ナマクア虐殺，ナミビア 128
ヘンシェル社，ドイツ 133, 276, 277
ヘンリー・ハウス，カナダ 265
ベン・ネヴィス，スコットランド 83
ボイル，ダニー 83
ホウダ，南アフリカ 132
豊肥本線，九州 178, 179
ホーカー，オーストラリア 224
ホーコン7世，ノルウェー王 72
ポーザ，サルデーニャ島 38, 39
ボコーニャーノ，コルシカ島 32, 33
ポシーニョ，ポルトガル 46, 48
ポズナニ，ポーランド 24, 26, 27
ポズナニ大公領，ポーランド 26
ポタラ宮，ラサ，中国 147
ポート・エリン，マン島 98, 100, 101
ポート・エリン鉄道博物館，マン島 101
ポート・オーガスタ，オーストラリア 222, 224, 225, 230, 231
ポート・オーガスタ＆ガバメント・ガムズ鉄道 224
ポート・スーダン，スーダン 138, 139
ポート・セント・メアリー，マン島 101
ポート・ソデリック，マン島 100, 101
ポート・ピリー，オーストラリア 224
ポートマドッグ，ウェールズ 88, 89
ポートマドッグ・ハーバー，ウェールズ 89
ポートマドッグ・ベズゲレト＆サウスノードン鉄道，ウェールズ 88
ポート・ムーディ，カナダ 262
ポートランド，USA 248, 250, 251
ポートワイン 46, 48
ホートン・イン・リブルズデール，イングランド 95
ポーランド 24〜29
ポーランド陸軍最高司令部 26
ボルケール＝エーヌ，フランス 66, 67
ポルティジャーダス・トンネル，サルデーニャ島 39
ボールドウィン・ロコモーティブ・ワークス社，USA 189, 239, 244, 257, 258, 270, 271, 276, 277, 282, 283, 284, 290, 296
ポルト・ヴェッキオ，コルシカ島 33
ポルト・トーレス，サルデーニャ島 38
ポルト，ポルトガル 48
ポルトガル 46〜51
ポロイ，ペルー 297
ホワイトパス，USA／カナダ 256, 258
ホワイトパス・トレイル，USA／カナダ 256
ホワイトパス＆ユーコン鉄道，USA／カナダ 254〜259
ホワイトフィッシュ，USA 250, 251
ホワイトホース，カナダ 256, 257, 258
ポン・ジスラール，フランス 66, 67
本州，日本 178
ポンテ＝レクシア，コルシカ島 33
ポント・クロソル，ウェールズ 88, 89
ポントネヴィズ，ウェールズ 89
ボンバルディア・シーファン社 146
ボンフィールド，カナダ 262

マ行

マアン，ヨルダン 216, 219
マイ・アタル，エリトリア 117
マイキースフォンテン，南アフリカ 132, 133
マイニンゲン，ドイツ 18, 20, 21, 22
マイニンゲン蒸気機関車祭，ドイツ 21
マクドナルド山トンネル，カナダ 262
マクドネル山脈，オーストラリア 224
マクマイン・ジャンクション，アイルランド 106, 109
マクレガー，イーワン 83
マコメール，サルデーニャ島 36, 38
マーシャル・プラン 178
マダイン・サーレハ，サウジアラビア 219
マダガスカル 120〜125
マダガスカル国有鉄道 122

マタラニ，ペルー 294, 296
マダレイル社，マダガスカル 122
マチュ・ピチュ，ペルー 297
マッカーサー将軍，ダグラス 225
マッサワ，エリトリア 6, 112, 114, 115, 117
マトゥカナ，ペルー 290
マドラス（チェンナイ），インド 200
マドラス政府，インド 200
マドラス鉄道，インド 200
マドラス＆サウス・マラータ鉄道，インド 200
マトルーズベルフ，南アフリカ 132
マナカラ，マダガスカル 120, 122, 123
マナコル，マヨルカ島 44
マナムパトラナ，マダガスカル 123
マニタトゥプル，ネパール 182
マハナディ，インド 190
マハナンダ川，インド 188
マヨルカ島，スペイン 8, 42〜45
マラウイヤ，スーダン 138
マラーズタン，スーダン準州 138
マラースン，イングランド 9
マーリー，オーストラリア 224, 225
マリノウスキー，エルネスト 288, 290
マルヴァジア・ワイン，サルデーニャ島 39
マルモラ山，サルデーニャ島 38
マレグ，スコットランド 82, 83
マレグ延長線，スコットランド 83
マンクス・ノーザン鉄道，マン島 100
マンクス電気鉄道，マン島 100
マンダス，サルデーニャ島 36, 38, 39, 40
マンタディア国定公園，マダガスカル 123
マンダレー，ミャンマー 170, 172, 173
マンタロ渓谷，ペルー 291
マン島，UK 98〜103
マン島蒸気鉄道 98〜103
マン島鉄道 100
マンハッタン計画 26
ミシガン湖，USA 251
ミシシッピ川，USA 251
ミシュラン 'Viko-Viko' 気動車 122, 123, 125
ミズーリ川，USA 251
ミズーリジャーダス・トンネル，サルデーニャ島 39
ミダナク，パキスタン 211
ミッチーナー，ミャンマー 172, 173
ミッドタウン，ノルウェー 73
ミッドランド鉄道，イングランド 92, 94
ミドタウン，ノルウェー 73
南ヴェッキオ，コルシカ島 33
南アフリカ 128, 129, 130〜135
南アフリカ鉄道 89
南アフリカ連合 128
南アメリカ 272〜299
南スーダン 138, 139
ミャンマー鉄道 172, 173
ミャンマー（ビルマ）170〜175
ミュートキ，ミャンマー 173
ミュルダール，ノルウェー 72, 74, 76
ミラグロ，エクアドル 282, 283
ミラドール・デ・プジョール・デン・バニア，マヨルカ島 44
ミルウォーキー，USA 251
ミロ，ジョアン 44
ミンキャン，ミャンマー 173
ムー渓谷国有鉄道，ミャンマー 172
ムッソリーニ，ベニート 114, 117
ムハンマド 216
メアナ・サルド，サルデーニャ島 40
メイグス，ヘンリー 7, 288, 290, 294, 296
メイグス山，ペルー 290
メイクティラ，ミャンマー 173
メクデスプルング村，ドイツ 14, 15
メジナ，サウジアラビア 216, 219
メッカ，サウジアラビア 214, 216, 218
メッツァーナ，コルシカ島 33
メットゥパーライヤム，インド 198, 200, 201
メルボルン，オーストラリア 224
メンヒ山，スイス 54
モザンビーク海峡 122
門司港駅，北九州 179
モスクワ，ロシア 158
モードロ渓谷，サルデーニャ島 39
モナシー山脈，カナダ 262

モニワ，ミャンマー 173
モネッシー・ゴージ，スコットランド 82, 83
モハンマド・アリ・パシャ 138
「モファット鉄道」，USA 239
モファット・トンネル，USA 239
モラマンガ，マダガスカル 120, 122
モルテノウ，ジョン 132
モンクーロ，エリトリア 117
モーン山脈，アイルランド 101
モンタナ・セントラル鉄道，カナダ 250
モンティ，サルデーニャ島 38, 39
モントリオール，カナダ 262, 265
モン＝ルイ太陽炉，フランス 67
モンロー，マリリン 244

ヤ行

「夜間飛行」（映画）244
ヤンゴン（ラングーン），ミャンマー 170, 172, 173
ユーコン川，カナダ 256
ユーコン準州，カナダ 254, 256
ユタ州，USA 239
ユネスコ世界遺産 7, 15, 21, 48, 55, 60, 61, 67, 72, 89, 147, 186, 189, 192, 194, 198, 200, 206, 282, 291
ユーロ・シティ列車 27
ユングフラウ，スイス 54, 55
ユングフラウ鉄道，スイス 52〜57
ユングフラウヨッホ，スイス 52, 54, 55
横浜，日本 178
ヨハネスブルク，南アフリカ 133
ヨルダン 214〜219
ヨーロッパ 10〜109

ラ行

ライプツィヒ，ドイツ 22
ライン渓谷，スイス 60
ラウターブルンネン，スイス 54, 55
ラウディル，インド 201
ラ・オロヤ，ペルー 290, 291
ラクシー，マン島 100
ラクソール，インド 182
ラコーニ，サルデーニャ島 40
ラサ，中国 144, 146, 147
ラサ川，中国 147
ラーショ，ミャンマー 173
ラスドラム，アイルランド 106
ラダマ1世，マダガスカル王 122
ラトゥール＝ドゥ＝カロル，フランス 64, 66, 67
ラ・トロチータ，アルゼンチン 274〜279
ラトン峠，USA 239
ラヌゼーイ，サルデーニャ島 40
ラノック・ムーア，スコットランド 82
ラ・バヤサ，ソリェル，マヨルカ島 45
ラファエル・フレイレ，キューバ 271
ラ・プエンテ・デ・サン・エステバン，スペイン 48
ラムジー，マン島 100
ラ・ラヤ，ペルー 296
ラリマー，オーストラリア 225
ラルラルヴーガン，ノルウェー 72
ラングーン →ヤンゴン
ラングーン・セントラル鉄道駅，ミャンマー 173
ランズバーグ，南アフリカ 132
ランディ・カナ，パキスタン 210
ランディ・コータル，パキスタン 208, 210, 211
ラントヴァッサー高架橋，スイス 60, 61
ラントクワルト，スイス 60
ラントクワルト・ダヴォス鉄道，スイス 60
ラントン駅，インド 190
ラニーミード，インド 200

リヴァプール＆マンチェスター鉄道，イングランド 82
リヴェントーサ，コルシカ島 33
リオグランデ・ウェスタン鉄道，USA 239
リオ・ネグロ，アルゼンチン 276
リオバンバ，エクアドル 282
リー・クリーク，オーストラリア 224, 225
リーズ，イングランド 94, 95
リスボン，ポルトガル 48
リスボン・トラムウェイ，ポルトガル 45

リチャードソン，アーサー 230
リッチェンハウゼン・ノイディーテンドルフ鉄道，ドイツ 21
〈リットリーナ〉気動車，エリトリア 117
リド・ジ，ウェールズ 88, 89
リトル・カルー台地，南アフリカ 132
リニー湾，スコットランド 83
リビー・ダム，USA 250
リフィー川，アイルランド 109
リブルヘッド，イングランド 95
リブルヘッド高架橋，イングランド 95
リマ，ペルー 288, 290, 291, 296
リョーアンネフォッセン，ノルウェー 72
リル＝ルース，コルシカ島 32, 33
リンネタール，ドイツ 21
ルイス，メリウェザー 250
ルイス山脈，USA 250, 251
ルグヌス・スパイラル・トンネル，スイス 60
ルター，マルティン 21
ルノー，フランス 33
「ル・プチ・トラン・ジョーヌ」（小さな黄色い列車），フランス 8, 64〜69
ルーンガナ，オーストラリア 231
冷戦 12, 14, 225, 244, 270
レインウンガ，ノルウェー 76
レシュノ，ポーランド 24, 26, 27
〈レッド・デヴィル〉133
レディスミス，南アフリカ 132
レーティッシュ鉄道，スイス 60
レバノン 216
連合スイス鉄道（USR）60
ロア，ノルウェー 72
ロイ・ブリッジ，スコットランド 83
ロイヤル・ジョージ，USA 239
ロウレンス，サー・ヘンリー・モンゴメリー 201
ロッキー・マウンテニア観光鉄道会社 267
ロジャーズ峠，カナダ 262
ロス・アレルセス国立公園，アルゼンチン 77
ローズ，セシル 7
ロストロ，スイス 55
ロスレア・ストランド，アイルランド 106, 109
ロスレア港，アイルランド 104, 106, 109
ローソン，アルゼンチン 276
ロッキー山脈 236, 238
ロッキー山脈，USA 244, 248
ロッキー山脈，カナダ 260, 262, 264, 265
ロックウッド，USA 246
「ローデルブリッツ」，ドイツ 21, 22
ローテンバッハ，ドイツ 20, 21
ロナルズウェー・ホール，マン島 101
ロバート・トレッスル橋，USA 238
ロバート・マカルパイン＆サンズ社，スコットランド 83
ローモンド湖，スコットランド 82
ローリナ，オーストラリア 231
ロールシャハ，スイス 60
ロレンス，D.H. 36
ロレンス学校，インド 201
ロン・エイヴォン，ウェールズ 89
ロング湖，スコットランド 82, 83
ロングビーチ，USA 267
ロンドン・キングズクロス駅，イングランド 94
ロンドン＆ノース・ウェスタン鉄道 UK 88
ロンドン・ユーストン駅，イングランド 94

ワ行

ワイマール，ドイツ 21
ワインフェルト，ウェールズ 89
ワーウ市，スーダン 138
ワジ・ハルファ，スーダン 138, 139
ワシントン州，USA 250
ワスカラン山，ペルー 296
ワルシャワ公国，ポーランド 26
ワンカベリカ，ペルー 290, 291, 296
ワンカヨ，ペルー 288, 290, 291, 296
ワンカヨ〜ワンカベリカ線，ペルー 291

PHOTO CREDITS

Alamy: 61 (Haltmeier Herbert/Prisma Bildagentur AG); 294 (FB Fischer /imageBROKER)
Belmond/Genivs Loci: 297; 298/299
The Blue Train: 134/135
Colour-Rail: 6 (Richard Lewis); 8; 15; 58; 108/109; 158/159; 191; 192; 194; 195; 245 (Chris Milner); 86 (Malcolm Ranieri); 89 (Robert Sweet); 186; 188/189; 284; 285 (Bob Sweet); 102/103; 218/219; 234/235; 249; 252/253; 264/265; 266/267 268 (John Chalcraft/www.railphotoprints.co.uk); 110/111; 112; 114/115; 118/119; 280 (Richard Lewis); 214; 217 (Colin Whitfield/www.railphotoprints.co.uk)
Gordon Edgar: 7; 12; 18; 20; 22/23; 24; 26; 28/29; 84/85; 90/91; 92; 94; 95; 96/97; 98; 101; 150; 152; 153; 154/155; 156; 160; 161; 162/163; 164; 166; 168/169; 170; 173; 174/175; 180; 183; 184/185; 205; 207; 270/271
David Fletcher: 16/17
Getty Images: 32 (Marc Gantier/Gammo-Rapho); 70 (Frank van Groen); 148/149 (Sino Images); 196/197 (Amar Grover/AWL Images); 278/279 (Walter Bibikow)
John Goss: 236; 238; 240/241; 242; 246/247
Great Southern Rail: 220/221; 222; 226/227; 228; 230/231; 232/233
David Gubler (www.bahnbilder.ch): 291; 292/293
John Hunt: 36; 41; 50/51; 211; 277
ImageRail: 9
Jungfrau Railways: 10/11
Anthony J Lambert: 198; 201; 288

Norman McNab: 80
Milepost 92½: 136; 139
Gavin Morrison: 116; 130; 208; 212/213; 263; 274; 282/283
Rovos Rail: 4/5
Shutterstock: Endpaper Front (Oleksiy Mark); 30 (Allard One); 34/35 (lightpoet); 46 (PHB.cz (Richard Semik)); 49 (PHB.cz (Richard Semik)); 52 (Mildax); 54 (Denis van de Water); 55 (Dan Breckwoldt); 62/63 (Jia Li); 73 (Nikita Maykov); 74 (Oleksiy Mark); 77 (Pavel L Photo and Video); 78/79 (Anton Ivanov); 104 (Andy Poole); 107 (Jitloac); 126 (Hannes Vos); 128/129 (dirkr); 140/141 (onairda); 142/143 (Philip Yuan); 144 (Jun Mu); 147 (mamahoohooba); 202/203 (Rajesh Narayanan); 254 (Lee Prince); 272 (Jiri Slama); 286/287 (Vladimir Korostyshevskiy); Endpaper Back (Mayskyphoto)
SNCF: 66; 67
Christof Sonderegger: 56/57
Tim Stephens: 42; 45
Terunobu Utsunomiya: 176; 178/179
Tren Ecuador: 272/273
Keith Weil: 257
Donald Wilson: 120; 122/123; 124/125
Ken Woolley: 64; 68/69
Philip Wormald: 258/259

訳者あとがき

　機関車、とりわけ蒸気機関車は、今日著しい進化をみせているアンドロイド（人型ロボット）の最初期のものだといっても、けっしておかしくはない。従来、とりわけ20世紀に多くの愛好家がとり憑かれているのも、それが単に巨大な鉄の塊の機械だからではない。それは擬人化されているがゆえに、愛好家が愛してやまないわけでもない。愛好家にとって、ペット、そしてアンドロイドと同じだからである。まさに、「きかんしゃトーマス」のように。それにしても、本書に示されたように、このアンドロイドはいかに苛酷な環境に身をさらしてきたことか。もちろん、平和的な日常業務もあった。しかし、本書で語られる身の上話では、帝国主義の植民地関連の業務が圧倒的に多かった。今日、このような業務は道路輸送にゆだねられ、蒸気機関車は観光産業の一翼を担い、ひとびとに娯楽と慰安を提供している。

　本書の訳は、荒木と田口の共訳になっているが、岡サチ子氏、神谷明美氏、木本早耶氏、佐藤憲一氏、松田幸子氏の協力をえた。ここに記して、感謝申し上げる。（2016年4月、荒木記）

ジュリアン・ホランド（Julian Holland）
幼いころより鉄道に魅せられてきた彼は、多数の鉄道関係の本を書いてきた。それらには、"The Times Mapping the Railways" (2011)、"The Times Britain's Scenic Railways" (2012)、"Exploring Britain's Lost Railways" (2013)、"An A‐Z of Famous Express Trains" (2013) などがある。

荒木正純（あらき　まさずみ）
1946年生まれ。東京教育大学大学院博士課程中退。静岡大学、筑波大学を経て、現在、白百合女子大学教授、筑波大学名誉教授。著書に『ホモ・テキステュアリス』、『芥川龍之介と腸詰め』、『『羅生門』と廃仏毀釈』など。訳書にキース・トマス『宗教と魔術の衰退』、スティーヴン・グリーンブラット『驚異と占有』、A. D. カズンズ『シェイクスピア百科図鑑』、ノエル・キングズベリー『樹木讃歌』など。

田口孝夫（たぐち　たかお）
1947年生まれ。東京教育大学大学院修士課程修了。現在、大妻女子大学教授。著書に、『記号としてのイギリス』、『英語教師のスクラップ・ブック』など。訳書に、P. グッデン『物語 英語の歴史』、A. D. カズンズ『シェイクスピア百科図鑑』、R. バーバー『図説　騎士道物語』、S. キャッシュダン『おとぎ話と魔女』、C. ドゥーリエ『トールキンハンドブック』など。

世界鉄道大紀行

2016年8月22日　初版発行

著　者	ジュリアン・ホランド
翻訳者	荒木正純・田口孝夫
翻訳協力	岡サチ子・神谷明美・木本早耶・佐藤憲一・松田幸子
発行者	長岡正博
発行所	悠書館
	〒113-0033　東京都文京区本郷2-35-21-302
	TEL 03-3812-6504　FAX 03-3812-7504
	http://www.yushokan.co.jp

Japanese Text © 2016. Masazumi ARAKI, Takao TAGUCHI
2016. printed in Hong Kong/ISBN978-4-86582-012-6